Dein unsichtbarer Feind

JESUS CHRISTUS
Erretter, Erlöser und Befreier

Christian Fülling

Dein unsichtbarer Feind

Zeugnis einer Selbstbefreiung durch Jesus Christus

*Bibliografische Information der Deutschen Nationalbibliothek:
Die Deutsche Nationalbibliothek verzeichnet diese Publikation
in der Deutschen Nationalbibliografie; detaillierte bibliografische Daten sind im Internet über http://dnb.dnb.de abrufbar.*

*Verlag: BoD · Books on Demand GmbH, Überseering 33,
22297 Hamburg, bod@bod.de
Druck: Libri Plureos GmbH, Friedensallee 273,
22763 Hamburg*

ISBN: 978-3-7693-6719-5

*Die Bibeltexte stammen aus: Neues Leben Bibel, Elberfelder
Bibel, Schlachter Bibel 2000, Lutherbibel und Zürcher Bibel*

Inhalt

„Fürchtet euch nicht vor denen, die euch bedrohen! Denn nichts bleibt für immer verborgen, sondern eines Tages kommt die Wahrheit ans Licht, und dann werden alle Geheimnisse enthüllt. Was ich euch im Dunkeln sage, das gebt am helllichten Tag weiter! Was ich euch ins Ohr flüstere, das ruft von den Dächern. Habt keine Angst vor den Menschen, die zwar den Körper, aber nicht die Seele töten können! Fürchtet vielmehr Gott, der beide, Leib und Seele, dem ewigen Verderben in der Hölle ausliefern kann. Welchen Wert hat schon ein Spatz? Man kann zwei von ihnen für einen Spottpreis kaufen. Trotzdem fällt keiner tot zur Erde, ohne dass euer Vater davon weiß. Bei euch sind sogar die Haare auf dem Kopf alle gezählt. Darum habt keine Angst! Ihr seid Gott mehr wert als ein ganzer Spatzenschwarm. Wer sich vor den Menschen zu mir bekennt, zu dem werde ich mich auch vor meinem Vater im Himmel bekennen. Wer aber vor den Menschen nicht zu mir steht, zu dem werde ich auch vor meinem Vater im Himmel nicht stehen."
Jesus in Matthäus 10

Vorwort
von Thomas M.

Ich arbeite als Sozialarbeiter in einer großen deutschen Stadt. Aufgrund meiner arbeitsbedingten Nähe zu den Menschen werden dämonische Einflüsse gerade auf junge Menschen sehr sichtbar. Für diese Berufsgruppe, ebenso für Erzieher und Psychologen ist dieses Buch ein Schatz.

Christian Fülling beschreibt in „Dein unsichtbarer Feind" den Krieg mit den bösen spirituellen Wesen der Geisterwelt - den Dämonen, so wie sie die Bibel beschreibt. Es klingt unglaublich, aber wir alle befinden uns - bewusst oder unbewusst - mitten in einem spirituellen Krieg zwischen Gut und Böse, welcher zuerst in unserer geistig-seelischen und zunehmend in der sichtbaren Welt ausgefochten wird. Immer mehr Menschen spüren, dass der Vorhang zwischen diesen Welten dünner wird. Der Autor hat ihn für uns zerrissen.

Das vorliegende Zeugnis beschreibt den fünfzigjährigen Leidensweg eines suchenden aber unbewussten Menschen bis hin zu seiner Erlösung durch Jesus Christus und den anschließenden Frontalangriff auf die Dämonen; diese feigen und arglistigen Personen ohne Körper, welche aus dem Hinterhalt unser Leben steuern und uns in der seelischen Gefangenschaft halten.

In diesem wahren, bewegenden Zeugnis nimmt der Autor den Leser mit auf eine Reise, in der sich viele Menschen der westlichen Welt wiederentdecken dürften. Dreh- und Angelpunkt ist das Glaubensbekenntnis und die Annahme des Opfers Jesu. Darin, so stellt es Christian Fülling eindrücklich und überzeugend dar, liegt die ganze Kraft, die wir Menschen in der Schlacht gegen das Böse haben - die verliehene Autorität durch das vollendete Werk Jesu Christi am Kreuz.

Das Schwert in diesem Kampf ist das Wort Gottes, das Wort des Zeugnisses und das Wort der Wahrheit. Beim Lesen werden auch bei Ihnen die ersten Ketten zerbrechen und Ihr Blick auf die geistige Welt verändert. Es stellt seelische und körperliche Heilung auf das geistige Fundament Christus und trägt dazu bei, die natürliche göttliche Ordnung im Denken und Fühlen wiederherzustellen. Dabei nimmt der Autor kein Blatt vor den Mund und beschreibt seine Erfahrungen losgelöst von festgefahrener Religiosität.

Einleitung

Hiermit distanziere ich mich von Aussagen der Evangelischen und der Katholischen Kirche wie „Impfen ist Nächstenliebe", „Gott+", „Jesus hätte sich impfen lassen" oder „Alle Religionen sind ein Weg zu Gott". Ich bin gläubiger, bibeltreuer und freier Christ. Ich glaube, dass die Heilige Schrift des Alten und Neuen Testaments von Gott inspiriert und im Originaltext irrtumslos ist. Die Heilige Schrift ist die höchste und letzte Autorität in meinem Glauben und in meinem Leben. Sie dient mir zur Lehre, zur Zurechtweisung, zur Besserung und zur Erziehung in der Gerechtigkeit. Es ist meine Überzeugung, dass es den großen Kirchen, insbesondere der katholischen Kirche, zu verdanken ist, dass die Menschen Gott leid sind und deshalb Zuflucht in spirituellen Schulen wie die Esoterik suchen oder alles über Bord werfen und im Atheismus landen. Das folgende Zeugnis bietet dem Leser und der Leserin eine interessante Perspektive, die zum wahren Glauben führen kann. Die Bibel, das Wort Gottes, gehört weder der evangelischen noch der katholischen Kirche, sie haben kein Besitzanspruch darauf. Die Bibel gehört uns Menschen.

Viele Christen haben ein Zeugnis. Ein Zeugnis ist ein Bericht über eine persönliche Gotteserfahrung oder über eine erlebte radikale Lebensveränderung, die zur Bekehrung führt. Dieses Buch, das du in den Händen hältst, ist mein Zeugnis. Alles, was ich auf den folgenden Seiten niederschreibe, hat sich so zugetragen. Es ist radikal und erstreckt sich über einen Zeitraum von ziemlich genau fünfzig Jahren.

Als ich vor dreißig Jahren als hartnäckiger Atheist im Alter von 25 Jahren Gott erstmals um Hilfe bat, als ich mein erstes Gebet gesprochen hatte, weil ich mich mit schweren Lebensproblemen konfrontiert sah, wurde eine Kettenreaktion ausgelöst, die ich erst in den letzten zweieinhalb Jahren voll und ganz begriffen habe.

Gott hatte mein erstes Gebet erhört und zwar umgehend. Seine Antwort war, meinen Lebensstil positiv zu verändern. Allerdings gab es eine Person, die mich nicht einfach so gehen lassen wollte. Und diese Person ist der Satan oder der Teufel, wie sie in der Bibel bezeichnet wird. Natürlich konnte ich von ihm nichts wissen, da ich als Atheist nicht an Gott glaubte. Es war nicht mein Glaube, sondern meine psychische Notlage und meine tiefe Verzweiflung, die mich „zwangen", das Gebet zu sprechen.

Viele Leser werden mein Zeugnis anzweifeln. Vielleicht sagen sie mir sogar nach, ich sei ein durchgeknallter Schwurbler oder Lügner, ein Verrückter, ein falscher Prophet oder Schlimmeres. Selbst einige langjährige Christen werden das, was ich auf den folgenden Seiten schreibe, anzweifeln, vielleicht sogar bekämpfen. Insbesondere, wenn ich detaillierter darauf eingehe, wie ich Dämonen im Namen Jesu Christi aus mir herausbekommen habe und zwar noch *Monate nachdem ich bereits Christ war*.

Das nennt man Selbstbefreiung. Ich habe mich selbst von über einem Dutzend Dämonen befreit, die mich ein Leben lang gequält hatten. Der Begriff „Selbstbefreiung" kann allerdings irreführend sein, weil er assoziiert, dass der Mensch sich selbst befreien kann, was nicht möglich ist. Kein Mensch kann sich selbst befreien oder sich selbst erlösen. Wahre Befreiung, wahre Rettung ist einzig und allein durch den Glauben an Jesus Christus möglich und durch die Bereitschaft, ihm sein ganzes Leben, mit allem was es beinhaltet, anzuvertrauen.

Wenn jemand ohne Zutun eines Pastors befreit wird, wenn er das selbstständig ohne einen Pastor durchführt, nennt man das Selbstbefreiung. Mit anderen Worten: Meine Selbstbefreiung war eine Angelegenheit zwischen Jesus Christus bzw. dem Heiligen Geist, mir und den Dämonen selbst.

Die Faustformel lautet: Ohne Jesus Christus keine nachhaltige Befreiung. Dämonen fürchten *nur* den Namen „Jesus Christus" und auch *nur dann*, wenn er von einem Gläubigen, der Jesus

Christus als seinen Erretter, Erlöser und Gott angenommen hat, ausgesprochen wird.

Nur durch den Glauben an Jesus Christus und durch unsere Buße und praktizierte Vergebung erhalten wir von Jesus Christus die *Autorität*, in seinem Namen Dämonen auszutreiben. Wie ich das genau angestellt habe, welchen Schlachtplan ich mithilfe des Heiligen Geistes entwickelt hatte, werde ich in Teil 2 detaillierter beschreiben.

Andere Leser wiederum werden das, was ich auf den folgenden Seiten offenbare, zu schätzen wissen und eine Antwort auf brennende Lebensfragen finden. Was die Menschen letztendlich aus meinem Zeugnis machen, ist deren Sache. Jeder ist für sich selbst verantwortlich. Ich weiß nur eins: Für viele verlorene Seelen wird mein Zeugnis lebensrettend sein.

Der Hauptgrund, warum ich mein Zeugnis detailliert niederschreibe, ist, weil Gott es mir aufgetragen hat. Das hat seine Gründe. Gott will, dass ich das Werk, das er durch Jesus Christus an mir geoffenbart hat, mit anderen teile. Warum? Weil es ihn verherrlicht und weil es seine Größe und Macht bezeugt. Gott liebt es, von seiner Schöpfung verherrlicht zu werden.

Ich wäre ohne die übernatürliche Hilfe des Heiligen Geiste kein freier Mensch geworden. Ich habe mit 53 Jahren einen bis heute andauernden Seelenfrieden erfahren dürfen, den ich niemals für möglich gehalten hätte. Ich schulde Gott bzw. Jesus Christus dieses Zeugnis, denn ich war mein gesamtes Leben ein seelisch und psychisch kaputter Mensch; ich habe ein fürchterliches Seelenleben hinter mir. Und das Verrückte ist, dass meine Mitmenschen mir das kaum angesehen hatten. Seit meiner frühen Kindheit war ich traumatisiert. Ich litt unter multiplen Traumata, die eine böse Kettenreaktion ausgelöst hatten. Mein geliebtes Elternhaus war der Spielplatz des Teufels. Mein Leidensweg war mit unzähligen Pleiten, Pech und Pannen gepflastert. Es lastete ein Fluch auf meiner Herkunftsfamilie und somit auf meinem Leben; genaugenommen mehrere Flüche. Und diese Flüche lassen sich biblisch erklären und auflösen, denn

Jesus Christus wurde am Kreuz zum Fluch, damit wir durch unseren Glauben an ihn und seine Erlösungstat Segen empfangen können (Galater 3,13).

Darüber hinaus wird mein Zeugnis ein Leitfaden für Hilfesuchende sein, um aus dem Labyrinth des „innerseelischen Terrors" herauszufinden.

Hierzulande ist das Thema rund um die Existenz von Dämonen und deren Austreibung ein Tabuthema. Und noch vielmehr ist es ein Tabuthema, dass Dämonen einzig und allein nur durch den Glauben an Jesus Christus und nur in seinem Namen nachhaltig und ganzheitlich ausgetrieben werden können. Buße und Vergebung spielen dabei eine wichtige Rolle.

Das Austreiben von Dämonen in der christlichen Kirche wird *Befreiungsdienst* genannt. In den USA erlebt der Befreiungsdienst, während ich diese Zeilen schreibe, eine nie dagewesene Renaissance. Die US-Kinodokumentation „Come out in Jesus Name" aus dem Jahre 2023 ist einer der vielen Beweise. Den Trailer dazu kannst du dir auf YouTube anschauen. Unzählige Menschen erwachen in das Bewusstsein hinein, dass ein Teil ihrer hartnäckigen Probleme dämonischer Natur ist und finden so zum Glauben oder zu einem stärkeren Glauben. Auch der international renommierte Psychiater Dr. Richard Gallagher hat seine Erfahrungen mit dem Exorzismus während psychiatrischer Therapien in seinem Buch „Demonic Foes" festgehalten und dadurch zum Glauben gefunden. Allerdings bezieht er sich auf den katholischen Exorzismus, der meines Erachtens viel zu kompliziert ist, aber sicherlich seine Daseinsberechtigung hat. Ich bin vor zwanzig Jahren aus der katholischen Kirche ausgetreten und das bleibt auch so. Selbst der international renommierte Journalist Tucker Carlson hat kürzlich in einem Interview über die Realität böser spiritueller Wesen gesprochen, welche die Menschen drangsalieren. Fakt ist, dieses Thema dringt immer mehr ins Bewusstsein der Öffentlichkeit, auch wenn Deutschland nachhinkt.

Dämonen sind real. Und wie real sie sind. Sie sind gefallene Engel und gehören zu Satans Königreich. Und dass Satan existiert und ein unsichtbares Reich anführt, sagt uns Jesus klar und deutlich im Matthäusevangelium. Dämonen existieren selbstverständlich noch heute - nicht nur zu biblischen Zeiten. Wer etwas anderes behauptet, lügt oder hat einfach keine Ahnung, so wie ich dreiundfünfzig Jahre keine Ahnung hatte.

Die echten Dämonen haben nichts mit den Dämonen in den Hollywoodfilmen oder -serien zu tun. Bei genauer Betrachtung werden diese Filme nur produziert, um uns von der Wahrheit abzulenken. Sie sollen uns einen Schrecken einjagen oder eine verzerrte oder lächerliche Sicht vermitteln.

Eine andere biblische Bezeichnung für Dämon ist „unreiner Geist". Ein Dämon ist ein unreiner Geist. „Geist" hat nichts mit einem Gespenst oder dergleichen zu tun. Das biblische Wort „Geist" bezieht sich auf die geistige Instanz des Menschen. Wir alle kennen die Bezeichnung „Körper, Geist und Seele". Die Bibel macht eine ähnliche Unterscheidung: Geist, Seele und Leib.

Sobald wir die bittere Pille geschluckt haben, dass unsere Welt tatsächlich vom Teufel regiert wird, so wie es die Bibel lehrt, und dass Gott als Jesus in die Welt kam, um die Werke des Teufels zu zerstören, und der Teufel (auch Satan genannt) nicht will, dass wir das wissen, dann verstehen wir auch, zu was er alles bereit ist, um uns von dieser Wahrheit abzulenken.

Die Täuschung ist gigantisch! Der Krieg ist ein spiritueller. Seit unserer Geburt befinden wir uns in einem spirituellen (unsichtbaren) Krieg. Und der Kriegsschauplatz ist unser Geist beziehungsweise unser Verstand. Der Rohstoff, um den gekämpft wird, ist unsere Seele. Gott auf der einen Seite, Satan auf der anderen Seite. Jesus in der Mitte, der uns den Eintritt in Gottes Reich gewährt. Wir müssen sein Geschenk nur annehmen. Gott will uns retten! Satan will uns mit ins Verderben reißen, in die ewige Verdammnis. Und die Masse versteht nicht, was vor sich geht.

Der Hauptgrund, warum die Masse nicht versteht beziehungsweise nicht den leisesten Verdacht hat, dass es eine unsichtbare Welt gibt, die parallel zu unserer sichtbaren Welt existiert, ist, dass sie für die Wahrnehmung der unsichtbaren Welt immun gemacht wurde. Je industrialisierter die Gesellschaft - oder je digitalisierter die Gesellschaft -, desto immuner ist man. Der Stress, eine Begleiterscheinung der modernen Gesellschaft, macht die Menschen ebenfalls oder zusätzlich immun gegen die unsichtbare Welt.

Das Verrückte ist, dass unsere gesamte Existenz oder unser Mensch-Sein größtenteils unsichtbar ist. Oder sind deine Gedanken nicht unsichtbar? Oder was ist mit deinen Gefühlen? Sind sie nicht unsichtbar? Oder was ist mit deiner Wahrnehmung? Findet sie nicht auf unsichtbarer Ebene statt? Sind deine nächtlichen Träume nicht unsichtbar? Und was ist mit deinen Wünschen? Oder mit deinen Reaktionen? Alle deine Reaktionen, bevor sie sichtbar werden (durch Worte oder Verhalten), sind zunächst unsichtbar, nicht wahr? Weiter oben habe ich gesagt, dass der Stress die Menschen immun gegen die Wahrnehmung der unsichtbaren Welt macht. Dabei ist - wissenschaftlich korrekt - der psychische Stress die Wirkung der mentalen (unsichtbaren) Reaktion auf äußere oder innere Umstände. Mit anderen Worten: Es ist unsere eigene unsichtbare Welt, die uns immun macht gegen die Existenz der unsichtbaren Welt.

Was ist mit der Liebe? Muss sie nicht zuerst da sein (im Unsichtbaren), bevor sie zum Ausdruck (im Sichtbaren) kommt? Was ist mit deinen Entscheidungen, die du täglich triffst und den weiteren Verlauf deines Lebens bestimmen? Sind sie nicht unsichtbar? Bevor du auf der sichtbaren Ebene mit irgendeiner Handlung in Aktion trittst, triffst du immer eine vorherige (unsichtbare) Entscheidung - bewusst oder unbewusst -, selbst wenn es nur die Entscheidung ist, fünf Minuten länger im Bett zu bleiben.

Führen wir nicht laufend innere Gespräche mit uns selbst? Innere Selbstgespräche? Findet in unserem Denken nicht ein Dialog statt? Beispielsweise, wenn wir überlegen, ob wir auf das Verhalten der Person X reagieren sollen? Was ist mit deinen Selbstzweifeln? Entstehen deine Selbstzweifel nicht durch einen inneren (unsichtbaren) Dialog? Oder was ist mit deinen Sorgen, die sich in deinem Kopf in einer Dauerschleife verfangen? Sind sie nicht das Ergebnis eines inneren (unsichtbaren) Dialoges oder vielleicht sogar das Ergebnis einer inneren Gesprächsgruppe?

Die Frage ist: Sind unsere Selbstgespräche grundsätzlich nur Gespräche mit uns selbst?

Hast du dich jemals gefragt, wo Romane oder Theaterstücke ihren Ursprung haben? Oder wie generell ein Kunstwerk entsteht? Was ist mit den großen musikalischen Meisterwerken oder mit den großen und kleinen malerischen Kunstwerken? Waren sie nicht alle zuerst eine (unsichtbare) Idee im Geist des Künstlers? Oder, was ist mit dem Stuhl, auf dem du gerade sitzt? Wo hat er seinen Ursprung? Verfolge mal den Weg seiner Entstehung zurück bis zum Anfang. War er nicht zuerst eine Idee im Geiste des Designers?

Übertrage das auf alles, was die Menschheit jemals hervorgebracht hat, und du wirst die Entdeckung machen, dass es nichts von Menschenhand Erschaffenes gibt, das nicht zuvor eine unsichtbare Idee im Geiste der Menschen war.

All die oben genannten Fragen dürften dir dabei geholfen haben, sehr wohl zu erkennen, dass es eine unsichtbare Welt gibt. Nun magst du einwenden, das sei alles richtig, aber noch lange kein Beweis für die Existenz einer kollektiven unsichtbaren Welt, die parallel zu unserer sichtbaren Welt existiert. Meine Antwort darauf ist: Wenn alles von der Schöpfung Erschaffene zuvor eine geistige Idee war, was ist dann mit der ganzen Schöpfung, die der Mensch nicht erschaffen hat, sprich, mit dem Universum, der Erde, inklusive uns Menschen selbst? Wo hat all das seinen Ursprung? Wo hat das All seinen Ursprung?

Die Bibel liefert eindeutige Antworten:
1. *„Gott ist Geist."* (Johannes 4,24).
2. Gott hat die Himmel und die Erde in die Existenz gesprochen. Im Anfang von allem war das Wort Gottes (siehe: 1.Mose 1 & Johannes 1,1-5).
3. *„Die Welt ist durch sein Wort geschaffen worden. Das Sichtbare ist aus dem Unsichtbaren entstanden."* (Hebräer 11,3)

Wenn du nun die Punkte miteinander verbindest und dir die Erlaubnis gibst, das sacken zu lassen, dann bin ich mir sicher, dass auch du zu der Erkenntnis gelangst, dass es eine unsichtbare bzw. spirituelle Welt geben muss. Nicht nur das: Du wirst auch erkennen, dass diese unsichtbare Welt bereits vor der Schöpfung existiert haben muss. Und diese spirituelle Welt wird von spirituellen Wesen bewohnt, genauso wie unsere sichtbare Welt von materiellen Wesen bewohnt wird.

In der sichtbaren Welt gibt es zwei konkurrierende Kräfte, die seit jeher im Kampf miteinander stehen: Das Gute und das Böse. Diese beiden Kräfte finden hier auf der sichtbaren Ebene ihren Ausdruck in und durch uns Menschen. Die Bibel weist darauf hin, dass es spirituelle Personen gibt, beispielsweise Engel. Unter den Engeln gibt es wie bei uns Menschen auch gute und böse (gefallene) Engel. Und zu den bösen gehören u.a. die Dämonen.

Diese Tatsache, die mich mein Leben lang in Knechtschaft gehalten hatte, weil ich sie nicht kannte, wurde letzten Endes die Basis meiner Errettung. Aus diesem Grund hatte ich mich zu meiner Glaubenstaufe für folgende Bibelstelle als mein Taufspruch entschieden:

„Zieht die ganze Waffenrüstung Gottes an, damit ihr gegen die Listen des Teufels bestehen könnt! Denn unser Kampf ist nicht gegen Fleisch und Blut, sondern gegen die Gewalten, gegen

die Mächte, gegen die Weltbeherrscher dieser Finsternis, gegen die geistigen Mächte der Bosheit in der Himmelswelt." (Epheser 6,11-12)

Zu den „geistigen Mächten der Bosheit" gehören auch die Dämonen. Sie sind in der hierarchischen Ordnung im Reich Satans die „Fußsoldaten", die Dämonenarmee. Sie können das Denken des Menschen von Außen angreifen. Und sie können unter bestimmten Voraussetzungen in uns Menschen einfahren und uns von Innen heraus belasten bzw. terrorisieren, bis hin zur Besessenheit. Letzteres ist ihr Hauptziel! Durch das Einfahren in den Menschen haben diese spirituellen Parasiten die Möglichkeit, unsere sichtbare Welt durch das Innere des Menschen destruktiv zu beeinflussen, ohne dass der Mensch sich bewusst ist, dass sein Denken und Fühlen und Verhalten von Dämonen beeinflusst wird. Auf diese Weise werden Psychopathen, kriminelle Narzissten und Diktatoren „geboren". Der Mensch denkt fälschlicherweise, er selbst sei es, der so denkt und fühlt. Gleichzeitig flüstern ihm die Dämonen ein, dass es richtig sei, was er tut.

Das ist der Hauptgrund, warum der gesamte Markt rund um die Persönlichkeitsentwicklung, Selbsthilfeliteratur und auch die Esoterik immer weiter wächst und kein Ende in Sicht zu sein scheint. Würde uns die Wahrheit über Dämonen und deren Einfluss auf unsere Psyche und Persönlichkeit präsentiert werden, dann würde der Großteil dieses Marktes in sich zusammenfallen und zwar ein für allemal.

Damit will ich nicht sagen, dass alle unsere menschlichen Probleme dämonischer Natur sind, um Gottes Willen. Vieles ist psychischer, mentaler oder seelischer Natur. Wenn wir es aber mit hartnäckigen Problemen zu tun haben, die trotz lückenloser Aufarbeitung bestehen bleiben, oder wenn wir es mit destruktiven Verhaltensweisen zu tun haben, die immer wieder Macht über uns erlangen, obwohl wir das nicht wollen, oder wenn wir es mit wechselnden oder immer wiederkehrenden Symptomen zu tun haben, die unauflösbar erscheinen, dann können das ernsthafte Anzeichen dämonischer Einflüsse sein.

Die Motivation hinter dem Hauptziel der Dämonen, uns Menschen zu quälen, ist, uns Menschen zur Sünde zur verleiten und uns von der Gotteserkenntnis abzulenken, um uns letztendlich mit in die ewige Verdammnis (Hölle) zu reißen, die eigentlich nur für sie - Satan und die anderen gefallenen Engel - vorgesehen ist. Ihre gesamte Existenz dreht sich nur darum, uns Menschen vom Geschenk Jesu Christi am Kreuz abzulenken, um uns dadurch das Ewige Leben mit Gott im Himmel vorzuenthalten. Sie hassen uns, weil wir nach dem Ebenbild Gottes geschaffen sind. Sie hassen uns abgrundtief.

Dämonen sind böse *Personen ohne Körper* und stehen unter Satans Herrschaft. Es ist äußerst wichtig zu verstehen, dass Dämonen Personen sind. Und nicht irgendwelche Energiekörper oder Astralkörper oder feinstoffliche Körper, sondern schlicht und einfach Personen mit einer durch und durch bösen Natur, und das ohne Körper.

Um verständlich zu machen, worüber wir hier reden, ein kleines Gedankenspiel: Richte deine Aufmerksamkeit auf dich selbst, auf alles, was dich ausmacht. Nimm dich in deiner Gesamtheit wahr, mit deinem Körper, deinen Gedanken, Stimmungen, Gefühlen, Geist und Seele. Nimm dich als Gegenwart wahr, die einen bestimmten Platz im Raum einnimmt. Spüre dich als Präsenz, als Masse im Raum. Nehme deine Lebendigkeit wahr, dein Lebendig-Sein. Richte deine gesamte Aufmerksamkeit auf alles, was du bist. Und jetzt stell dir vor, dass alles so bleibt, wie es ist, außer: du hast keinen Körper mehr. Alles ist nach wie vor da, deine ganze Persönlichkeit und Charakter, einfach alles. Außer dein Körper. So ungefähr kannst du dir das mit den Dämonen vorstellen, wenn es heißt, dass sie *Personen ohne Körper* sind. Sie sind auf geistiger beziehungsweise spiritueller Ebene aktiv und versuchen, in einen menschlichen Körper einzufahren. Sie wollen sich verkörpern, um dadurch destruktiven Einfluss auf unsere sichtbare bzw. materielle Welt (Gottes Schöpfung) auszuüben. Beispielsweise durch Diktatoren, die durch Kriege oder Totalitarismus uns Menschen leiden lassen und quälen, um uns das wahre Evangelium vorzuenthalten.

Dämonen hatten während meines gesamten Lebens mein Denken, Fühlen und Wahrnehmen im Griff. Und ich hatte keinen blassen Schimmer davon. Obwohl ich mich achtundzwanzig Jahre tiefgehend mit der Esoterik und der modernen Spiritualität sowie der Psychologie beschäftigt und in dieser Zeit zwei psychospirituelle Sachbücher veröffentlicht hatte, die ich nach meiner hundertprozentigen Bekehrung wieder vom Markt genommen habe. Sogar Vorträge hatte ich gehalten und als Coach gearbeitet. Ich hatte Menschen psychisch und spirituell beraten und begleitet. Ja sogar therapiert. Und das, obwohl ich selbst nicht verstanden hatte, was auf geistiger bzw. spiritueller Ebene wirklich vor sich geht. Gleichzeitig glaubte ich, allwissend zu sein. Das ist das, was ich meine, wenn ich von einer gigantischen Täuschung spreche.

Hätte mir jemand vor drei Jahren vorausgesagt, dass ich ein Zeugnis wie dieses hier schreiben würde, hätte ich ihn für verrückt erklärt und ausgelacht.

Die Erkenntnis, dass Dämonen existieren, war ein harter Brocken, der nicht leicht zu verdauen war und die radikalste Wende in meinem Leben einleitete: Die nachhaltige Befreiung von meinem lebenslangen seelischen Leiden, verbunden mit der Befreiung langjähriger körperlicher Probleme.

Heute, während ich diese Zeilen schreibe, bin ich bereits 56 Jahre alt und blicke einerseits auf ein großes, fürchterliches Chaos zurück, was mich erschüttert. Immerhin hat es mein gesamtes Leben destruktiv beeinflusst, inkl. mein Berufsleben und meine finanzielle Situation. Andererseits blicke ich auf ein großes Wunderwerk zurück, das ich mit nur zwei Worten zusammenfassen kann: Gottes Gnade.

„Seine Barmherzigkeit ist nicht zu Ende; sie ist jeden Morgen neu!" (Klagelieder 3,22-23)

Im ersten Teil werde ich detailliert auf meinen Werdegang eingehen und Begebenheiten mitteilen, die ich noch niemandem - außer Gott - anvertraut habe. Das ist wichtig, damit das Ausmaß meiner Verwirrung beziehungsweise meines seelischen Schadens, den ich hatte, geoffenbart wird. Weil dadurch das übernatürliche Wirken Gottes sichtbar gemacht werden kann. Und gleichzeitig auch die pure Boshaftigkeit des Widersachers, des Teufels, ins richtige Licht gerückt wird. Im zweiten Teil gehe ich dann auf meine Errettung durch Jesus Christus ein; insbesondere auf meine Befreiung von etlichen Dämonen mithilfe des Heiligen Geistes.

Meine Befreiung in der Nussschale

Obwohl katholisch getauft, war ich die ersten fünfundzwanzig Jahre meines Lebens überzeugter Atheist. Durch eine Sinnkrise hatte ich dann zu Gott gefunden, wurde also gläubig. Ich bin aus der katholischen Kirche ausgetreten, weil sie es nicht geschafft hatte, mir Gott zu zeigen. Ich war dann viele Jahre Mitglied in einer Kirche der Neugeist-Bewegung (New Thought) – auch bekannt unter dem Namen „Die Schule des positiven Denkens".

Diese Kirche ist keine bibeltreue Kirche und auch keine christliche, auch wenn sie viel über Jesus redet. Sie ist genaugenommen eine „Fake-Kirche", was mir all die Jahre nicht bewusst war. Parallel dazu bin ich tief in die moderne Spiritualität, Esoterik und Mystik eingetaucht. Insgesamt achtundzwanzig Jahre habe ich mich dort aufgehalten. Ich hatte mich tiefgründig mit allen großen spirituellen Denkrichtungen befasst – Denkrichtungen wie die moderne Metaphysik, Positives Denken, Gesetz der Anziehung, Buddhismus, Schamanismus, Yoga und Hinduismus, christliche Mystik, weiße und schwarze Magie, Traumdeutung, Psychologie und Parapsychologie, Kabbala, Geistheilung, hermetische Philosophie. Und mit einem Bein steckte ich in der New-Age-Bewegung; ich hatte aber nichts mit Engelskarten, Tarot, Channeling oder Wahrsagerei zu tun. Mein Schwerpunkt lag auf dem positiven Denken und dem geistigen Heilen.

In diesen achtundzwanzig Jahren hatte ich mich als multireligiöse Person definiert, weil ich glaubte, dass hinter allen Religionen und Weisheitslehren ein und derselbe Gott steckt. Ich zitierte Jesus und Buddha und Konfuzius, und so weiter. Ich hielt psychospirituelle Vorträge, schrieb zwei Bücher und veröffentlichte sie, hatte gebloggt und als Coach gearbeitet. Währenddessen wurde mein Leben immer chaotischer. Die Wahrheit ist, mein Leben war von Anfang an das reine Chaos gewesen. Ich bin in das Chaos hineingeboren worden.

Irgendwann in der ersten Hälfte von 2022 platzte der Knoten, und ich bin auf „übernatürliche Weise" auf den GESAMT-KONTEXT der Bibel aufmerksam geworden. Ich bekam ein tiefes Verständnis von der Rolle Jesu. Ich hatte mich dann voll und ganz auf ihn eingelassen und erlebte, wie Dämonen aus mir herauskamen und wie Flüche, die auf mir und meiner Herkunftsfamilie lasteten, gebrochen wurden. Mit anderen Worten: Ich erlebte eine Befreiung, wie ich sie mir in meinen kühnsten Träumen nicht hätte vorstellen können. Seitdem bin ich körperlich und seelisch frei. Heute bin ich 100% Christ. Ich gehöre keiner großen Konfession an. Im August 2023 hatte ich meine Glaubenstaufe.

Der Hauptgrund für diese "radikale" Entscheidung war die Erkenntnis der Wiederkunft Jesu als Richter der Welt und die damit einhergehenden biblischen Prophezeiungen über die vorausgehenden Zeichen (biblische Endzeit). Viele Christen weltweit sehen in der aktuellen globalen Entwicklung die Erfüllung dieser Prophezeiungen.

Nach meiner Rettung hatte ich mich im Namen Jesu selbst befreit. In einem Zeitraum von sieben Monaten trieb ich etwa zwölf Dämonen bewusst aus. Ich habe also mitbekommen, wie sie widerwillig aus mir herausgekommen sind. Einige gingen von selbst. Ich war buchstäblich voll von ihnen. Ich hatte hier in Deutschland niemanden, der mir dabei helfen konnte. Mit jeder Befreiung, die ich erfahren durfte, fühlte ich mich freier. Ich habe mich in meinem gesamten Leben noch nie so frei gefühlt - körperlich und emotional - wie nach den Befreiungen. Halleluja! Gelobt sei Jesus Christus.

Jeder Mensch, der von unserem Herrn Jesus Christus gerettet wird, hat eine andere Ausgangssituation, deshalb ist auch jedes Zeugnis einzigartig. Manche kommen aus intakten Familien, andere aus christlichen Familien, wieder andere aus schwierigen Situationen und wieder andere aus völlig zerrütteten Verhältnissen. Ich gehöre zur letzten Gruppe. Ich war mehrere Jahrzehnte pornosüchtig, hatte mit sexuellen Fetischen / Perversionen zu kämpfen, mit Drogenmissbrauch, war viele Jahre in der Techno-Szene, hatte Alkoholprobleme, Verhaltensprobleme, und war die ersten fünfundzwanzig Jahre immer körperlich krank. Ich war widerspenstig, völlig verwirrt und in meiner Jugend kriminell, und so weiter und so fort.

Meine Eltern wurden beide in ihrer Kindheit sexuell missbraucht und hatten das nie aufgearbeitet. Ich bin ein Einzelkind und habe schlimmste Dinge gesehen, zum Beispiel Selbstmordversuche meiner Mutter, als ich noch ein Kind war. Ich habe die totale Zerstörung meiner Familie und meines Lebens über einen Zeitraum von über vierzig Jahren miterlebt. Und ich war ein Sünder vor dem Herrn.

> Die Ausgangsfrage, die mich mein Leben lang begleitet hatte, war: Was stimmt mit mir nicht?

Als Jesus Christus mich schließlich im Juni 2022 rettete (inkl. anschließender Buße, Umkehr, Übergabegebet, etc.), erhielt ich die Antwort: Es waren Dämonen! Der Teufel hatte meine Familie und mich fest im Griff. Bei meiner Errettung wurde ich u.a. automatisch vom unreinen Geist der Pornografie befreit. Allerdings war mir sofort bewusst, dass es noch weitere Dämonen in mir gab. Das Verstörende war die bittere Erkenntnis, dass das Weltbild der Neugeist-Bewegung, welches ich ein viertel Jahrhundert tiefgründig studiert hatte und für *die* Wahrheit, für das Non plus Ultra hielt, sich schlussendlich als Irrlehre herausstellte.

> Wenn Jesus zuschlägt, hat man zunächst das Gefühl, dass alles auf den Kopf gestellt wird. Dabei ist es genau umgekehrt. Jesus stellt die Dinge nie auf den Kopf; das tut immer nur unser Widersacher, der Teufel. Jesus bringt die Dinge wieder in Ordnung.

Mithilfe des Heiligen Geistes war ich in der Lage, weitere Dämonen in mir ausfindig zu machen, um sie im Namen Jesu Christi „mit Haut und Haaren" auszutreiben. Mein gesamter Befreiungsprozess geschah ausschließlich durch die Gnade, die

Autorität und die Anwesenheit meines Herrn Jesus Christus und mithilfe seines Heiligen Geistes.

Es war Jesus - und Jesus allein -, der mich befreit hat. Am Anfang war es beängstigend, als sich die Dämonen manifestierten. Der Schlüssel zur Befreiung war meine Hartnäckigkeit weiterzumachen, bis sie herauskamen. Dabei spielt der Name „Jesus Christus" die entscheidende Rolle, denn sie hassen den Namen und reagieren höchst allergisch auf ihn. Die prägendsten Erfahrungen hatte ich mit dem Dämon der Verwirrung und dem Dämon der Vergesslichkeit. Seit Ende 2022 bin ich frei. Im August 2023 hatte ich meine Glaubenstaufe.

Ich kann es nicht jedem empfehlen, Selbstbefreiung zu praktizieren, denn es erfordert eine starke und glaubensfeste Persönlichkeit, die ich bin. Mit der Hilfe des Heiligen Geistes und meines unerschütterlichen Vertrauens in Jesus, sowie meiner festen Entschlossenheit, völlig frei zu werden, wurde die Selbstbefreiung Teil meines Zeugnisses.

Und ja, der Befreiungsdienst kann missbraucht werden, vor allem, wenn er Menschen dazu verleitet, in alle psychischen oder körperlichen Probleme eine dämonische Ursache hineinzuinterpretieren. Selbstverständlich ist das nicht der Fall. Das Argument jedoch, dass ein wiedergeborener Christ unmöglich Dämonen in sich haben kann, ist durch mein Zeugnis und durch das vieler anderer widerlegt.

Ich werde die Interpretation meines Zeugnisses durch Kirchen oder die biblische Auslegung durch Pastoren oder die Beurteilung durch Theologen oder Geistliche niemals über mein Zeugnis stellen. Mein Zeugnis ist meine Wahrheit, und meine Wahrheit ist mein Zeugnis. Das, was Jesus mir geschenkt hat und Millionen und Abermillionen Menschen schenken will, zu schmälern, wäre Blasphemie. Es würde die Gnade des Herrn Jesus Christus, die er in meinem persönlichen Fall hat walten lassen, verleugnen.

Teil 1
Satans Reich

„Jesus aber sprach:
Vater, vergib ihnen, denn sie wissen nicht, was sie tun. "
Lukas 23,34

1. Wie alles begann

Ehrlich gesagt, habe ich keine Lust, darüber zu schreiben, wie alles begann. Erstens, weil ich das längst durchgekaut, verarbeitet, verdaut und abgeschlossen habe. Zweitens, weil ich das vierte Gebot befolge. Drittens, weil ich das, was sich in meiner Herkunftsfamilie und in meinem Elternhaus zugetragen hat, nicht mehr berühren wollte.

„Du sollst deinen Vater und deine Mutter ehren, damit du lange lebst in dem Land, dass der HERR, dein Gott, dir gibt!"
2.Mose 20,12

Mit meinem heutigen Wissen über die christliche Dämonologie und die sich daraus ergebende spirituelle Kampfführung, kann ich die Vergangenheit nicht ausklammern, wenn ich über Jesus' übernatürliches Wirken reden möchte, weil es seine große Gnade und Herrlichkeit herabsetzen würde.

Bevor ich also fortfahre, ist es mir sehr wichtig, hervorzuheben, dass ich im Frieden mit meinen Eltern und meinem Stammbaum bin. Ich liebe meine Eltern, auch wenn ich in vielerlei Hinsicht Gründe hätte, das Gegenteil zu tun. Des Weiteren beschreibe ich alles aus meiner heutigen Sicht, sodass ich Beurteilungen und Hintergrundinformationen mit einbauen kann, die zu jenem Zeitpunkt, als es sich zugetragen hatte, nicht vorlagen.

Ich komme aus kaputten Familienverhältnissen. Mein Elternhaus hat mich krank gemacht - sowohl körperlich als auch psychisch. Und Gott hat mich körperlich gesund gemacht und zum Schluss durch Jesus Christus psychologisch gesund. Und der Satan wollte mich all die Jahre daran hindern, zu erkennen, dass es seine Dämonen sind, die mich geistig und psychisch all die Jahre leiden ließen.

Ich bin heute selbst Vater eines Teenagers. Und aufgrund meiner vergangenen Probleme und meine damit verbundenen Unzulänglichkeiten habe ich in der Erziehung ebenfalls viel falsch gemacht, was mein Kind im weiteren Verlauf durch seine Verhaltensweisen zum Ausdruck brachte. Auch bei ihr sind Schäden entstanden, die nicht entstanden wären, hätten ich oder ihre Mutter alles richtig gemacht. Demgemäß hätte meine Tochter das göttliche Recht, diese Erziehungsfehler zu benennen, um hervorzuheben, was dadurch bei ihr ausgelöst wurde. Ob mir das nun passt, oder nicht.

Da ich zur *Selbstreflexion* imstande bin, habe ich im Nachgang meine Tochter mit meinen Fehlern konfrontiert und sie wissen lassen, wo ich sie ungerecht behandelt oder falsch erzogen habe, was das in ihr ausgelöst haben könnte. Ich habe mich für meine Fehler entschuldigt, sodass sie sich gesehen fühlte und ihre Seele sich wieder beruhigen konnte.

Ich hatte es also bereut, Buße getan und um Vergebung gebeten. Jeden Tag erhalten wir erneut die Chance, vergangene Fehler wieder gutzumachen, zumindest jedoch vor Gott. Das Entscheidende dabei ist die Selbstreflexion. Ich bin in einem Elternhaus aufgewachsen, in dem es kaum bis keine Selbstreflexion gab. Infolgedessen musste ich sie mir selbst in einem langen Prozess aneignen.

Die auf den kommenden Seiten beschriebenen Sachverhalte sind also keine Anklagen! Sondern eine Sichtbarmachung der Werke des Teufels. Wie er uns Menschen täuscht und ins Verderben führt. Ich habe meinen Eltern und auch mir selbst bedingungslos vergeben, weil ich Gott sei Dank erkannt habe, dass wir alle dasselbe Problem haben: unseren unsichtbaren Feind! Und der wird mit diesem Zeugnis demaskiert.

„Wer unter euch ohne Sünde ist, der werfe den ersten Stein auf sie!" Jesus in Johannes 8,7

Von der Geburt bis 6 Jahre

Das Erste, an das ich mich erinnern kann, ist, als ich als ungefähr Einjähriger (oder jünger) nachts im Bettchen lag und eine Gestalt am Fenster sah, die mir einen fürchterlichen Schrecken einjagte. Ich muss wie am Spieß geschrien haben, weil mein Vater hochkam und nach dem Rechten sah. Die Gestalt hatte mich beobachtet, und es war keine menschliche Gestalt. Sie wirkte auf mich wie ein Schattenwesen. Ich konnte keine Augen erkennen oder ein Gesicht. Ich weiß nur, dass sie mich beobachtete. Diesen Vorfall habe ich nie vergessen. Allerdings war er für mehrere Jahrzehnte nicht in meinem Bewusstsein. Hin und wieder kratzte er für kurze Zeit an der Oberfläche und verschwand dann wieder.

Circa fünfzig Jahre später kam die Erinnerung klar und deutlich zurück, als ich in der siebenmonatigen Phase der Dämonenaustreibung war. Diese Zeit, auf die ich in Teil 2 genau eingehen werde, war die Zeit meiner Jagd auf die Dämonen in mir. Die größte Angst, die Dämonen haben, ist, erwischt zu werden. Der entlarvte Teufel ist der besiegte Teufel. Ich hatte keine Angst vor ihnen. Im Gegenteil. Sie hatten Angst vor mir! An diesem Tag lag ich auf meinem Bett und war am dösen. Ich öffnete meine Augen und sah eine Gestalt - wie damals am Fenster - durch mein Zimmer huschen, blitzschnell unter einer Sekunde. Ha, jetzt habe ich euch gesehen, dachte ich noch und erinnerte mich an die Gestalt von damals. Der Kreis schloss sich und mir wurde bewusst: Das sind Dämonen.

Ansonsten kann ich mich recht wenig an die ersten sechs Jahre meines Lebens erinnern, eigentlich an fast gar nichts. Hervorsticht ein Vorfall im Kindergarten, wo mir erstmals bewusst wurde, dass mit mir etwas nicht stimmt. Zwei Frauen, eine Erzieherin und eine externe Dame, machten mit uns Kids irgendwelche Körperübungen. Dabei sollte ich auf dem Boden auf dem Rücken liegen. Eine der Frauen nahm meine Hand, hob sie samt Arm nach oben und ließ sie dann los. Normalerweise wäre mein Arm einfach auf den Boden gefallen. Aber bei mir war das anders. Ich war nicht in der Lage, den Arm fallen zu lassen. Ich erinnere mich, dass es den anderen Kindern leicht fiel und dass ich der einzige war, bei dem sich ein krampfartiges Gefühl von der Schulter abwärts am Arm entlang manifestierte, sodass mein Arm nicht auf natürliche Weise auf den Boden sackte. Die beiden Frauen wiederholten die Übung mehrere Male. Ich schämte mich wegen der skeptischen Blicke der Frauen. Ich erinnere mich an die Worte der einen Frau: „Das ist nicht normal." Kurze Zeit später war ich mit meiner Mutter bei irgendeinem Arzt in irgendeinem Krankenhaus und es wurden irgendwelche Tests durchgeführt und verschiedene Übungen mit mir gemacht.

Das war es dann auch schon mit meiner Erinnerung - mehr oder weniger. Natürlich kann ich mich an Freunde und Nachbarskinder erinnern, wie wir im Sandkasten gespielt haben oder Kinderstreiche in der Nachbarschaft machten. Woran ich mich aber so gut wie gar nicht erinnern kann, ist, was in meinem Elternhaus los war.

Das Nächste, an das ich mich gut erinnern kann, ist, als mein zukünftiges Elternhaus auf dem Grundstück meines aktuellen Elternhauses gebaut wurde. Da war ich ca. Ende 5 oder Anfang 6. Die ersten sechs Jahre lebten wir im Elternhaus meines Vaters. Meine Großeltern väterlicherseits verstarben vor meiner Geburt.

Mein Vater und meine Mutter
Mein Vater und seine beiden Geschwister wurden in gutsituierten Verhältnissen groß. Mein Opa war ein angesehener Mann in einer hohen Managerposition in der damaligen Montanindustrie. Er hatte Hausangestellte und einen Chauffeur, der meinen Vater zur Schule fuhr. Auf seiner Beerdigung nahmen weit über zweihundert Personen aus Wirtschaft und lokaler Politik Abschied von ihm.

Mein Vater - vor fünfzehn Jahren verstorben - war ein gutmütiger und gastfreundlicher Mann. Er war chronisch nervös, innerlich angespannt, besserwisserisch und konnte jähzornig und aufbrausend sein. Er war ein Choleriker. Er hatte narzisstische Persönlichkeitszüge, war aber kein Narzisst im psychiatrischen Sinne. Im Herzen war er ein guter Mensch. Das Problem war, und das habe ich erst mit 38 Jahren kurz vor seinem Tod von ihm erfahren, dass er als Kind von seinem etwas älteren Bruder sexuell missbraucht wurde.

Und sexueller Missbrauch war eine der wenigen Gemeinsamkeiten, die sich meine Eltern teilten. Meine arme Mama wurde als junges Mädchen von ihrem Stiefvater sexuell missbraucht, was ich auch erst mit ca. 35 Jahren von ihr erfuhr. Weder mein Vater, noch meine Mutter haben ihren sexuellen Missbrauch psychotherapeutisch aufgearbeitet, was zur damaligen Zeit auch nicht so gängig war wie heute. Und was das für einen Schaden angerichtet hat, wirst du im weiteren Verlauf der Geschichte erfahren. Eines kann ich an dieser Stelle verraten: Hinter Pädophilie oder sexuellen Gewaltexzessen steht immer der Teufel, genauso wie hinter der Pornographie.

Meine Mutter kam nicht wie mein Vater aus finanziell potenten Verhältnissen. Sie ist im Herzen ein guter Mensch, aber auch sie hat bedingt durch das nicht aufgearbeitete sexuelle Verbrechen, dass ihr Stiefvater an ihr begangen hatte, einen Schaden erlitten.

Das, was ich jetzt sage, ist psychiatrisch nicht bestätigt worden, weil dem nicht nachgegangen wurde: Meine Mutter hat eine Borderline-Persönlichkeitsstörung. Und das Tragische ist, dass *ich* der Einzige war/bin, der das herausgefunden hat und behauptet. Das war während meiner Ausbildung zur Vorbereitung auf die staatliche Prüfung zum Heilpraktiker für Psychotherapie. Den Tag werde ich nie vergessen. Damals war ich bereits 39 Jahre alt. Wir studierten die Persönlichkeitsstörungen. Als wir bei der Diagnostik des Borderliners ankamen, schrie ich innerlich auf: „Das ist ja meine Mama! Das ist das, was sie hat!" Gefühlte dreißig Minuten hatte ich eine Gänsehaut am ganzen Körper. Als ich das kurz darauf meiner Mutter mitteilte, fühlte sie sich angegriffen und verwandte es gegen mich.

Mit anderen Worten: Ganze vierzig Jahre lang wusste niemand, was meine Mutter wirklich hatte, insbesondere meine Mutter selbst nicht. Immer wieder fragte sie mich: „Christian, was stimmt bloß nicht mit mir?" Und das, obwohl sie mehr oder weniger die ganze Zeit in psychologischer und/oder psychiatrischer Behandlung war. Ihr Krankheitsbild wurde einfach falsch diagnostiziert. Man sprach von einer endogenen Depression oder manisch-depressiven Episoden oder Hysterie, oder, oder, oder. Aber niemand kam auf die Idee, dass der Auslöser hinter diesen Diagnosen eine Persönlichkeitsstörung ist. Mit anderen Worten: Borderline war die Ursache und die psychischen Manifestationen die Wirkung. Die dummen Ärzte hatten einfach Ursache und Wirkung auf den Kopf gestellt.

Wenn die Dinge auf den Kopf gestellt oder verdreht werden, dann kann man dahinter den Teufel vermuten, denn der Teufel stellt die Dinge auf den Kopf. Er verdreht sie, genauso wie die Teufelsanbeter, die Satanisten, das auf dem Kopf gestellte Kreuz anbeten. Das nennt man satanische Umkehr. In der Bibel lesen wir: „*Wehe denen, die Böses gut und Gutes böse nennen, die aus Finsternis Licht und aus Licht Finsternis machen, die aus sauer süß und aus süß sauer machen!*" (Jesaja 50,20). Jesus hat dazu auch deutliche Worte gefunden: „*Ihr habt den Teufel zum Vater und ihr wollt das tun, wonach es eurem Vater verlangt. Er war ein Mörder von Anfang an. Und er steht nicht in der Wahrheit; denn es ist keine Wahrheit in ihm. Wenn er lügt, sagt er das, was aus ihm selbst kommt; denn er ist ein Lügner und ist der Vater der Lüge.*" (Johannes 8,44)

Somit wurde meine arme Mutter von Anfang an falsch therapiert. Sie wurde langsam aber sicher austherapiert. Und nichts und niemand hatte die Verantwortung übernommen. Heute ist sie ein seelisches Wrack. Sie war eine sehr hübsche Frau, ein heißer Ofen, wie manche es formulieren würden. Diese Experten in ihren weißen Kitteln hatten nicht nur keine Ahnung von dem, was sie da taten, sie - und das schließt die Hausärzte mit ein - machten meine Mutter zu einer Tablettenabhängigen, indem sie ihr über Jahrzehnte immer wieder schwere Psychopharmaka verschrieben hatten, was sie nicht hätten tun dürfen.

Irgendwann hatte meine Mutter die Hausärzte soweit in der Hand, dass sie ihr bereitwillig Psychopharmaka verschrieben, die sie dann unkontrolliert und nach Bedarf einnahm. Normalerweise müssen Psychopharmaka, insbesondere Antidepressiva, unter psychiatrischer Aufsicht eingenommen werden. Dieser über viele Jahre praktizierte Tablettenmissbrauch hatte langsam aber sicher meine arme Mama tablettenabhängig gemacht. Aufgrund dessen litt sie nicht nur unter den Auswirkungen des sexuellen Missbrauchs und der nicht diagnostizierten Borderline-Persönlichkeit mit den resultierenden depressiven und manischen Phasen, und unter den katastrophalen Auswirkungen der Ehe, sondern sie wurde im Laufe der Jahre immer konfuser aufgrund der schweren Nebenwirkungen der Psychopharmaka, die sie genaugenommen nur für kurze Zeit hätte einnehmen dürfen.

Diese Tragödie fing in den Psychiatrien an. In meiner späten Kindheit und frühen Jugend habe ich live miterlebt, wie sie meine Mama intravenös mit irgendwelchen neu auf den Markt gekommenen Psychopharmaka, von denen die Ärzte schlichtweg keine Ahnung hatten, im wahrsten Sinne des Wortes vollpumpten. Meine arme Mama war ein psychiatrisches Versuchskaninchen. Niemand hatte die Verantwortung übernommen. Und ich weiß, es gibt Millionen solcher Fälle.

Die Borderline-Störung war damals schwer zu diagnostizieren. Heute gibt es weitaus mehr Experten und auch hoffnungsvolle aber langwierige Therapieansätze. Die Diagnose wird von 9 Verhaltensweisen abhängig gemacht, wobei mindestens 5 erfüllt sein müssen. Somit kann der eine Borderliner die Punkte 1-5 erfüllen, der andere die Punkte 5-9, wieder ein anderer die Punkte 3-7. Und wieder ein anderer die Punkte 1, 3, 5, 7, 9. Jeder dieser vier genannten Borderline-Persönlichkeiten hat somit unterschiedliche „Gesamtsymptome".

Borderline ist eine schreckliche Störung, sowohl für die Betroffenen als auch Angehörigen. Heute weiß ich, dass sie genauso wie der Narzissmus und andere Persönlichkeitsstörungen neben den psychischen und seelischen Komponenten dämonische Ursachen hat. Ich habe meine Mutter in Bewusstseinszuständen erlebt, in denen sie wie ausgewechselt war. Ihr Blick, ihre Mimik, ihre Stimme, ihr Lachen, das war nicht sie.

Das alles durchschaut zu haben, stimmt mich einerseits glücklich, andererseits tieftraurig und wütend. Es gab in einem Zeitraum von über vierzig Jahren keinerlei Aussicht auf Besserung und alle Beteiligten haben gleichzeitig gehofft, dass sich etwas ändert.

Und als ich dann letztendlich herausfand, was die Ursache für ihre Probleme war, war es bereits zu spät, weil sie nicht bereit war, meinen Behauptungen auf den Grund zu gehen. Das hatte mich sehr traurig gestimmt, weil ich seit meiner frühen Kindheit den innigen Wunsch hatte, meiner Mama zu helfen. Die hartnäckige Idee in meinem Kopf, meiner Mama zu helfen, begleitete mich ein Leben lang.

Zwei Gegebenheiten zum psychologischen Grundzustand meiner Herkunftsfamilie muss ich noch erwähnen, bevor ich fortfahre. Erstens, ich hatte als Kind oft meine Eltern nicht mit Mama und Papa angesprochen, sondern mit ihren Vornamen. Das war in den 70er Jahren. Damals gab es noch keine antiautoritäre Erziehung wie heute. Somit war es auffällig, dass ich das tat, und es zeigt die seelische Distanz, die ich bereits als kleiner Junge aufgebaut hatte.

Zweitens möchte ich noch einen rein neurologischen Aspekt der Borderline-Persönlichkeit hervorheben. Ein sehr wichtiger Aspekt, um zu verstehen, wie hoffnungslos traurig alles war. Borderliner sind emotional Instabile. Sie haben ihre Emotionen nicht unter Kontrolle, sondern die Emotionen haben sie unter Kontrolle. Ein Borderliner reagiert nicht auf den nüchternen Streit-Sachverhalt, sondern er reagiert rein emotional. Sobald die Emotionen übernommen haben, ist eine sachliche Unterhaltung unmöglich. Diese Emotionen basieren auf einem Schwarz-weiß-Denken und sind die Folge nicht verarbeiteter Traumata. Wenn Borderliner in diesem emotionalen Modus sind und streiten, sagen und tun sie Dinge, an die sie sich hinterher nicht mehr erinnern können. Das Paradoxe ist, dass sie sich noch sehr wohl an die Worte erinnern können, die die andere Partei währenddessen gesagt hat. Das kann zu fürchterlichen Zerwürfnissen führen, weil dadurch der Borderliner, nachdem er sich emotional wieder beruhigt hat, den Grund und den Verlauf der Streitigkeiten anders abgespeichert hat, als es sich eigentlich zugetragen hat.

Dadurch wird alles auf den Kopf gestellt und beide Seiten fühlen sich verletzt, angegriffen und betrogen. In der Regel ist dann immer der andere schuld. Der Borderliner ist aus seiner Sicht immer unschuldig und alle anderen schuldig. Schuldzuweisungen und das Projizieren von Schuldgefühlen ist eines der Problemlösungsstrategien des Borderliners. Wie gesagt, der Borderliner reagiert immer aus seiner Emotion heraus und die Emotion ist immer ein Resultat der verletzten Seele. Oft hat man das Gefühl, dass einem das Wort im Mund umgedreht wird.

Während meiner Weiterbildung zum EMDR-Therapeuten bin ich auf das Buch „Neurowissenschaften und Traumatherapie" vom Universitätsverlag Göttingen gestoßen. Damals war ich bereits 44 Jahre alt. In dieser wissenschaftlichen Ausarbeitung wird dieses Phänomen neurologisch erklärt. Es wird der wissenschaftliche Beweis erbracht, dass es sich tatsächlich um einen „physischen Schaden" des Gehirns der Boderline-Persönlichkeit bzw. des Traumatisierten handelt. Mit anderen Worten: Die Tatsache, dass meine Mutter nach emotional heftigen Streitereien das, was sie gesagt hat, vergessen hat, sich aber andererseits gut daran erinnern konnte, was der andere gesagt hat, war also keine miese Taktik, sondern schlicht das Ergebnis eines „Hirnschadens" ausgelöst durch die Krankheit.

Nun kannst du dir sicherlich vorstellen, was sich die vierundvierzig Jahre zuvor zugetragen haben muss. Es war die Hölle auf Erden. Einfach nur traurig. Ein Segen gibt es heute neuropsychotherapeutische Interventionsmöglichkeiten wie zum Beispiel EMDR, die diese „physischen Schäden" am Gehirn recht erfolgreich „reparieren" können.

In ihrem Buch „Borderline Mütter und ihre Kinder" schreibt die Autorin Christine Ann Lawsen, dass sich Narzissten und Borderliner magnetisch anziehen und dass es mehr Borderliner als Narzissten gibt. Das ist mit ein Grund, warum ich die Debatte rund um narzisstische Persönlichkeiten leid bin. Warum spricht niemand über die Borderline-Persönlichkeit?

Ich bin somit das Einzelkind von einem narzisstisch veranlagten Vater und einer Borderline Mutter. Die psychologische Grundstruktur in meinem Elternhaus war: Die nicht aufgearbeiteten sexuellen Verbrechen innerhalb der Familie, falsche und somit destruktive psychiatrische Behandlungen bei meiner Mutter, sowie das Totschweigen bzw. das Unter-den-Teppich-kehren der Schandtaten. All das führte zu einer kranken Kommunikationsstruktur, in die ich hineingeboren wurde.

Je kranker die Kommunikation, desto höher die Wahrscheinlichkeit einer psychischen oder Persönlichkeitsstörung bzw. umso höher die Wahrscheinlichkeit, dass Portale für Dämonen geöffnet werden. Als bibeltreuer Christ weiß ich heute, dass Kommunikation das A und O für eine gute Lebensführung ist. Im Johannesevangelium heißt es gleich am Anfang: *„Im Anfang war das Wort, und das Wort war bei Gott, und das Wort war Gott."* Worte sind die Werkzeuge der Kommunikation. In der gesamten Bibel geht es unterm Strich um nichts anderes als Kommunikation.

Gott hat unser Universum in die Existenz *gesprochen* beziehungsweise kommuniziert. Die Bibel ist *das lebendige Wort Gottes* an seine Schöpfung. Sie ist die größte jemals erzählte Liebesgeschichte. Es ist die Liebe des Schöpfers zu seiner Schöpfung. Es ist Gottes Plan, das wieder gut zu machen, was der Teufel als Schlange im Garten Eden verbrochen hatte - den Sündenfall.

Eine kranke oder selbstsüchtige Kommunikation ist letztendlich eine Sünde, weil dadurch das Wertvollste, das wir haben, unsere Gemeinschaft mit den Schöpfungen Gottes, zerstört wird. Die gesamte Schöpfung ist letzten Endes nichts anderes, als ein Ausdruck der Kommunikation.

Wie oben bereits angedeutet, waren meine Eltern keine bösen, sondern gute Menschen. Und sie haben mich wirklich geliebt, wobei ich mir bei meiner Mutter hin und wieder nicht sicher war. Die Liebe meiner Eltern war oft eine verzerrte Liebe - vereinnahmend, grenzüberschreitend und insbesondere seitens meines Vaters unausgesprochen. Bei meiner Mutter war sie oft erdrückend und nicht bedingungslos.

Mein Vater hatte mir nicht ein einziges Mal *persönlich* gesagt, dass er mich liebt. Nicht ein einziges Mal. Stattdessen schrieb er es in Briefen. Die Kommunikation in meinem Elternhaus war derart gestört, dass mein Vater bestimmte unausgesprochene Themen hin und wieder in Briefen an mich thematisierte, statt ganz normal darüber zu reden. In diesen Briefen gebrauchte er regelmäßig Worte wie „Mein geliebter Sohn" oder „Dein dich liebender Vater".

Darüber hinaus kam es nie zu einem normal zärtlichen Beisammensein zwischen uns. Ich erinnere mich noch gut an eine Situation, die mich tief verstörte. Ich war zu Besuch bei Nachbarskindern, zwei Geschwister - ein Junge, ein Mädchen - einer intakten Familie. Ich spielte mit der Tochter in ihrem Kinderzimmer, während ihr Bruder im Wohnzimmer bei seinen Eltern war. Als ich dann nach Hause musste, sah ich, wie der Vater und der Sohn auf der Couch zärtlich miteinander kuschelten und redeten, während die Mutter im Esszimmer war. Dieser Anblick eines mit seinem Sohn kuschelnden Vaters hatte mich wahrlich irritiert. Es wirkte befremdlich und verstörend auf mich. Und ich brauchte viele Jahre, das im richtigen Licht zu sehen.

7 Jahre bis 13 Jahre

Wie oben beschrieben, habe ich so gut wie keine Erinnerungen an meine ersten sechs Lebensjahre. Das verhält sich anders, als meine Eltern mein zukünftiges Elternhaus auf dem Grundstück meines ersten Elternhauses gebaut haben. Dieses neue Elternhaus ist für mich *mein* Elternhaus. Und dieses Elternhaus bringt mit einem Wort die Tragödie auf den Punkt, die wir dort erleben sollten: Zerstörung! Ich habe miterlebt, wie dieses Haus gebaut und circa vierzig Jahre später aufgrund eines Erbstreits mit meiner Mutter wieder abgerissen wurde.

„Der Dieb kommt nur, um zu stehlen, zu schlachten und zu vernichten." Jesus in Johannes 10,10

Es war ein wunderschönes, sehr großes Haus und gehörte zu den schönsten in meiner Heimatstadt in einer der besten Wohnlagen in einem gut betuchten Vorort. Mein Vater hatte die „Architektur" des Hauses entworfen und es dann in Auftrag gegeben. Das alte Elternhaus wurde verkauft. Es war sein Lebenstraum. Eine typische 70er-Jahre Villa. Die komplette Fassade aus hochwertigem roten Klinker, die Hauptwohnräume mit Marmorböden und Perserteppichen, wertvollen Antiquitäten, zwei große Kamine sowie Marmorwänden, große Spiegel, einer großen Glastür im Eingangsbereich, einer großzügigen Wohnfläche (der Eingangsbereich, das Wohnzimmer, das Kaminzimmer und das Esszimmer waren ein großer Raum mit ein paar trennenden Wänden), große Fensterwände mit wunderbarem Blick auf den blumenreichen Garten, etc. Im Keller ein Schwimmbad mit Sauna und Gästezimmer. Insgesamt vier Toiletten, sodass meine Eltern und ich gleichzeitig auf Toilette konnten. Im ersten Obergeschoß befanden sich zwei Mietwohnungen, die all die Jahre vermietet wurden. Eine große luxuriöse Mietwohnung mit insgesamt zwei Badezimmern und einer Gästetoilette, inkl. einer Wendeltreppe ins Dachgeschoß, wo sich zwei weitere Zimmer befanden. Die andere Mietwohnung war eine Einzimmerwohnung. Das Grundstück war groß, mit zwei separaten Gärten, einem großen und einem kleineren. Ausgewachsene Bäume, dichte Büsche und verwinkelte Flächen mit üppigen Sträuchern sowie großzügige Flächen für allerlei Blumen. Später hatte mein Vater noch einen Teich im Garten bauen lassen. Er liebte es, im Garten zu arbeiten und das Grundstück zu pflegen. Rein äußerlich war es ein Paradies, zwei Gehminuten von einem großen Stadtwald entfernt.

Mein Eltern, genau genommen mein Vater, hatten sich mit dem Haus übernommen. Es war schlichtweg zu groß. Aufgrund ihrer psychischen Probleme hatte mein Mutter aufgehört, als Sekretärin zu arbeiten. Mein Vater hatte eine sehr gut bezahlte Stelle in einem großen Konzern. Auf dem Haus lastete ein hoher Kredit bzw. eine hohe Hypothek. Es kam immer wieder zu Streitereien finanzieller Art. Mit anderen Worten: Nach außen hin wirkten wir wie eine „vermögende" Familie, im Innern waren wir hoch verschuldet und immer wieder verstritten. Das erzeugte eine geistige Atmosphäre des Mangels.

Meine Mutter hatte nach meiner Geburt zwei Fehgeburten, was sie on top psychisch belastete, sodass ich dazu verdammt war, alleine und gefangen unter zwei Streithähnen aufzuwachsen. Zum Zeitpunkt des Einzuges in mein neues Elternhaus - mit ca. 6 Jahren - war ich bereits ein traumatisiertes Kind. Das ist meines Erachtens auch der Hauptgrund, warum ich mich an die ersten sechs Lebensjahre so schlecht erinnern kann.

Die Ehe meiner Eltern war die Hölle. Ein Schrecken ohne Ende. Selbstverständlich gab es schöne Phasen mit guten Erinnerungen, aber im Durchschnitt war es eine Ehe-Hölle. Ständige, sich teilweise über Wochen hinziehende Streitereien mit darauffolgenden mehrtägigen Schweigephasen. Schlimmste Ausschweifungen - nachts, tagsüber, gefühlt rund um die Uhr.

Was ich meinen Eltern vorwerfe, ist, dass sie keine Rücksicht auf meine Anwesenheit genommen hatten, wann immer sie sich stritten. Als hätte ich gar nicht existiert. So stritten sie sich auch innerhalb der Familie, während andere Familienmitglieder anwesend waren, ungeniert. Wie im Rausch gingen sie aufeinander los - ohne Rücksicht auf ihre Umgebung.

Es ist unmöglich, zu beschreiben, was bei uns zuhause los war, weil es dafür keine Worte gibt. Ein ehemaliger guter Freund von mir ist Musiker. Eines seiner Lieder beinhaltet den Text: „If you want to understand my pain, let me take you back and start again." Wenn du meinen Schmerz verstehen willst, komm mit mir zurück zum Anfang und wir gehen gemeinsam noch einmal alles durch. Und das ist unmöglich.

Aus heutiger Sicht war das größte Drama in dieser Tragödie meine Stellung als Einzelkind. Ich hatte niemanden, mit dem ich mein Leid teilen konnte. Mein gesamtes Leben nicht. Außer später mit Gott. Keinen Bruder, keine Schwester. Ich wurde gezwungen, alles mit mir selbst auszumachen und das kann ein Kind nicht. Dazu ist ein Kind grundsätzlich nicht in der Lage.

Somit bin ich ganz automatisch in meine Fantasiewelt abgedriftet, in der ich mit imaginären Personen sprach. Ich lebte in einer Parallelwelt, in der ich so etwas wie Geborgenheit und Sicherheit fand. Das hat natürlich Tür und Tore für den Einzug von Dämonen geöffnet. In Teil 2 werde ich näher darauf eingehen, was Dämonen das legale Recht gibt, in Menschen einzufahren. Ein Grund für das Öffnen von dämonischen Portalen sind jedenfalls Traumata. Heute weiß ich, dass es Dämonen waren, mit denen ich in meiner Fantasiewelt gesprochen hatte. Es waren unreine Geister, mit denen ich meine inneren Dialoge geführt hatte.

Ein weiteres Drama in dieser Tragödie war, dass wichtige Themen, die ausgesprochen hätten werden müssen - hier sind wir wieder bei der Kommunikation - grundsätzlich, zumindest in meiner Kindheit, unter den Teppich gekehrt wurden. Ich hatte niemanden, der mir half, zu verstehen, was ich gerade gesehen und gehört hatte. Ob es die Ausraster meines Vaters oder die hysterischen Anfälle meiner Mutter oder die vor aller Welt ausgetragenen Streitereien waren. Es wurde im Nachhinein so gut wie nie mit mir darüber gesprochen, so als hätte es nicht stattgefunden. Ich wurde damit alleine gelassen. Weder kam meine Mutter auf mich zu, noch mein Vater.

Aus heutiger Sicht steht fest, dass ich eigentlich von dem Jugendamt aus der Familie hätte herausgenommen werden müssen, weil eindeutig eine Kindeswohlgefährdung vorlag. Das war aber unmöglich, weil die wahre Zerrüttung in meinem Elternhaus nach Außen hin kaum ersichtlich war, obwohl sie von Jahr zu Jahr schlimmer wurde. Einige wussten zwar, dass wir keine hundertprozentig intakte Familie waren, das wahre Ausmaß jedoch war nicht einmal engen Freunden meiner Eltern bewusst, weil alles „fast nur" hinter verschlossener Tür stattfand.

An dieser Stelle muss ich kurz meine Großmutter mütterlicherseits erwähnen, denn sie war eine sehr wichtige Person für mich, vielleicht sogar die wichtigste. Sie war der einzige Großelternteil, den ich kennengelernt habe. Sie lebte in Holland direkt an der Grenze, zwei Stunden Autofahrt von meinem Elternhaus entfernt. Ich habe sehr viel Zeit bei ihr zuhause verbracht und mich immer außerordentlich wohlgefühlt. Heute bin ich mir sicher, dass sie über den sexuellen Missbrauch an meiner Mama durch ihren zweiten Ehemann Bescheid gewusst haben musste, es aber totgeschwiegen hatte. Wie auch immer, ich war in meiner Kindheit so oft bei meiner geliebten Oma in Holland, dass ich sogar mit den Nachbarskindern in Holländisch gesprochen und gespielt hatte. Dieses häufige Bei-meiner-Oma-in-Holland-sein stellte für mich einen seelischen Rückzugsort dar, wo sich meine Seele regenerieren konnte. Wie ich später allerdings herausfand, war ein häufiger Grund meiner längeren Aufenthalte die Streitereien zuhause. Hier hatten meine Eltern doch Rücksicht walten lassen, indem sie mich zu meiner Oma schickten, während sie zuhaue ihre Streitigkeiten austrugen. Ein Gedanke, der mich heute traurig stimmt.

Nun werde ich mit dir ein paar Erlebnisse aus diesem Zeitabschnitt (7 Jahre bis 13 Jahre), inklusive Schlussfolgerungen aus heutiger Sicht, teilen. Und diese Erlebnisse sind nur die Spitze des Eisbergs. Bevor ich das aber tue, muss ich noch einmal betonen, dass meine Eltern keine bösen Menschen waren/sind, im Gegenteil, sie waren/sind gute Menschen mit einer kranken

Seele, was sie zu Verhaltensweisen veranlasst hat, die nicht gut waren. Es gab im weiteren Verlauf meines Lebens Zeitabschnitte, in denen sich meine Eltern über einen längeren Zeitraum recht gut verstanden hatten. Gott sei Dank! Wir hatten eine gute Zeit miteinander, in der viel gelacht wurde, etc. Ich kann mich noch gut daran erinnern, als mein Vater zu mir sagte, dass meine Mama und ich als Kleinkind ein Herz und eine Seele waren.

In diesem Zeugnis geht es aber nicht darum, sondern es geht um die Geschehnisse, die es Dämonen ermöglicht hatten, in mich einzudringen, und das sind vordergründig traumatische Erfahrungen in der Kindheit.

Dämonen sind obdachlose, körperlose, böse spirituelle Personen, die ein Zuhause suchen, um sich dort ein Leben lang einzunisten und Schaden anzurichten. Sie haben es vordergründig auf Kinder abgesehen, weil sie am ungeschütztesten sind. Kinder sind am leichtesten zu verführen.

In diesem Abschnitt - 7 Jahre bis 13 Jahre - hatten Angst, Verwirrung, psychische Überforderung und körperliche Symptome schwergewichtige Rollen gespielt und sich immer mehr verinnerlicht.

Ein äußerst traumatischer Vorfall, den ich zeit meines Lebens nicht mehr vergessen sollte, war folgender: Ich war ungefähr 8 Jahre alt, als ich vom Spielen in der Nachbarschaft nach Hause kam. Mein Vater war von der Arbeit noch nicht heimgekehrt. Es muss später Nachmittag oder früher Abend gewesen sein. Ich spürte die Anwesenheit meiner Mutter. Ich wusste aber nicht, wo sie war. Ich hörte nur ein Atmen und Schluchzen. Ich suchte sie und rief nach ihr - keine Antwort. Bis ich in der Küche ankam. Dort hockte sie in Unterwäsche auf dem Boden und hatte ein starres, verheultes und schmerzverzerrtes Gesicht. Blut spritze aus ihrem Handgelenk. Neben ihr lag ein Messer oder eine Rasierklinge. Sie hatte sich die Pulsader aufgeschnitten. Das war der erste von mehreren Suizidversuchen, die ich im Laufe meines Lebens bei meiner Mutter mitbekommen sollte.

Stell dir die Situation vor: Ein 8-jähriges Kind gefangen mit seiner eventuell sterbenden Mutter in der Küche eines großen Hauses. Blut überall. Ich erstarrte und war hilflos beziehungsweise geschockt.

Wenn ein Mensch oder ein Kind geschockt ist, dann ist sein Geist erstarrt und offen für das Eindringen unreiner Geister. Das ist ein Grund, warum uns die Bibel zur ständigen Wachsamkeit und Gebet ermahnt. In 1.Pertus 5,8 lesen wir: *„Seid nüchtern und wacht; denn euer Widersacher, der Teufel, geht umher wie ein brüllender Löwe und sucht, wen er verschlinge."* Und Jesus selbst sagt in Matthäus 26,41: *„Wacht und betet, damit ihr nicht in Versuchung kommt."* Die Luther-Übersetzung lautet: *„Wachet und betet, dass ihr nicht in Anfechtung fallt."* Die östliche Meditationslehre strebt einen leeren Geist an. Ein leerer Geist ist ein ungeschützter Geist. Kannst du erkennen, welche Gefahren das beinhaltet?

Welche unreinen Geister kommen bei diesem Küchen-Trauma in Frage? Beispielsweise der Geist des Todes, der Geist der Angst und der Geist der Verwirrung. Dass an diesem Abend Dämonen in mich eingefahren sind, steht für mich heute außer Frage. Ich erinnere mich daran, wie meine Mutter mir auftrug, einen Krankenwagen zu rufen. Kurze Zeit später waren wir im Krankenhaus. Sie hatte sich die Pulsader quer aufgeschnitten und nicht längs, deshalb schwebte sie nicht in akuter Lebensgefahr. Hätte sie die Pulsader längs aufgeschnitten, hätte sie sterben können.

Ein anderes traumatisches Erlebnis war, als meine Mutter einen hysterischen Anfall hatte. Das war im Beisein meines Vaters. Ich rede hier nicht von einem Hysterie-Anfall im umgangssprachlichen Sinne, sondern im psychiatrischen Sinne. Sie war außer Rand und Band. Ich weiß nicht, ob Alkohol mit im Spiel war, weil er das oft war. Ich weiß nur, dass es für mich schlimm war, meine Mama so zu sehen. Mein Papa war hilflos.

Irgendwann hatte sich meine Mutter wieder beruhigt. Ich war fix und fertig. Leider wurde dieser Vorfall wie viele andere auch unter den Teppich gekehrt. Wäre mein Vater auf mich zugekommen und hätte mich beruhigt, indem er gesagt hätte, dass meine Mama krank sei, dass sie manchmal die Kontrolle verliert und dass wir eine Lösung finden würden und ich mir keine Sorgen machen solle, wäre daraus viel Gutes für meine Seele entstanden. Stattdessen wurde ich mit Vorfällen dieser Art alleine gelassen. Somit zog ich mich immer weiter in mein Parallelleben zurück, in meine Fantasiewelt.

Welche Dämonen können in solchen Situationen einfahren? Auf jeden Fall der Dämon der Hilflosigkeit und der Dämon der Angst. Und der Dämon der Vergesslichkeit. Das Unter-den-Teppich-kehren ist eine aufgezwungene Form des Vergessens. Und dieser Dämon der Vergesslichkeit bescherte mir circa fünfundvierzig Jahre später in der Öffentlichkeit ein unglaubliches Erlebnis, als der Heilige Geist ihn mir offenbarte und ich ihn dann im Namen Jesu Christi ein für allemal austreiben konnte. Mehr dazu in Teil 2.

Mein Vater war - wie gesagt - ein gutmütiger und gastfreundlicher Mann. Aber er war ein Choleriker und unbeherrscht. Hin und wieder war er auch jähzornig. Er fluchte viel und gerne und vor allen Dingen ungeniert, und das vor meinen kindlichen Augen. Seine Schimpf- und Fluchwörter waren weit unter der Gürtellinie, und ich möchte hier auf Beispiele verzichten. Aber er fluchte nicht nur viel, sondern er verfluchte auch, insbesondere Menschen, die er nicht ausstehen konnte, wie Politiker oder irgendwelche Promis. Einen Satz, den ich immer wieder von ihm gehört hatte, war: „Den soll der Blitz beim Scheißen treffen." Das ist eine sogenannte Verwünschung oder Verfluchung.

Die Bibel spricht in Bezug auf Fluchen und Verwünschungen eine eindeutige Sprache. Niemand außer Gott selbst darf verwünschen. Und Fluchen ist eine Sünde. Deshalb warnt uns das Wort Gottes vor diesen Praktiken, die ganz bewusst zum Beispiel von Hexenmeistern und Zauberern seit eh und je eingesetzt werden, um gegen Gott zu rebellieren und anderen Schaden zuzufügen. Das ist bittere Realität, denn Flüche oder bewusste Verwünschungen lösen bei der Zielperson Entsprechendes aus, insbesondere dann, wenn die Person nicht unter Gottes Schutz steht bzw. Jesus Christus nicht als ihren Retter, Erlöser und Gott angenommen hat. Meine Mutter war eine erbitterte Gegnerin des Fluchens und hatte meinen Vater immer wieder gebeten, es sein zu lassen. Aber er konnte es nicht, denn er hatte u.a. den Geist des Fluchens bzw. den Geist der Unbeherrschtheit in sich, der ihn kontrollierte.

„Tod und Leben sind in der Gewalt der Zunge, und wer sie liebt, wird ihre Frucht essen." Sprüche 18,21

Mein Vater und meine Mutter waren beide dämonisiert, genauso wie ich. Was der Unterschied zwischen Dämonisierung und Besessenheit ist, darauf gehe ich in Teil 2 ein. Wichtig ist, dass ich in früher Kindheit darauf konditioniert wurde, das Fluchen und Unbeherrscht-Sein als Normalität zu begreifen, sodass ich dieses Verhalten unbewusst übernahm.

Hier sind wir wieder bei der Kommunikation bzw. bei der Macht der Worte. Worte sind extrem mächtig. Wir können mit Worten verfluchen und segnen. Wir können mit Worten töten (siehe Mobbing). Insbesondere Worte, die in emotionalen Ausnahmezuständen gesprochen werden, haben desaströse Auswirkungen. Sie können bereits bestehende Flüche verfestigen oder neue Flüche hervorrufen. In der Einleitung hatte ich geschrieben, dass Gott unser Universum in Existenz gesprochen hat bzw. dass im Anfang aller Dinge das Wort war. Gott selbst ist das Wort! Und Jesus Christus ist das fleischgewordene Wort (siehe: Johannes 1,1-18).

Alles steht und fällt mit der Kommunikation.

Das gilt sowohl für die innerseelische Kommunikation (wie Selbstgespräche) als auch für die Kommunikation mit der Außenwelt.

Zur Kommunikation gehört auch, *wie* wir ein Wort aussprechen, zum Beispiel laut oder leise, schnell oder langsam, gelassen oder hektisch. Heute wissen wir, dass ein lautes Geräusch (zum Beispiel ein lautes Wort) im Gehirn vom Thalamus an die Amygdala weitergeleitet wird. Das ist die Hirnregion, die für die Einschätzung von Gefahr zuständig ist. Sie leitet die körperlichen Angstreaktionen ein. Mit anderen Worten: Laute Geräusche, dazu gehören auch laute Worte, erzeugen durch das Gehirn automatisch im Körper ein Gefühl der Angst. Schreiende Menschen können Angst einjagen, insbesondere wenn man noch ein Kind ist.

Aufgrund der gefühlten unendlich vielen Streitereien zwischen meinen Eltern, in denen auch hemmungslos geschrien wurde, litt ich unter einem ständigen Angstzustand, der sich im Laufe der Jahre zu einem normalen Dauerbegleiter manifestierte. Mein Vater hatte sich oft nicht unter Kontrolle, sodass er mich hin und wieder heftig anschrie. Er war einfach nur überfordert und hat es nicht wirklich böse gemeint.

Es ist aber egal, ob er das bewusst oder unbewusst getan hat. Hierzu ein fiktives Beispiel: Wenn dir jemand ein Messer in den Rücken sticht, dann ist es egal, ob er das extra oder aus Versehen getan hat, weil die Auswirkungen des Messerstichs auf deinen Körper dieselben sind. Es ist egal, ob er geisteskrank oder bei vollem Bewusstsein war, die Auswirkungen auf dich sind und bleiben dieselben. Genauso verhält es sich mit (schwerwiegenden) Erziehungsfehlern. Ich kann mich an Momente erinnern, in denen mich mein Vater wie ein fauchender Bulle angeschrien hatte, die mich vollkommen erstarren ließen. Und da sich solche Momente im Laufe der Jahre öfter zugetragen hatten, hatten sich auch hier Dämonen einschleichen können, wie zum Beispiel der Dämon der Einschüchterung, der Dämon der Hilflosigkeit und der Dämon der Minderwertigkeit.

Da mein Vater narzisstische Züge hatte, war er kaum bis gar nicht in der Lage, mich mal zu loben oder mir einfach mal recht zu geben, um dadurch ein Gefühl des Selbstvertrauens oder des Erfolgs in mir hervorzurufen. Das hatte sich allerdings kurz vor seinem Tod geändert. Er war aber die meiste Zeit ein chronischer Besserwisser; er war sehr gut belesen und allgemeingebildet und hielt oft „Vorträge" über Themen, die mich einfach nicht interessierten bzw. die für ein Kind viel zu intellektuell waren. Das hatte mich enorm unter Druck gesetzt.

Als Beispiel möchte ich unsere regelmäßigen Autofahrten zu meiner Oma nach Holland heranziehen. Auf dem Weg dorthin sind wir jedes Mal an einem Kohlekraftwerk vorbeigefahren. Weil mein Vater für solche Zwecke auf dem Weltmarkt Rohstoffe einkaufte, kannte er sich mit diesen Themen bestens aus. Irgendwann, ich weiß nicht mehr, wie alt ich war, wahrscheinlich 7 oder 8 Jahre, erklärte er mir auf einer der Hinfahrten, wie ein Kohlekraftwerk funktioniert. Danach bat er mich, zu wiederholen, was ich gerade gelernt hatte. Das konnte ich nicht. Von da an fragte er mich gefühlt jedes Mal aufs Neue, wann immer wir auf dem Weg zu meiner geliebten Oma waren, wie das Kohlekraftwerk funktioniert, was ich jedes Mal nicht konnte, was ihn dazu veranlasste, es mir jedes Mal neu zu erklären. Somit wurden meine Fahrten zu meiner Oma nach Holland zu äußerst gestressten, eben weil ich jedes Mal dieses verdammte Kohlekraftwerk befürchtete. Ich kann mich noch gut daran erinnern, wie ich mir das Kohlekraftwerk weggewünscht hatte. Da ich nicht in der Lage war, zu erklären, wie ein kompliziertes Kohlekraftwerk funktioniert, müssen sich irgendwann Dämonen des Selbstzweifels und der Unsicherheit eingenistet haben.

Ein Grund, warum ich mit 7, 8, 9 oder 10 Jahren nicht in der Lage war, den Anforderungen meines Vaters gerecht zu werden, war mein desolater innerseelischer Zustand. Ich war zu diesem Zeitpunkt bereits ein ängstlicher, aufmerksamkeitsgestörter und unsicherer Junge, worauf ich zu einem späteren Zeitpunkt noch genauer eingehen werde, vor allem auf die körperlichen Symptome.

Im Folgenden werde ich auf weitere Erlebnisse eingehen müssen, damit du, lieber Leser und liebe Leserin, eine Idee davon bekommst, mit was für einem unerfreulichen seelischen Zustand ich in meine Jugend entlassen wurde. Das ist meines

Erachtens wichtig, damit du für dich Schlüsse daraus ziehen kannst, was für Dynamiken in deinem Leben vorherrschen oder geherrscht haben, die dich zu dem gemacht haben, der du heute bist.

Die frohe Botschaft ist: Am Ende gibt es Hoffnung und Rettung und zwar für alle Menschen, und das ist der fleischgewordene Gott, der Herr Jesus Christus! Der sich am Kreuz aufgeopfert hat, um dich durch sein vergossenes Blut und durch deinen Glauben an ihn aus der Herrschaft der Finsternis, unserer gefallenen Welt, dem Reich Satans, loszukaufen und somit Seelenfrieden und ein Ewiges Leben im Himmel zu ermöglichen.

Ich kann mich noch gut daran erinnern, als ich als ca. 8-jähriger freudestrahlend aus meinem Kinderzimmer ins Esszimmer gelaufen kam, wo mein Vater am Esstisch saß, um ihm eine Idee mitzuteilen. Ich muss ungefähr gesagt haben: „Papa, ich habe eine tolle Idee." Darauf antwortete er schroff: „Überlass das Denken den Pferden, die haben einen größeren Kopf." Ja, du hast richtig gelesen. Er sagte, ich solle mein Denken den Pferden überlassen, da sie einen größeren Kopf hätten. Mit anderen Worten: Ich solle aufhören, zu denken. Meine kreative, freudige Energie wurde abgeschmettert und verwandelte sich in Unsicherheit und Verletzung, weil ich nicht verstand, was er mir damit sagen wollte. Ich traute mich auch nicht, ihn zu fragen. Diesen Satz und ähnliche (in anderen Kontexten) hatte ich in meiner Kindheit des Öfteren gehört.

Eine weitere für meine Seele schädliche psychodynamische Entwicklung war das Entschuldigen bei meiner Mutter für Dinge, die ich nicht getan hatte. Wie oben erläutert, vergisst der Borderliner seinen Anteil oder seine Verantwortung an Streitereien und kann sich im Nachhinein nur noch an das erinnern, was der andere gesagt oder getan hat, aber nicht mehr daran, was er gesagt oder getan hat. Somit werden aus Opfer Täter und umgekehrt.

Hier ein fiktives Beispiel, um zu veranschaulichen, worüber ich hier rede. Stell dir drei Menschen vor: A, B und C. C ist Kameramann mit einer Kamera. Während die Kamera aus ist, schlägt A dem B unvermittelt ins Gesicht. Mit anderen Worten, A greift B an. B reagiert mit Selbstverteidigung und schlägt zurück. Kurz bevor B zurückschlägt, schaltet C die Kamera ein und nimmt den Schlag von B auf. Somit ist nur der Schlag von B (an A) auf der Kamera festgehalten. Diesen Film nimmt A und erzählt der ganzen Welt, wie böse B ist, wie er von ihm angegriffen und geschlagen wurde. Und die Welt glaubt es ihm (zunächst). Das ist im Großen und Ganzen die Dynamik hinter den Streitereien mit einem Borderliner. Der Borderliner ist A und der Film ist der Film in seinem Kopf. Diese Art des Streitens war in meiner Familie seitens meiner Mutter gang und gäbe, sowohl innerhalb der Familie als auch mit ihrer Umwelt - mal dramatischer, mal weniger dramatisch.

Kannst du dir jetzt vorstellen, wie hoffnungslos verloren wir uns alle gefühlt haben, inklusive meine Mama? Die Seele des Borderliners ist derart verletzt, dass er nicht drum herumkommt, andere Seelen ebenfalls zu verletzen. Das psychologische Gesetz dahinter lautet: Wer verletzt wurde, verletzt auch andere, solange seine Verletzungen nicht geheilt sind.

Ich kann mich noch sehr gut daran erinnern, als ich mich zum ersten Mal bei meiner Mutter für etwas entschuldigen musste, was ich meines Erachtens nicht getan hatte. Ich war ungefähr 8 Jahre alt. Irgendwie kam es zum Streit. Sie klagte mich eines Vergehens an. Sie war verletzt. Sie weinte. Es ging ihr schlecht, etc. Dann rief sie meine Oma an und erzählte ihr, wie böse ich sei. Ich war natürlich sauer, weil ich das, was sie mir nachsagte, nicht getan hatte. Als abends mein Vater nach Hause kam, beklagte sie sich bei ihm, wie böse ich den ganzen Tag gewesen sei und dass es ihr deswegen schlecht geht. Mein Vater kam zu mir ins Zimmer und bat mich, mich bei ihr zu entschuldigen. Ich erklärte ihm, dass ich nichts verbrochen habe und dass ihre Anklage nicht stimmen würde. Er sagte, sie meinte, ich hätte das und das getan. Ich entgegnete, dass das so nicht stimmt. Dann sagte er ungefähr Folgendes: „Christian, es geht deiner Mama nicht gut. Auch wenn du das nicht getan hast, entschuldige dich trotzdem und sag ihr, dass du sie lieb hast. Dann wird es ihr wieder besser gehen. Gib dir einen Ruck, das ist viel einfacher, als du denkst." Ich tat, worum er mich gebeten hatte, und kurze Zeit später ging es meiner Mama wieder besser.

Aus heutiger Sicht war die psychologische Grundstimmung in meinem Elternhaus eine Mischung aus einer zutiefst traurigen, verzweifelten und panischen - und zwar über all die Jahre hinweg, von Anfang an bis zum bitteren Ende. Alle Familienmitglieder hatten die ganze Zeit (bewusst und unbewusst) gespürt, dass etwas ganz böse nicht in Ordnung ist. Aber niemand konnte es benennen, niemand konnte es definieren, insbesondere meine Mama nicht. Immer und immer wieder habe ich sie zutiefst verzweifelt weinen gesehen, immer wieder haben wir sie in schwer depressiven Episoden leiden sehen müssen. Es war dieser Grundwunsch einer heilen und gesunden Familie, der allgegenwärtig war, und gleichzeitig unser Unvermögen, diesen Wunsch in die Realität umzusetzen.

Neben den ganzen Streitereien war auch dieser starke Bund einer (verzehrenden) Liebe gegenwärtig. Meine Mama und auch mein Papa standen, wenn es darauf ankam, immer hinter mir. Ich konnte mich uneingeschränkt auf sie verlassen, insbesondere als ich richtig Mist gebaut hatte. Wenn es dann aber zu den Streitereien kam, war die Kombination „Narzisst und Borderliner" extrem zerstörerisch. Man könnte den Borderliner als das Feuer beschreiben und den Choleriker als das Öl, das man ins Feuer gießt.

Ich könnte weinen, während ich diese Zeilen schreibe, weil ich mit heutiger Sicht klar und deutlich sehe, was für ein mieses und perfides Spiel der Teufel mit meiner Familie, mit meinen Eltern und somit auch mit mir gespielt hatte. Wir hatten einfach keine Ahnung, was für unsichtbare Kräfte tatsächlich am Werke waren. Wir waren ihnen schutzlos ausgeliefert.

Verletzungen spielten während der ganzen Zeit eine schwergewichtige Rolle. Wir alle sind all die Jahre unzählige Male verletzt worden. Dem Wunsch nach einer glücklichen Familie und in Frieden miteinander zu leben, stand die ganze Zeit die Realität der unaufhaltsamen Zerstörung gegenüber. Wir hatten einfach keine Chance. Die dämonischen Kräfte, die neben den psychischen und physischen Kräften wirkten, waren aufgrund ihrer Unsichtbarkeit nicht lokalisierbar und definierbar.

> Der Teufel und seine Dämonenarmee arbeiten immer und grundsätzlich aus dem Hinterhalt heraus - aus der Dunkelheit, die die Bibel als Finsternis beschreibt.

Meine Eltern waren von Hause aus katholisch getauft und demzufolge wurde ich als Baby auch katholisch getauft. Wir waren aber keine Christen; es wurde weder die Bibel gelesen noch gebetet. Wir waren immer nur zu Weihnachten und manchmal zu Ostern in der Kirche. Das hat mit Christsein nichts zu tun.

Das Buch „Ich hasse dich - bitte verlass mich nicht" ist eines der Bestseller im Bereich Borderline-Störung. Ich habe es nicht gelesen, aber der Titel bringt vieles ans Licht, insbesondere die (innere) Spaltung, die das Zusammenleben mit einem Borderliner mit sich bringt. Meine Mutter hatte während meiner Kindheit und Jugend oft die Redewendung „einen Keil treiben zwischen" benutzt, immer dann, wenn sie sich beklagte, dass man nicht hundertprozentig zu ihr stehen würde.

Lügen (insbesondere sich selbst gegenüber), Unehrlichkeiten, Manipulationen, Unter-den-Teppich-kehren, sowie übertriebenes Herumalbern, Kritiksucht und andere destruktive Kräfte spielten in diesem gesamtpsychologischen Familien-Cocktail weitere schwergewichtige Rollen.

Eine der Hauptwaffen des Teufels, die er gegen die Menschheit einsetzt, ist die Pornographie. Aus heutiger Perspektive ist die Pornographie in jeder Hinsicht schädlich, böse und zerstörerisch. Sie stellt Gottes Schöpfungswerk auf den Kopf und öffnet Tür und Tor für Dämonen. Sie zerstört Familien, Beziehungen und vor allen Dingen die innerseelische Landschaft des Konsumenten. Das Portal, durch das die Dämonen das legale Recht erhalten, in uns Menschen einzudringen, sind hier in allererster Linie die Augen und die Hände. Es sind die Dämonen der Unzucht und Perversion, die sich beim regelmäßigen Konsum von Pornographie im Menschen einnisten und hauptverantwortlich für die resultierende Pornosucht sind.

Die Sucht - also der gedankliche und emotionale und deshalb auch der körperliche Drang, pornographisches Material zu konsumieren und sich schlimmstenfalls damit selbst zu befriedigen - wird zuallererst von den eingefahrenen Dämonen verursacht. Und somit ist es auch nicht verwunderlich, dass ich von diesen Dämonen heimgesucht wurde, als ich im zarten Alter von ungefähr 9 Jahren eine kleine Sammlung pornographischer Hefte im Keller meines Elternhauses fand. Sie gehörten meinem Vater, der sie dort versteckt hatte.

Ich kann mich noch gut daran erinnern, wie geschockt und gleichzeitig interessiert ich war. Ich hatte sie meinem damaligen besten Freund gezeigt. Wir beide konnten nicht glauben, dass die Bilder echt sind. Wir hielten sie für gestellt. Mein Freund erzählte es seinen Eltern, woraufhin sein Vater meinen ansprach und mein Geheimnis aufflog. Ich weiß nicht mehr, was mein Vater zu mir sagte. Er versteckte sie jedenfalls oder schmiss sie weg, sodass ich sie nicht mehr finden konnte. Gleichzeitig versteckten sich die Dämonen der Pornographie und Perversion in mir und warteten auf meinen Eintritt in die Jugend, um dann gnadenlos zuzuschlagen.

> Wenn Dämonen einfahren, verstecken sie sich in der Regel zuerst, ähnlich wie ein blinder Passagier auf einem Schiff. Er ist auf dem Schiff, aber keiner bemerkt es.

Wie oben bereits gesagt, streben die körperlosen Dämonen einen Körper als ihr Zuhause an, um sich dort ein Leben lang einzunisten und den Menschen zu quälen und zu foltern. Hauptsächlich geht es ihnen darum, uns Menschen zur Sünde zu verleiten und uns die wahre Botschaft des Evangeliums vorzuenthalten, damit wir am Ende mit ihnen zusammen in der Hölle landen. Mit meinem Eintritt ins Jugendalter wurden sie dann aktiv und haben mich ein Leben lang gequält bis hin zu Suizidgedanken. Mehr dazu später.

Ein weiterer Vorfall, der meine Seele belastet hatte, war ein Gespräch, das meine Mutter mit mir führte, als ich ca. 8 Jahre alt war. In diesem Gespräch offenbarte sie mir, wie böse mein Vater sei, wie er ihr, als sie mit mir schwanger war, in den Bauch getreten haben soll. Ich kann mich noch gut erinnern, wie mich das irritierte, schockierte und traumatisierte. Dieses Bild meines Vaters, der letztendlich mich getreten haben soll, hatte sich tief in meinem Gehirn eingebrannt und mich auf unbewusster Ebene schwer belastet. Was auch immer die seelischen Beweggründe meiner Mutter gewesen sein mögen, so etwas erzählt man einem schutzlosen Kind nicht und ist bei genauer Betrachtung Kindesmissbrauch. Dabei ist es völlig egal, ob sie das aus einer seelischen Notlage heraus oder absichtlich gesagt hatte, oder ob sie eventuell gelogen oder es fantasiert hatte. Der Schaden, der dadurch bei einem Kind angerichtet wird, ist in allen möglichen Fällen derselbe. Es ist eine Überforderung. Welcher Dämon könnte hier in Frage kommen? Beispielsweise der Dämon des Misstrauens.

All das kann man mit einem Wort zusammenfassen: Grenzüberschreitung. Es gab in meinem Elternhaus keine Grenzen und schon gar nicht bei meiner Mutter. Das ist auch kein Wunder, so wurde sie doch als Mädchen von ihrem Stiefvater sexuell missbraucht, was eine schwere Grenzüberschreitung ist. Und wer eine schwere Grenzüberschreitung nicht aufarbeitet und heilt, wird sie automatisch, in der Regel unbewusst, bei anderen praktizieren. Das ist ein psychologisches Gesetz.

Gottes Gedanken dazu sind eindeutig. „In der Bibel wird der Begriff Kindesmissbrauch nicht ausdrücklich verwendet. Was die Bibel uns sagt, ist Folgendes: Kinder haben einen besonderen Platz in Gottes Herz, und jeder, der einem Kind schadet, zieht Gottes Zorn auf sich. (...) Kinder werden auf verschiedene Arten missbraucht und misshandelt, die Gott alle verabscheut. Die Bibel verbietet Kindesmisshandlung, indem sie vor unangemessenen Zorn warnt. (...) Die Bibel verbietet Kindesmissbrauch auch in ihrer Verurteilung der sexuellen Sünde. Sexueller Missbrauch oder Belästigung ist besonders verheerend, und die Bibel warnt vor sexueller Sünde in Hülle und Fülle." (Quelle: „Was sagt die Bibel über Kindesmissbrauch?" auf GotQuestions.org)

Für mich steht heute außer Frage, dass hinter allen Formen des sexuellen Missbrauchs Dämonen stehen. Es sind Dämonen in den Menschen, die sie dazu veranlassen, diese Abscheulichkeiten umzusetzen. Und dennoch hat jeder Mensch, bevor er diese Taten umsetzt, die Möglichkeit, sich dagegen zu entscheiden; außer bei Besessenheit. Der Stiefvater meiner Mutter, der ihr das angetan hatte, starb im Alter von nur 37 Jahren bei einem Autounfall. Zufall?

Fortsetzungstraum - erste Hinweise auf Dämonen?

Eine Tatsache aus der Zeit „7 Jahre bis 13 Jahre", die mich heute sehr berührt, sind meine Fortsetzungsträume. Der Heilige Geist hatte mir vor circa anderthalb Jahren die Zusammenhänge offenbart, sodass ich heute verstehe, warum ich als Kind diese Träume hatte.

Zunächst einmal, was sind Fortsetzungsträume? Im Gegensatz zu Wiederholungsträumen wird in Fortsetzungsträumen eine „Traum-Geschichte" weitererzählt und nicht ständig wiederholt.

Bekannte Wiederholungsträume sind, in denen uns die Zähne ausfallen, in denen wir in die Tiefe stürzen oder in denen wir verfolgt werden.

Darüber hinaus ist es wichtig, zu verstehen, dass in der Bibel Träume und Visionen häufig vorkommen und eine wichtige Rolle einnehmen und demnach bedeutsam im Leben eines Gläubigen sind. Hierzu ein paar Beispiele:

- Ein Engel Gottes macht im Traum Ankündigungen über die bevorstehende Geburt unseres Messias Jesus Christus (siehe: Matthäus 1,20 / Matthäus 2,13 & 19).

- Das Buch Hiob ist eindeutig. Darin lesen wir: *„Gott spricht immer wieder, auf die eine oder andere Weise, nur wir Menschen hören nicht darauf! Gott redet durch Träume, durch Visionen in der Nacht, wenn tiefer Schlaf auf die Menschen fällt. Sie liegen da und schlummern, doch dann lässt er sie aufhorchen und erschreckt sie mit seiner Warnung."* (Hiob 33,14-18)

- In 1.Mose 20,3 kommt Gott höchstpersönlich zu Abimelech des Nachts im Traum und spricht zu ihm.

- Und auch dem Salomo, dem dritten König Israels, dem Sohn Davids, dem Autor des Buches „Sprüche", erschien Gott im Traum: *„In dieser Nacht in Gibeon erschien der HERR Salomo im Traum. Gott sprach: ‚Was willst du haben? Bitte, und ich werde es dir geben.' Salomo antwortete: ‚Du hast deinem Diener David, meinem Vater, so viel Gutes getan, weil er ehrlich und wahrhaftig und dir von Herzen treu war. (...) HERR, mein Gott, nun hast du deinen Diener anstelle meines Vaters zum König gemacht. (...) Schenk deinem Diener ein gehorsames Herz, damit ich dein Volk gut regiere und den Unterschied zwischen Gut und Böse erkenne. (...) Dem HERRN gefiel Salomos Antwort, und er freute sich, dass er ihn um Weisheit gebeten hatte..."* (1.Könige 3, 5-10)

Zeitsprung: Als ich 1992 im Alter von 23 Jahren mein erstes Jahr in New York City verbrachte, hatte ich einen klaren und sehr lebendigen Traum, in dem meine geliebte Oma in Todesgefahr schwebte. Genau ein Jahr später wurde bei ihr Krebs diagnostiziert, an dem sie drei weitere Jahre später elendig krepierte. Heute weiß ich, es war der HERR, der mich auf die bevorstehende Gefahr aufmerksam machen wollte, um mit Gebeten und rechtzeitigen Interventionen dem Krebsausbruch entgegenzuwirken. Und das, obwohl ich Atheist war.

Ab 9 Jahre - vielleicht war ich erst 8 Jahre alt - hatte ich für mehrere Jahre in regelmäßigen Abständen diesen einen „Fortsetzungs-Angsttraum". Die Storyline war folgende: Ich bin alleine zuhause in meinem großen Elternhaus. Ich nehme im Keller die Anwesenheit von fremden Personen wahr. (Anmerkung: In unserem Keller hatten wir ein Schwimmbad, eine Sauna, einen Heizungsraum, einen großen Raum für die Öltanks, eine Toilette, ein Gästezimmer mit separatem Bad, einen Waschraum - auch für die Mieter - und drei weitere Räume, sowie einen Wasserkanal und einen Flur, der alles miteinander verband.) Ich höre die Personen nicht direkt, sondern nehme sie weit weg wahr, undeutlich und verschwommen. Obwohl ich alleine bin und Angst habe, gehe ich in den Keller. Er ist dunkel. Ich folge den verschwommenen Geräuschen und gehe ins dunkle Schwimmbad, wo die Geräusche deutlicher werden. Ich nehme mehrere sich unterhaltende Stimmen wahr; entweder aus der Sauna, aus der Toilette, aus dem Heizungsraum oder dem Hauskanal. Ich spüre, dass sie mich spüren. Meine Angst steigt. Ich werde wach.

So ungefähr verlief mein erster Traum. In den darauffolgenden Fortsetzungsträumen nahm ich die Stimmen erneut wahr und erinnerte mich jedes Mal daran, dass irgendwelche Personen bei uns im Keller wohnten, was ich im Wachzustand immer wieder vergaß. Also machte ich mich abermals auf die Suche, meistens im Schwimmbad. Ich wollte endlich wissen, wer diese Leute sind. Mit 13 oder 14 Jahren bekam ich dann die Personen zum ersten Mal zu Gesicht. Es waren circa fünf bis sechs männliche Gestalten; ihr Erscheinungsbild eine Mischung aus angsteinflößend und freundlich. Sie hatten etwas Gefährliches an sich, gleichzeitig aber auch etwas Vertrautes. Das war der letzte Traum dieser Art.

Einige Psychoanalytiker oder Jungsche Traumanalysten mögen jetzt einwenden, das sei ja unter Berücksichtigung meiner damaligen Umstände nichts Außergewöhnliches. Sie mögen sagen, der Keller repräsentiere mein Unterbewusstsein, das Schwimmbad meine Gefühle (wegen dem Wasser), und die anwesenden undeutlichen Personen stünden für sich entwickelnde oder auch unterdrückte Persönlichkeitsanteile.

Interessanterweise hatte ich viele Jahre später - während meiner Vorbereitung auf die psychotherapeutische Heilpraktiker-Prüfung - eine Ausbildung zum diplomierten Traumtherapeuten abgeschlossen. Das heißt, ich kenne mich mit Träumen gut aus. Deshalb hatte auch ich den Fortsetzungstraum ähnlich interpretiert.

Heute sehe ich Träume nicht mehr so, wie ich sie annähernd zwanzig Jahre lang betrachtet habe. Selbstverständlich sind einige Träume innerseelische Verarbeitungsprozesse oder einfach nur die Verarbeitung von Tagesresten. Heute weiß ich darüber hinaus um die spirituelle und dämonische Dimension dahinter, zumal ich zwischen meiner Errettung und meiner Glaubenstaufe hefige spirituelle Angriffe in Träumen erlebt habe. Das waren ganz eindeutig keine normalen Träume. Was meinen Fortsetzungstraum in meiner Kindheit betrifft, so bin ich mir mittlerweile sicher, dass Gott mich auf die Anwesenheit von Dämonen in mir aufmerksam machen wollte bzw. auf dämonische Einflüsse in meinem Elternhaus. Das ergibt für mich aus heutiger Sicht am meisten Sinn.

Jaktation und Enuresis
Weiter oben habe ich angesprochen, wie verheerend sich das Schreien und laute Geräusche auf das seelische Empfinden eines Kindes auswirken können, insbesondere durch die dadurch ausgelösten neurologischen Auswirkungen. Leider hatten sich meine Eltern häufig nachts gestritten. Ich bin oft mitten in der Nacht aufgeschreckt, weil ich plötzlich und unerwartet meine Mama weinen, schreien oder poltern hörte, oder weil ich meinen Vater schimpfen hörte, oder weil eine teure Blumenvase auf der Marmortreppe hinunter zum Keller zerschellte, oder weil meine Eltern sich einfach nur angeschrien hatten. Das lag daran, dass unsere Wohnung wie ein Bungalow

war, weil das Obergeschoss vermietet wurde. Mein Kinderzimmer, das Schlafzimmer meiner Eltern und unser Badezimmer waren alle drei durch einen Flur verbunden.

Einmal kam meine Mutter mitten in der Nacht weinend und am ganzen Leib zitternd in mein Zimmer gestürmt und hatte sich einfach zu mir ins Bett gelegt und sich an mich geschmiegt, mich umarmt. Ich erinnere mich noch gut daran, wie mein Vater schnaufend an meiner Zimmertür stand und dann wegging. Meine Mutter blieb weinend neben mir liegen. Ich traute mich nicht, mich zu bewegen.

Anmerkung: Diese Jahre vieler (nächtlicher) Streitereien sind hauptverantwortlich dafür, dass aus mir im Erwachsenenalter ein Hochsensibler und Hochempathischer wurde, weil ich als Kind und Jugendlicher unbewusst ständig auf der Lauer nach Stimmungsschwankungen bei meinen Eltern war. Die Streitereien hatten sich sozusagen im Voraus atmosphärisch angekündigt; ich konnte das unbewusst erspüren. Dieses Ständig-auf-der-Lauer-sein hatte sich im Laufe der Jahre in eine unangenehme Hochsensibilität verwandelt. Dadurch, dass ich immerzu mit den inneren Stimmungen anderer konfrontiert war, lag mein Fokus mehr auf den Stimmungen meiner Eltern als auf meinen eigenen - und das macht Menschen hochempathisch. Die Wahrheit ist, Hochsensibilität und Hochempathie sind immer unangenehm, weil sie zuerst geistig und dann körperlich gespürt werden. Dieses Gespürt-werden drängt sich einem uneingeladen auf. Heute weiß ich, es waren Dämonen - der Dämon der Hochsensibilität und der der Hochempathie. Vielleicht waren es auch mehrere. Jedenfalls bin ich heute davon überzeugt, dass die Menschen, die unter beidem oder eins von beidem leiden - meistens Frauen und insbesondere die in der spirituellen oder esoterischen Szene - unter dämonischem Einfluss stehen. Wie ich das genau meine, erkläre ich ausführlich in Teil 2. Jedenfalls sind Hochsensibilität und/oder Hochempathie keine Gaben und auch keine Talente und schon gar nicht Geschenke Gottes. Das ist aber leider das, was uns die Esoterik oder moderne Spiritualität vorgaukelt, damit wir uns in ihr verfangen. So wie ich mich achtundzwanzig Jahre in der

Esoterik oder modernen Spiritualität verfangen hatte. Damit wir nicht auf die Idee kommen, den wahren Jesus in der Bibel zu suchen, darin zu lesen und ihn kennenzulernen. Wie ich bereits sagte: Die Täuschung ist gigantisch.

Während meiner Kindheit litt ich unter einer nicht diagnostizierten Einschlafstörung verbunden mit häufigen Magenschmerzen und -krämpfen. Die Ursache dahinter war eine krankhafte Unruhe, sowohl in mir als auch in meinen Eltern. Häufig brauchte ich über zwei Stunden zum Einschlafen. Heute weiß ich, das war ein böser Geist, der Dämon der inneren Unruhe.

Irgendwann mit circa 8 Jahren hat sich das Schaukeln im Bett eingeschlichen. Vielleicht hatte ich auch schon zuvor geschaukelt. Ich weiß es nicht mehr. Der Fachbegriff ist Jaktation. Ich habe mich mit meinem Kopf und halben Oberkörper in den Schlaf geschaukelt - immer monoton von rechts nach links und zurück. Man kann das auch mit „Umherwerfen" beschreiben. Ich erinnere mich noch sehr deutlich daran, dass ich immer dann schnell und heftig schaukelte, wenn meine Eltern sich stritten. Das verzweifelte Weinen und Schreien meiner Mama hatte mir immer zugesetzt, und je heftiger und schneller ich dann schaukelte, umso weniger hörte ich die Außengeräusche und umso lauter wurde das Kissen unter mir, bis ich irgendwann erschöpft eingeschlafen bin. Ich schaukelte bis ungefähr 14 Jahre! Danach bekam ich es einigermaßen unter Kontrolle, litt aber weiterhin unter Einschlafstörungen und körperlicher Unruhe.

Hinzu kam das Bettnässen. Ich habe bis zum 14 Lebensjahr regelmäßig ins Bett gemacht. Nicht jede Nacht aber regelmäßig zwei- bis dreimal die Woche. Ich kann mich noch an Momente erinnern, in denen meine Eltern mitten in der Nacht mein vollgepinkeltes Bett neu beziehen mussten. Ich saß meistens apathisch auf dem Boden und schaute dem Treiben zu. In dieser Zeit hatte sich der Gedanke, dass mit mir etwas nicht stimmt, weiter verinnerlicht.

Ich bin mir heute sicher, dass mein nächtliches Schaukeln weitere Portale für Dämonen geöffnet haben muss. Wie oben bereits angedeutet, bietet ein „leerer Geist" eine Angriffsfläche für Dämonen und unter extremen Umständen ein Eingangsportal. Durch das ständige Schaukeln und dem damit verbundenen monotonen Sound des Kissens muss ich in einen hypnoseähnlichen (leeren) Zustand gesunken sein, sodass der resultierende Schlaf sehr tief gewesen sein muss. Zu tief, sodass ich die Warnsignale meiner Blase nicht mehr spürte. Hinzukam, dass ich öfter Angst hatte aufzustehen, während meine Eltern sich stritten, und somit meine Blase nicht leeren konnte.

Wie auch immer, Fakt ist, ich habe mich bis circa 14 Jahre in den Schlaf geschaukelt und war Bettnässer. Das allein sollte ausreichen, um zu erkennen, dass irgendetwas nicht in Ordnung war und zwar auf seelischer Ebene.

Seelische und körperliche Symptome
Natürlich ging meine Mama mit mir zum Arzt, um den Grund für das Bettnässen herauszufinden. Die Ärzte hatten aber keine körperlichen Gründe gefunden, sodass eigentlich nur noch die Seele übrigblieb. Ich war auch mit 11 oder 12 Jahren bei einem Kinderpsychologen oder Ähnlichem. Da war ich allerdings nur kurze Zeit. Ich meine, ich hätte das von mir aus abgebrochen. Es war auch nicht so, dass meine Eltern sich keine Sorgen um meinen Zustand gemacht haben. Wie gesagt, meine Eltern haben mich geliebt und mich auf materieller Ebene behütet. Das Problem war, dass meine Eltern nicht auf den Gedanken gekommen waren, dass *ihr Verhalten* etwas mit meinen Problemen zu tun haben könnte. Das stand völlig außer Frage. Meines Erachtens hatten meine Eltern nicht den leisesten Verdacht, dass ihr Verhalten etwas mit meinen Auffälligkeiten zu tun gehabt haben könnte. Und mir war das natürlich schon gar nicht bewusst.

Zeit meines Lebens habe ich meine Mama krank gesehen; richtig gesund habe ich sie nie erlebt. Sie war seelisch dauerkrank und immer wieder körperlich krank wie Lungenentzündung, Magenprobleme, Grippe, etc. Mein Papa war das Gegenteil, er war so gut wie nie krank; während meiner Jugend hatte er ein paar Gebrechen und zum Ende hin spielte ihm sein Herz Streiche.

Ich jedenfalls war die ersten 25 Jahre meines Lebens gefühlt dauerkrank:

- 10 Krankenhausaufenthalte bis 16 Jahre (dreimal wegen Magenschleimhautentzündung)
- Enuresis (Bettnässen) bis ca. 14 Jahre
- Jaktation / Schlafstörung bis ca. 14 Jahre
- chronische / spastische Bronchitis (ein- bis zweimal jährlich) bis ca. 17 Jahre
- schwere Neurodermitis ab 14 bis 22 Jahre und nochmal kurz mit Anfang 30.
- polivalenter Allergiker (multiple Allergien), inklusive Asthma bronchiale, ab 14 bis zum Teil 45 Jahre
- Konzentrationsstörung bis ca. 32 Jahre
- Wortfindungsstörung (leichte) bis ca. 45 Jahre
- Erektionsprobleme bis ca. 40 Jahre
- Somatoforme Schmerzstörung ab ca. 25 bis 45 Jahre
- chronische Angst (größtenteils unbewusst) und häufige Albträume bis 53

2019, im Alter von 50 Jahren, hatte ich eine umfangreiche und sich über Monate hinziehende Selbsttherapie durchlaufen - die Heilung des Inneren Kindes. Das war eine sehr intensive, anstrengende, tränenreiche und längst überfällige Zeit. In einem Zeitraum von insgesamt sechs Monaten arbeitete ich eng mit Büchern und meiner Intuition zusammen. Damals war ich noch in der Esoterik und modernen Spiritualität gefangen und dachte, es wäre mein Höheres Selbst, das mich durch diesen Prozess, inklusive viel Schreibarbeit, führte. Heute weiß ich, es gibt kein Höheres Selbst. Es muss bereits der Heilige Geist gewesen sein. Mehr dazu später.

Während dieser Eigentherapie habe ich meinen psychischen Grundzustand, den ich als Kind, Jugendlicher und Erwachsener hatte, aufgearbeitet, benannt und stichwortartig auf einem Blatt festgehalten.

Dieses Blatt besitze ich heute noch und teile es hier mit dir. Dazu muss ich fairer Halber sagen, dass sich einige Stichpunkte im Laufe meines Lebens aufgrund meines Drogenmissbrauchs und der immer schlimmer werdenden Situation zuhause intensiviert haben können. Aber der Grundstein dieses seelischen Wirrwarrs wurde in den ersten 14 Jahren gelegt:

„Zutiefst verstört, gespalten, hoffnungslos verloren, völlig verwirrt, emotional gefangen, chronischer Angstzustand, schuldig, Schuldgefühle, Misstrauen, Panik, traumatische Erinnerungen, Gefühl einer ständigen Gefahr, erstickt, eingeschüchtert, kontrolliert, manipuliert, machtlos, Scham, Wut, Hass, Unsicherheit, hilflos, ausweglose Hoffnungslosigkeit, Verzweiflung, sieglos, Schock, tiefe Traurigkeit."

Das mit Abstand zu schreiben oder zu lesen, lässt mich in Gottesfurcht versinken, denn ich bin mit 53 Jahren ein für allemal von diesem dämonischen Wirrwarr befreit worden und das habe ich nur der Selbstbefreiung durch Jesus Christus zu verdanken. Halleluja!

Die Eigentherapie in 2019 und auch meine Persönlichkeitsentwicklung die ganzen Jahre zuvor hatten bereits einiges in mir aufgelöst, aber ich hatte keinen Seelenfrieden und ich besaß auch keine geistige Klarheit; ich war immer irgendwie geistig verwirrt gewesen. Ich war nie richtig anwesend. Erst die Befreiung von den Dämonen hat mich geistig und seelisch wirklich befreit. Als hätte ich mehrere Brillen, eine nach der anderen, abgesetzt. Jesus Christus hat in mir einen Zustand der inneren Ruhe errichtet, den ich nicht ansatzweise für möglich gehalten hätte.

Während ich diese Zeilen schreibe, weiß ich, dass dieser befreite Zustand von Dauer ist. Denn als die Dämonen *widerwillig* aus mir herauskamen, war das ungefähr so, als ob ein feinstofflicher Teil von mir, der nicht Ich war, sich von meiner Fleischlichkeit gelöst hatte. Ich spürte richtig, wie der böse Geist mit meiner Materie „verwoben" war und sich löste und durch das Portal, durch das er eingefahren war, wieder ausfuhr. In den meisten Fällen ist das der Mund. Dämonen werden oft eingeatmet.

Allerdings gibt es keine Garantie, die besagt „Einmal befreit, immer befreit". Dazu hat Jesus Folgendes zu sagen: *„Wenn aber der unreine Geist von dem Menschen ausgefahren ist, so durchzieht er wasserlose Stätten und sucht Ruhe und findet sie nicht. Dann spricht er: Ich will in mein Haus zurückkehren, aus dem ich gegangen bin. Und wenn er kommt, findet er es leer, gesäubert und geschmückt. Dann geht er hin und nimmt sieben andere Geister mit sich, die bösartiger sind als er; und sie ziehen ein und wohnen dort, und es wird zuletzt mit diesem Menschen schlimmer als zuvor."* (Matthäus 12,43-45)

Diese Erklärung Jesu beschreibt einen wichtigen Zusammenhang in der geistlichen Kampfführung, nämlich dass ausgetriebene Dämonen durchaus wieder einfahren und noch weitere bösartigere mitbringen können. Das entscheidende Wort hier ist „leer", worauf ich in Teil 2 zurückkomme.

Mit dem Eintritt in die Jugend zeigt sich, ob die Erziehung gute, schlechte oder mittelmäßige Früchte trägt. Der Grundstein im Leben eines Menschen wird immer in den ersten 12 bis 14 Jahren gelegt. Ab der Jugend wird es zunehmend schwerer für Eltern, wieder etwas gut zu machen oder den Karren aus den Dreck zu ziehen. Es ist aber grundsätzlich noch möglich.

Hauptthemen beim Eintritt in die Jugend sind die Abkapselung von den Eltern, insbesondere von der Mutter, die Ausbildung der Willenskraft und die Entdeckung der (eigenen) Sexualität. Es ist die Vorbereitungsphase auf die eigenverantwortliche Selbstständigkeit des Erwachsen-Seins. In einem intakten Elternhaus geschieht dies auf gesunde und natürliche Weise. In einem kaputten Elternhaus nicht. Die meisten Elternhäuser liegen irgendwo dazwischen.

Das Schlagwort, worauf es zwischenmenschlich gesehen in dieser Phase ankommt, ist: Respektierung der persönlichen Grenzen. Dazu gehören die seelisch-mentale, die körperliche, die zeitliche und die räumliche Grenze. In einer intakten Familie wird darauf geachtet, diese Grenzen anzuerkennen und nicht übergriffig zu überschreiten. In kaputten oder prekären Familien gibt es keine Grenzen; dort wird die rote Linie ständig überschritten - entweder bewusst oder unbewusst. Anhaltende Grenzüberschreitungen und Übergriffigkeiten führen immer zu einer Persönlichkeitsentwicklungsstörung, so auch bei mir.

Am Ende dieses Abschnitts möchte ich zurückblickend folgende Fragen beantworten. Das ist mir wichtig, weil das, was in den ersten dreizehn Jahren zwischen meinen Eltern und auch bei mir passiert ist, sich in den Folgejahren unaufhörlich verschlimmerte bis hin zur totalen Zerstörung. Gleichzeitig kannst du diese oder eine ähnliche Liste benutzen im Falle einer Aufarbeitung deiner Vergangenheit. Tiefgreifende Fragen möglichst kurz zu beantworten, ist therapeutisch, weil man lernt, auf den Punkt zu kommen.

1. Wer hat mir größere Probleme bereitet, mein Vater oder meine Mutter? Antwort: kann ich nicht beantworten
2. Welches Wort bringt die destruktiven Erfahrungen mit meiner Mutter auf den Punkt? Antwort: Psychoterror
3. Was sind die drei destruktivsten Eigenschaften meiner Mutter? Antwort: Manipulation, Lügen, Streitsucht
4. Was bringt die positiven Erfahrungen mit meiner Mutter auf den Punkt? Antwort: gelassenes Herumalbern, verlässliche Ansprechpartnerin bei Problemen
5. Was sind die drei konstruktiven Eigenschaften meiner Mutter? Antwort: Kampfgeist, soziale Gerechtigkeit, Gastfreundlichkeit
6. Welches Wort bringt die destruktiven Erfahrungen mit meinem Vater auf den Punkt? Antwort: Persönlichkeitsunterdrückung
7. Was bringt die positiven Erfahrungen mit meinem Vater auf den Punkt? Antwort: Entspanntes Zusammensein und Entdeckungsreisen

8. Was sind die drei destruktiven Eigenschaften meines Vaters? Antwort: Cholerisch, Besserwisserisch, Kritiksucht
9. Was sind die drei guten Eigenschaften meines Vaters? Antwort: Hilfsbereitschaft, Gutmütigkeit, Gastfreundlichkeit
10. Was war die psychodynamische Beziehungsstruktur in unserer Dreiecksbeziehung? Antwort: Co-Abhängigkeit
11. Was sind destruktive Eigenschaften, die sich meine Eltern geteilt haben? Antwort: Unbelehrbarkeit, Kritiksucht, Streitbarkeit
12. Was sind positive Eigenschaften, die sich meine Eltern geteilt haben? Antwort: Gastfreundlichkeit, Hilfsbereitschaft, Geselligkeit
13. Was war die Grundstimmung in meinem Elternhaus? Antwort: Hoffnungslosigkeit und ein Wechselbad der Gefühle
14. Was war mein Hauptproblem? Antwort: Die Auswirkungen seelischer Verletzungen.

Falls du die Antworten achtsam gelesen hast, dürfte dir bewusst geworden sein, was dieses Wechselbad der Gefühle und diese Hoffnungslosigkeit für eine psychodynamische Grundatmosphäre erzeugt haben müssen. Wenn man alle Antworten in einen Topf wirft und umrührt, dann erhält man den psychologischen Grundzustand, in dem ich aufgewachsen bin und der mich ein Leben lang begleitete. Und eine Manifestation dieses Cocktails war meine Aggression. Ich war bereits als sechsjähriger aggressiv und hatte mich in der Grundschule regelmäßig geprügelt. Zu Beginn meiner Jugend wurde die Aggression unangenehm manifest.

Ein sehr gutes und gleichzeitig schreckliches Beispiel für meine Aggressionen war unsere Hündin, ein Irischer Setter. Ich war innerlich so sehr verletzt und so voller Wut, dass ich sie hin und wieder grundlos geschlagen hatte. Ich hatte ihr absichtlich wehgetan. Ich war böse zu ihr gewesen. Einmal hatte ich sie grundlos mit ihrer Leine geschlagen, ein anderes Mal mit einem Holz-Kochlöffel. Einmal hatte ich ihr so fürchterlich Angst eingejagt, dass sie urinieren musste. Einmal hatte ich sie beim Waldgassi unvermittelt und grundlos geschlagen, sodass sie nach Hause geflohen war und sich unter dem Wohnzimmertisch verkrochen hatte.

Meine Aggression ging mit einem Sadismus einher; es hatte mir schon fast Spaß gemacht, ihr wehzutun. Obwohl ich meine Hündin geliebt hatte, hatte ich ihr trotzdem Schlimmes zugefügt. Meine Eltern hatten Wind davon bekommen, waren aber nicht in der Lage, das versteckte Ausmaß dahinter zu begreifen, weil sie einfach zu sehr mit sich selbst beschäftigt waren. Übrigens, unsere Hündin war oft Anlass für schlimme Zerwürfnisse zwischen meinen Eltern. Jedes Mal, wenn meine Eltern rumschrien, verkroch sie sich mit eingezogenem Schwanz unter dem Wohnzimmertisch.

Ich habe in meinem Leben wahrscheinlich nichts so sehr bereut, wie meine damaligen Missetaten gegenüber meinem lieben Hund. Zermürbende Selbstvorwürfe, bitteres Weinen und mich auffressende Schuldgefühle hatten mich nach ihrem Tod noch viele Jahre lang geplagt. Ich konnte mir das einfach nicht verzeihen, bis ich eines Tages gelernt hatte, dass der Junge, der ihr das angetan hatte, bemitleidenswerter ist, als die arme Hündin, der das zugestoßen war.

Diese Aggression - mit leichtem Hang zum Sadismus - hatte mich einen großen Teil meines Lebens begleitet. Und es ist nur allzu logisch, dass die bis hier beschriebenen Verhältnisse in einem Kind Aggressionen auslösen müssen. Was aber noch erschwerend hinzukam, waren die verbalen Misshandlungen seitens meiner Mutter. Solange ich nach ihrer Pfeife tanzte, war ich ihr Vorzeigesohn, ihr braver Junge, ihr Ein und Alles. Sobald ich aber nicht nach ihrer Pfeife tanzte, war ich umgehend der böse Junge, das böse Kind, der böse Mensch - böse, böse, böse. Gefühlt tausend Mal hatte sie mich als böse bezeichnet, nicht nur direkt mich, sondern auch vor meinem Vater, meiner Oma und Freunden.

Während der Grundschulzeit und den ersten zwei Jahren auf dem Gymnasium war ich ein relativ guter Schüler, kein Einser-Schüler, aber gut bis befriedigend. Das sollte sich mit circa

Ende 13 ändern, als ich meinen ersten Joint rauchte - das war 1982.

Ich möchte nun diesen Lebensabschnitt mit einem Zitat meines Ex-Onkels, der Zeitzeuge gewesen war, abschließen. Er war von meiner Kindheit an bis in meine Jugend mein Onkel gewesen und zwar der Ehemann der Stiefschwester meiner Mutter. Ich hatte ihn geliebt, ich fand ihn einfach nur cool. Er war oft bei uns, auch bei den großen Familienfesten wie Weihnachten oder Geburtstage, bei denen es des Öfteren zu den hemmungslosen Streitereien zwischen meinen Eltern kam. Auch er saß dann wie angewurzelt da und erstarrte und schaute dem Treiben entsetzt zu. Viele Jahre später, während des perversen Erbstreits mit meiner Mutter, circa 2012, da war ich bereits 44 Jahre alt, sprach ich mit ihm nach über zwei Jahrzehnten wieder am Telefon und schüttete ihm mein Herz über die aktuelle Situation aus. Er war natürlich überfordert und sagte dann: „Das, was deine Eltern getan haben, ist unverzeihlich." Dabei bezog er sich auf die Zeit während meiner Kindheit. Das hatte mich tief berührt. Bis heute ist er der einzige Mensch, der mir bestätigt hat, dass das, was ich zuhause erlebt hatte, einfach nur krank war.

Was er eigentlich meinte, war: „Das, was deine Eltern *(vor deinen Augen)* getan haben, ist unverzeihlich." Und trotzdem habe ich meinen Eltern wirklich verziehen. Zuerst halbherzig. Aber dann, als ich das mit den Flüchen und Dämonen verstanden hatte, von ganzem Herzen.

14 Jahre bis 25 Jahre

„Die größte Verletzung, die man einem Kind zufügen kann, ist die Zurückweisung seines wahren Selbst. Wenn Eltern die Gefühle und Bedürfnisse und Wünsche ihres Kindes nicht respektieren, weisen sie das wahre Selbst des Kindes zurück und zwingen es dazu, ein unechtes Selbst zu entwickeln."
John Bradshaw

Nicht nur das, denn es ist egal, ob die Bedürfnisse des Kindes bewusst oder unbewusst zurückgewiesen werden; in beiden Fällen richtet es denselben Schaden an. Darüber hinaus öffnet die Zurückweisung, falls sie ein häufig wiederholter Zustand ist, Portale für Dämonen. Ein sehr böser und hinterhältiger Dämon erhält Einzug in den Menschen - der Dämon der Ablehnung. Gemäß christlicher Dämonologie haben viele Menschen mit dem Dämon der Ablehnung zu kämpfen und sind sich dessen nicht einmal bewusst. Zu diesen Menschen zählte auch ich.

Dieses „unechte Selbst", über das John Bradshaw spricht, war meine Persönlichkeit, die durch meine Parallelwelt, meiner Fantasiewelt, entstanden ist. Diese Fantasiewelt war mein Ventil, über das ich den unerträglichen Druck, der mich tagein, tagaus begleitet hatte, abbauen konnte. Mit Beginn meiner Jugend wurde diese Fantasiewelt langsam aber sicher durch die Drogenwelt und Pornografie weiter ausgebaut.

Bevor ich tiefer in meine Jugend einsteige, möchte ich an dieser Stelle eine Aussage des englischen Theologen Leslie D. Weatherhead über das Wahre Selbst zitieren:

„Wenn (...) wir *im Kopf ein Bild von uns* als angstgetriebene Kreatur, als Niemand und Verlierer haben, dann müssen wir dieses Bild auf der Stelle loswerden und stattdessen unser Haupt erheben. Das ist ein falsches Bild, und das Falsche muss verschwinden. Gott sieht uns als Männer und Frauen, durch die er große Werke vollbringen kann. Er sieht uns als gelassen, voller Selbstvertrauen und Fröhlichkeit. Er betrachtet uns nicht als armselige Opfer des Lebens, sondern als Meister der Lebenskunst. Nicht als Menschen, die Mitleid brauchen, sondern als Personen, die anderen helfen und daher immer weniger an sich denken. Er sieht uns voll Liebe und Lachen und dem Wunsch zu dienen, nicht voller Sorge über uns selbst ... Richten wir doch unseren Blick auf unser *wahres Selbst*, das sich einstellt, sobald wir an seine Existenz glauben. Wir müssen die Möglichkeit des Wandels erkennen und an das Selbst glauben, das wir werden können. Das alte Gefühl der Wertlosigkeit und des Versagens muss verschwinden. Es ist falsch, und wir sollen nicht glauben, was falsch ist."

„Und Gott sprach: Wir wollen Menschen schaffen, nach unsrem Bild, die uns ähnlich sind. (...) So schuf Gott die Menschen nach seinem Bild, nach dem Bild Gottes schuf er sie, als Mann und Frau schuf er sie." 1. Mose 1,26-27

Die dämonische Welt, das Reich Satans, will uns diese Erkenntnis vorenthalten, weil sie uns hasst, eben weil wir nach Gottes Ebenbild erschaffen sind. Sie errichten falsche Glaubensätze in uns und gaukeln uns vor, sie seien die Wahrheit. Das resultierende falsche Bild, das wir dann von uns haben, also unsere Vorstellung darüber, wer oder was wir sind - unser *Selbstbild* -, ist das, was Bradshaw als das „unechte Selbst" bezeichnet. Und mit diesem destruktiven Selbstbild, mit diesem unechten Selbst, werden Abermillionen Kinder in ihre Jugend entlassen.

Meine Fantasiewelt mit allen ihren imaginären Personen war zu einer Realität herangereift. Ich stand mit den imaginären Personen in regem Kontakt; ich führte Gespräche mit ihnen. Das führte zwangsläufig dazu, dass ich meiner Außenwelt erfundene Fantasiegeschichten als Realität verkaufte. Mit anderen Worten: Ich log wie gedruckt. Nicht immer, aber häufig. Ich hatte auch kein Problem damit, zu lügen.

Ich war als 13- bzw. 14-jähriger schwer dämonisiert. Heißt, ich hatte mehrere bis viele Dämonen in mir, die mein Denken, Fühlen und meine Wahrnehmung beeinflussten, insbesondere meine Ich-Werdung als Jugendlicher. Ich bin in einer gottlosen Welt groß geworden. Mein Zuhause war in einem betuchten Vorort mit vielen Villen, mehrere Kilometer vom Zentrum der Stadt entfernt, der Innenstadt. Und die zog mich magisch an.

Innerhalb kürzester Zeit war ich in einem großen Freundes- und Bekanntenkreis gefangen, den ich im Zentrum kennenlernte. Zu dieser Zeit gab es ein bekanntes Café, das in einer der berüchtigtsten Einkaufsstraßen seinen Standort hatte, wo auch Spielhallen und Sexshops angesiedelt waren. Dort trafen sich

Jugendliche und junge Erwachsene. Es war eine bunte Mischung aus Studenten, Arbeitslosen, gut und schlecht erzogenen Menschen, Schüler, Reiche und Arme, gute und böse Menschen, Dealer und Kriminelle und Normalos. Dort fanden regelmäßig legändere Partys Stadt. Dieses Café auf einer Fläche von über 300 Quadratmetern besaß Kultstatus und wurde auch von Menschen aus benachbarten Städten besucht. Und dieses Café sollte mein zweites Zuhause werden, mein Zufluchtsort sozusagen. Irgendwann kannte ich im ganzen Stadtzentrum Hinz und Kunz.

Mit Ende 13 rauchte ich meinen ersten Joint. Von da an hatte mich das Kiffen über ein viertel Jahrhundert begleitet. Wir waren keine normalen Kiffer, wie waren Junkies. Einen Joint zu rauchen, war Geldverschwendung für uns. Wir rauchten Wasserpfeifen, Kawumms, Erdlöcher, Eimer und waren regelmäßig Besucher in holländischen Coffeeshops, anderthalb Autostunden entfernt. Wir kifften morgens, mittags und abends, in der Schule, einfach überall. In meiner Schule, einem Gymnasium, hatten wir auf der Jungentoilette eine Wasserpfeife versteckt. Ich war meine gesamte Jugend zugekifft. Das öffnete Tür und Tor für Dämonen, insbesondere deshalb, weil ein zugekiffter Geist keine Geisteskontrolle hat und somit eine perfekte Zielscheibe für dämonische Angriffe ist.

Der berüchtigte Satanist und Dämonenbeschwörer Aleister Crowley (1875-1947), der als „bösester Mensch der Welt" Schlagzeilen machte, machte keinen Hehl daraus, seine satanisch-okkulten Rituale mithilfe von Körperflüssigkeiten, inkl. Blut und Urin, sowie Drogen, inkl. Marihuana, zu praktizieren.

Hinzu kam mein Alkoholkonsum. Mit Anfang 14 fing ich an, zu trinken und zu rauchen. Damals gab es eine bekannte große Diskothek in der Stadt. Dort durften wir uns als junge Jugendliche bis zwanzig Uhr oder so aufhalten. Dann kam regelmäßig die Polizei und checkte unsere Personalien. Es gab noch eine andere bekannte Diskothek, die wir immer mittwochs besuchten. Das war der Startschuss in die Party- und Clubszene, in der ich mich ein viertel Jahrhundert aufhalten sollte. Ich habe unzählige Stunden in dunklen Clubs verbracht, insbesondere während meiner zehnjährigen Technozeit Mitte der 90er bis Mitte der 2000er Jahre.

Wir kifften und tranken. Ich kann mich noch gut an den Moment erinnern, als ich meinen ersten Filmriss hatte. Damals war ich erst zarte 14 Jahre alt. Ich wurde frühmorgens auf den Stufen eines Hauseingangs irgendwo in meiner Stadt direkt an einer großen Straße wach. Ich wusste nicht, wie ich dort hingekommen war. Mit anderen Worten: Ich hatte als 14-jähriger irgendwo draußen auf der Straße zugedröhnt und alkoholisiert bewusstlos rumgelegen! Heute bin ich mir sicher, dass währenddessen weitere Dämonen in mich eingefahren sind - Dämonen der Sucht, des Alkohols, etc. Von da an hatte ich bis Mitte 20 circa vier weitere heftige Filmrisse, zwei davon in den USA. Meine Eltern waren selbstverständlich sehr besorgt, als ich frühmorgens nach Hause kam, und es gab Ärger.

Mit ungefähr 16 Jahren wurde ich kriminell bzw. wurde ich von einem Klassenkameraden in die Kunst des Diebstahls eingeweiht. Ich muss zugeben, dass ich zuvor während meiner Grundschulzeit hin und wieder Süßigkeiten im Supermarkt geklaut hatte. Aber jetzt rede ich vom richtigen Stehlen oder Diebstahl. Von da an hatten wir professionell geklaut. Hauptsächlich Markenklamotten aus Markenboutiquen. Damals, in den 80ern, gab es noch keine Warensicherungen an Kaufhaus- oder Boutiquewaren. Somit war es relativ einfach, teure Markenpullover, Hosen und Schuhe zu stehlen, die wir entweder selbst getragen oder verkauft hatten (Auftragsdiebstähle). Somit hatte ich als Jugendlicher viel Knete im Geldbeutel. Wir liefen auch nachts die Straßen entlang und hielten Ausschau nach Autos, die ihre Besitzer nicht abgeschlossen hatten, öffneten sie und klauten Gegenstände daraus. Wir hatten sogar einen größeren Überfall geplant, den wir Gott sei Dank nicht umgesetzt hatten.

Zu dieser Zeit war ich durch und durch abgezockt und verlogen, und ich hatte auch kein schlechtes Gewissen diesbezüglich. Natürlich hatten meine Eltern sich gewundert, woher die

Klamotten kamen. Ich hatte sie einfach brutal angelogen, und sie glaubten meinen Märchen, zumindest taten sie so. Ich wurde auch mehrere Male erwischt, bin aber immer wieder irgendwie mit einem blauen Auge davongekommen. Es war immer ein Kampf zwischen den Kaufhausdetektiven und mir, der mir Spaß und Nervenkitzel bereitete. Wie gesagt, ich war durch und durch abgezockt. Das, was ich während dieser Zeit ausgenutzt hatte, war mein äußeres Erscheinungsbild. Ich war eher ein hübscher Junge - meine Eltern sind/waren hübsche Menschen - und ich hatte eine Sunnyboy-Erscheinung, bei der man anfänglich nicht auf die Idee kam, wie durchtrieben ich sein könnte. Das nutze ich schamlos aus.

Während dieser Zeit war es immer so, als hätte ich einen Schutzengel bei mir gehabt, und heute glaube ich, dass ich den auch tatsächlich hatte - und zwar während meines gesamten Lebens. Irgendwie habe ich das Gefühl, dass Gott schon immer ein Auge auf mich geworfen hat. Es ist ja auch nicht so, dass ich aus einer sozial und moralisch-ethisch kaputten oder asozialen Familie komme, sondern meine Eltern waren gute und kultivierte Menschen, die sich in wohlhabenden, intellektuellen Kreisen bewegten und das, was ich getan hatte, im Herzen verabscheuten. Sie konnten sich einfach nicht vorstellen, dass ihr Sohn zu so etwas in der Lage war. Darüber hinaus waren sie nur mit sich selbst beschäftigt, was mir die Freiheit gab, zu tun, was ich wollte.

Ich glaube heute tatsächlich, dass deren Liebe und Fürsorge einen Persönlichkeitsanteil in mir hervorgebracht haben, der mich davon abhielt, schwerkriminell zu werden oder total abzustürzen. Fakt ist jedenfalls: Ich besaß alle Eigenschaften für eine Karriere als Schwerkrimineller. Und Gott sei Dank hörte ich von heute auf morgen damit auf, als ich 18 wurde.

Während meiner Jugend wurden der Dämon der Pornografie und der Dämon der Perversion, die in mich als 8- oder 9-jähriger eingefahren waren, aktiv und hatten mich von da an mein gesamtes Leben fest im Griff und gequält; bis hin zu Suizidgedanken und ekelerregenden Albträumen sowie kranken

Liebesbeziehungen. Hinzu kamen die sogenannten familiären Dämonen aus meiner Herkunftsfamilie, auf die ich in Teil 2 näher eingehen werde, die sich auf mich übertragen hatten oder an mir hafteten. Stichwort: sexueller Missbrauch.

Falls du dich an dieser Stelle fragst, ob das, was ich über Dämonen behaupte, biblisch ist, darauf werde ich in Teil 2 eingehen und näher durchleuchten.

Sexueller Missbrauch an Kindern ist eines der abscheulichsten Verbrechen mit den verheerendsten Auswirkungen auf seelisch-psychischer, spiritueller und körperlicher Ebene. Ein psychologischer Mechanismus, der während meiner Jugend in meiner Familie wirksam war, war die Auswirkung von Familiengeheimnissen. Der oben zitierte John Bradshaw war diesem Mechanismus auf den Grund gegangen und hat seine psychotherapeutischen Forschungen dazu in seinem Buch „Familiengeheimnisse" festgehalten. Laut Bradshaw hat jede Familie Geheimnisse und sie wirken oft über Generationen hinweg. Die Essenz des Mechanismus ist folgende:

> Alles, was wir langfristig unterdrücken, leugnen oder unter den Teppich kehren, wird grundsätzlich über kurz oder lang an anderer Stelle einen kranken Ausdruck finden.

Und diesen kranken Ausdruck leben in der Regel die Kinder oder Enkelkinder aus, ohne dass sie sich dessen bewusst sind, bis im besten Falle das Geheimnis gelüftet wird. Während meiner Jugend und darüber hinaus waren die sexuellen Missbräuche an meinen Eltern ein Geheimnis. Ich wusste nichts davon. Es war ein Tabuthema, das erst, als ich bereits Mitte/Ende 30 war, in Ansätzen thematisiert wurde. Somit war ich ein Großteil meines Lebens sexuell abnormen Kräften ausgesetzt, eben weil etwas, das raus musste, eingeschlossen gehalten wurde. Somit hatte ich keine Chance auf eine gesunde sexuelle Entwicklung.

Das Schlimme dabei war meine Pornosucht, die in der Jugend ausbrach. Einige meiner Freunde schauten Pornos. Somit war das in meinen Kreisen nichts Verwerfliches. Bei mir wurde es zu einer „Besessenheit", die ich nicht mehr loswurde. Sie war auch ein Ventil, um den Druck abzubauen, der nach wie vor in meinem Elternhaus vorherrschte. Insbesondere der Druck, der durch meine Mutter ausgelöst wurde. Sie gehört zu dem Borderline-Typus, der es nicht ausstehen kann, wenn man einen eigenen Willen hat und diesen vertritt. Somit wurde ihre Beziehung zu mir immer schlechter, während ich und mein Wille heranwuchsen.

Damals gab es noch kein Internet und Smartphone. Deshalb war ich von Heften oder Sexshops abhängig. Ich weiß nicht mehr, wie oft ich in diesen schmuddeligen Kabinen eines Sexshops gewesen war, aber eins weiß ich heute: Die Pornoindustrie, inkl. der Konsumenten, ist der Spielplatz des Teufels und alle Beteiligten sind schwer dämonisiert. Selbst, während ich mit meiner ersten großen Liebe zusammen war - wir hatten uns kennengelernt, als ich Ende 17 war -, besuchte ich regemäßig einen Sexshop. Obwohl das gar nicht nötig war, da wir eine sexuell befriedigende Beziehung hatten. Ich war einfach nur pornosüchtig bzw. dämonisiert.

Liebe Leserin und Leser, bitte denk daran, dass ich aus einer Zeit berichte, in der ich gottlos war. Somit war auch das Thema Sexualität / Ehe, etc. alles andere als christlich in Ordnung. Ich war ein Sünder vor dem Herrn und dachte, es sei normal, dass man mehrere sexuelle Erfahrungen sammeln soll, so wie es uns das System, in dem wir leben, vorgaukelt. Heute weiß ich: In diesen Sexshops waren Dämonen und warteten darauf, in die Besucher einzufahren. Und das tun sie in dem Moment, in dem der Besucher oder Konsument einen Orgasmus hat, weil sein Geist dann leer bzw. offen und ungeschützt ist.

Dass die Pornoindustrie und der Satanismus eng miteinander verknüpft sind, ist heute kein Geheimnis mehr. Einige Pornolabels verwenden ganz ungeniert satanische Symbole wie die 666 oder Namen, die eine biblische Bezeichnung beinhalten wie Engel. Die Produzenten sind definitiv auf der dunklen Seite; ihre Darsteller oft nur Opfer, die auf dem Altar Satans - bewusst oder unbewusst - geopfert werden. In den USA gibt es aktuell zwei Ex-Darsteller, die Jesus gefunden haben und ausgestiegen sind. Nach einer längeren Zeit der Buße, Reinigung und Befreiung arbeiten sie jetzt als Evangelisten mit dem Schwerpunkt, Menschen vor den Gefahren der Pornographie zu warnen und Aussteigern zu helfen. Einer der beiden, ein männlicher, berichtet, dass sich ca. 70% der Darsteller im Laufe der Zeit suizidieren. Insbesondere die weiblichen Darsteller sind hochgradig selbstmordgefährdet, tabletten- und drogensüchtig und paranoid. Den männlichen geht es nicht viel besser. Mit anderen Worten: Viele Darsteller, an denen sich die Konsumenten selbstbefriedigen, sind bereits tot oder am Sterben. Krass formuliert: Man geilt sich an sterbenden Menschen auf! Die heile Welt, die vorgetäuscht wird, gibt es nicht.

Pornographie ist in jeder Hinsicht dämonisch, satanisch und böse, es ist ein Todeskult. Es ist die Pervertierung der Schöpfung Gottes; es ist die Schöpfung auf den Kopf gestellt. Es ist ein Virus, das Abermillionen Menschen befallen und infiziert hat. Jeder, der da mitmacht, insbesondere die Konsumenten, unterstützen diesen Todeskult und den dahinter stehenden internationalen Menschensexhandel bis hin zum Kindersexhandel. Die Konsumenten machen sich mitschuldig - bewusst oder unbewusst. Falls du Pornos konsumierst, höre umgehend damit auf. Pornografie ist ein Hauptwerkzeug des Teufels, das Dämonen das legale Recht gibt, in die Konsumenten einzufahren.

Ich wünschte, das hätte mir damals jemand in dieser Deutlichkeit gesagt. Neben dem Dämon der Pornografie und der sexuellen Perversion fahren auch der Dämon der Wollust und der Selbstbefriedigung ein. Selbstbefriedigung kann zu einer belastenden Sucht werden; dahinter stehen in der Regel Dämonen. Davon bin ich heute überzeugt und niemand wird mich mehr vom Gegenteil überzeugen können. Ich entwickelte sogar exhibitionistische Tendenzen. Ich war innerlich zerrissen und kann das heute alles nicht mehr nachvollziehen. Wäre ich heute bei einem Freund, der einen Porno schaut, würde ich mich sofort umdrehen und gehen. Mir dreht sich der Magen um, wenn ich nur das Wort „Porno" höre.

Im Laufe der Jahre schlichen sich völlig entartete Träume in meinen Schlaf ein. Heute weiß ich, dass Dämonen auch in Träumen Unheil anrichten. Mehr dazu in Teil 2. Ich träumte über viele Jahre hinweg regelmäßig von entstellten, deformierten weiblichen Geschlechtsteilen, sodass ich geschockt und angeekelt aufwachte. Meine Fantasiewelt, meine inneren Bilder, war entstellt.

Das Tragische an meiner psychosexuellen Entwicklung war, dass ich viele schlechte bzw. enttäuschende sexuelle Erfahrungen gemacht hatte. Gleich bei meiner ersten mit 16 Jahren hatte ich massive Erektionsprobleme. Obwohl ich einerseits hochgradig sexualisiert war, bekam ich andererseits keine Erektion, egal wie oft wir es versucht hatten. Das hatte mir schwer zugesetzt und einen großen Schaden im Selbstbild angerichtet. Diese Problematik hatte ich im Laufe meines Lebens immer wieder, sodass es zu enttäuschenden Momenten kam und ich eine Angst entwickelte, mit einer Frau intim zu werden. Das war sehr schlimm für mich, weil es mich stark einschränkte und quälte. Seltsamerweise war ich nicht in der Lage, meinen Partnerinnen reinen Wein einzuschenken und ihnen mein Dilemma zu erklären. Das hätte vieles bereinigen können. Diesbezüglich war ich nie frei. Ein Segen habe ich ein paar gute Erfahrungen gemacht.

Ich bin mir heute sicher, dass die Gründe hinter diesem Dilemma multifaktoriell waren. Auf der einen Seite waren es psychologische Gründe, beispielsweise die kranke Beziehung zu meiner Mutter und auch meine generelle Angespanntheit und Nervosität. Andererseits der Pornokonsum und die damit einhergehenden dämonischen Belastungen. Und wieder andererseits das Familiengeheimnis. Und hinterher auch das angeknackste Selbstbild. Jedenfalls hatte mich das derart eingeschränkt, dass ich mit Anfang 30 - am Ende meiner Technozeit - Suizidgedanken hatte. Ich hatte einfach keine Lust mehr, damit zu leben. Gott sei Dank, bin ich diesen Gedanken nicht weiter nachgegangen.

Zerstörung meines Berufswunsches

Das letzte Thema in diesem Kapitel, das ich ansprechen muss, ist die Vorbereitung und Umsetzung meiner Berufslaufbahn. Das ist völlig in die Hose gegangen, sodass ich auch hier an einem bestimmten Punkt meines Lebens Suizidgedanken hatte.

Den Tag werde ich nie vergessen. Ich war 16 Jahre alt und zu Besuch bei meiner geliebten Oma in Holland. Ich saß in ihrem Wohnzimmer auf meinem Lieblingssessel und schaute einen spannenden Hollywood-Blockbuster. Die Performance des Protagonisten hatte mich so tief beeindruckt und berührt, dass in mir der unauslöschliche Wunsch geboren wurde, Schauspieler zu werden. Ich wollte einfach nur noch Schauspieler werden und nach der Schule eine Schauspielausbildung absolvieren. Ich hatte keinen anderen Berufswunsch.

Das Problem war, dass meine Eltern mich nicht ernst genommen hatten. Das andere Problem war, dass ich in einem Umfeld lebte (Freundeskreis, Schule, etc.), das mit Kunst, geschweige denn Schauspielerei, überhaupt nichts am Hut hatte. Ich war sozusagen das schwarze Schaf in meiner Welt; ich kannte niemanden, der annähernd ähnliche Wünsche hatte. Hinzukam, dass ich meinen Herzenswunsch mit niemandem teilen konnte, weil ich nicht ernst genommen wurde. Man hörte mir einfach nicht zu oder lachte verlegen. Selbst meine Eltern hatten meinen Wunsch irgendwann einfach überhört.

Mein Berufswunsch ließ mich nicht mehr los. Mein Vater bezeichnete ihn als fixe Idee und blieb stur. Meine Mutter zog nach. Im Laufe der folgenden zwei Jahre erklärte ich meinen Eltern wiederholt, dass ich Schauspieler werden möchte. Aber ich hatte keine Chance, nicht im Geringsten.

Ich stand also alleine da - psychisch verwirrt, chronisch nervös und krank, kein Selbstbewusstsein, kein Selbstvertrauen. In der Schule wurde ich immer schlechter, obwohl ich die ersten sechs Jahre gut durchgestartet war. Das Abitur hatte ich nicht geschafft; wenigstens aber die Fachhochschulreife mit einem schlechten Notendurchschnitt.

Währenddessen war ich mit meiner ersten großen Liebe zusammen. Alles lief gut mit ihr, insbesondere die Sexualität. Zu diesem Zeitpunkt verstanden sich meine Eltern auffällig gut. Zurückblickend wirkt es auf mich, als hätten sie sich in diesen drei Jahren nicht gestritten.

Wegen meines befriedigenden Fachabiturs konnte ich die Traumausbildung, die mein Vater für mich vorgesehen hatte, nicht umsetzen: Bankkaufmann sollte ich seiner Vorstellung nach werden. Zwischenzeitig hatte er alle Hebel in Bewegung gesetzt, mir meinen Schauspieltraum madigzumachen. Selbst ein befreundeter Nachbar meiner Eltern redete auf mich lange ein, woraufhin mein Traumberuf mir Angst einjagte.

Während meiner Abiturprüfung wurde meiner Mutter schlussendlich bewusst, dass mir mein Berufswunsch wirklich am Herzen lag. Sie erkannte, dass es keine fixe Idee war und entschied sich, mir dabei zu helfen, eine Schauspielschule zu finden.

Ich habe meiner Mutter viel zu verdanken. Sie hatte sich in meiner Jugend oft bei meinem Vater für mich eingesetzt und durchgesetzt. Vieles wäre mir nicht erlaubt worden, wäre mein Vater der alleinige Entscheider gewesen. Er hatte ein Talent darin, meinen Selbstausdruck zu unterminieren. Ich muss es leider so ausdrücken. Sei es mein Wunsch gewesen, mit 12 Jahren Karate zu lernen, was er mir nicht erlaubte, oder einfach nur sein blöder Satz aus meiner Kindheit: „Überlass das Denken den Pferden, die haben einen größeren Kopf."

Die Bemühungen meiner Mutter führten zu einer Einladung zu einem Vorstellungsgespräch bei der Folkwang Schauspielschule. Zeitgleich kam mein Vater mit einer Zusage für ein duales Studium in seinem Konzern um die Ecke (Ausbildung plus Studium an einer Akademie). Da meine Mutter mit ihm noch nicht gesprochen und ich mittlerweile vor den Folgen einer Schauspielausbildung Angst hatte, entschied ich mich für das duale Studium und bewarb mich bei der Akademie.

Entwicklungspsychologisch war mir Folgendes wiederfahren: Wegen des Verhaltens meiner Eltern in meiner Kindheit, hatte ich einen Schaden davongetragen, der auch auf das Konto meines Vaters ging. Dieser Schaden machte mich letztendlich zu einem schlechten Schüler und schränkte somit meine berufliche Perspektive ein. Mein einziger Berufswunsch, den ich hatte, wurde abgeschmettert, sodass mein geistig-seelischer Zustand und die Co-Abhängigkeit zu meinen Eltern mich dazu *zwangen*, in die Fußstapfen meines Vaters zu treten. Dadurch öffnete er mir die Tür in eine Berufswelt, in der ich gar nicht sein wollte.

Trotzdem strengte ich mich auf der Akademie und in der Lehre an und entwickelte eine Affinität zum Internationalen Management. Nach meiner Ausbildung absolvierte ich drei Auslandspraktika sowie ein Bachelor-Zusatzstudium in Holland. Das erste Praktikum ging ein Jahr, das zweite ein halbes Jahr und das dritte vier Monate. Zwischenzeitig verbrachte ich zuhause bei meinen Eltern.

Die Beziehung zwischen meinen Eltern befand sich währenddessen auf einem tieferen Punkt als je zuvor. Und die Beziehung meiner Mutter zu mir war hochgradig toxisch geworden - entweder war mein Vater oder ich ihr Feind Nummer Eins. Die Verletzungen hatten so ein krasses Ausmaß angenommen, dass es mir streckenweise tagelang und manchmal sogar wochenlang schlecht ging. Ich kam also psychisch relativ gut erholt von meinen Auslandspraktika zurück und innerhalb weniger Wochen war ich wieder in der emotional giftigen Atmosphäre gefangen.

Eine der größten Verletzungen, die mir seitens meiner Mutter zugefügt wurden, war am Vortag meiner Bachelor-Prüfung in Holland. Damals war ich bereits 25 Jahre alt. Ich war kurz davor, mit meinem Auto nach Utrecht zu fahren. Es war ein sehr wichtiger Tag für mich. Ich war aufgeregt und freute mich gleichzeitig sehr darauf, bald meinen Bachelor in der Tasche zu haben. Meine Eltern hatten sich gefühlt wochenlang gestritten, und meiner Mutter ging es sehr schlecht. Ein paar Minuten vor meiner Abfahrt beschimpfte sie mich und gab mir die Schuld an ihrem Leiden, an ihrem schrecklichen Leben. Sie hielt mir vor, ich hätte ihr Leben zerstört. Ich sei böse, etc. Sie schrie mich hysterisch an, während ich ihre Anklagen verbal abwies. Das hatte mich sehr verletzt, sodass ich mich weinend nach Holland aufmachte. Während der Fahrt bekam ich Atemprobleme und stechende Brustschmerzen. Ich pausierte auf einer Autobahnraststätte. Es ging mir sehr schlecht, und ich war kurz davor, einen Notarzt zu rufen. Ich hatte Angst. Nach circa anderthalb Stunden im Auto ging es mir etwas besser und ich setzte meine Fahrt nach Holland fort. In der Nacht vor der Prüfung hatte ich laut eines Studienkollegen mehrere Male im Schlaf aufgeschrien und mich heftig hin und her bewegt. Die Prüfung hatte ich nicht bestanden und musste ein paar Wochen später in einem Fach wiederholen, was Gott sei Dank erfolgreich verlief. Das machte mich zum ersten Akademiker in meiner Familie.

Dieses Muster, dass es an wichtigen Tagen oder bei wichtigen Terminen entweder seitens meiner Eltern zu verstörenden emotionalen Exzessen kam, die mich in meinem Selbstausdruck einschränkten, oder dass andererseits ein tragisches Ereignis stattfand, weswegen ich mich nicht hundertprozentig auf meine Aufgaben konzentrieren konnte, zog sich wie ein roter Faden durch mein gesamtes Leben. Heute weiß ich, dass das mit dem Fluch, unter dem wir alle standen, zusammenhing.

2. Mein erstes Gebet
Der Kampf um meine Seele beginnt

Im Alter von 25 Jahren spitzte sich alles zu. Die dunkle Atmosphäre, die mein Elternhaus umgab, verdichtete sich zunehmend. Der seelische Druck wurde unerträglich und die Zerwürfnisse zuhause extremer. So verrückt das auch klingen mag, in diesem Lebensjahr wurde mir erstmals bewusst, dass etwas mit meinen Eltern nicht stimmt - und auch mit mir nicht. Das lag an meinen Auslandsaufenthalten und den dadurch gewonnenen Abstand. Natürlich wusste ich, dass die Verhältnisse zuhause nicht normal waren, allerdings konnte ich dieses Unnormale nicht in Gänze erfassen; mir fehlten Erfahrungswerte beziehungsweise Vergleichsmöglichkeiten, um meine Situation überblickend einzuschätzen.

Das ist ein Zustand, unter dem meines Erachtens alle Menschen leiden, die in prekären Verhältnissen aufgewachsen sind: Sie sind nicht in der Lage, ihre Situation real einzuschätzen - sie halten das Unnormale für normal, eben weil es in ihrem Leben „normal" geworden ist. Das ist ein sehr bedauerlicher Zustand, weil er einen Rattenschwanz an Täuschungen und Lügen nach sich zieht, der die gesamte Wahrnehmung und das Denken einfärbt. Sie kennen nichts anderes, es ist ihr Sein. Das ist auch der Hauptgrund dafür, warum ich als Kind „geschockt" war, als ich den Nachbarsjungen mit seinem Vater auf der Couch kuscheln sah. Ich reagierte unnormal auf eine normale Situation, weil ich die normale Situation als unnormal empfand. Alles stand auf dem Kopf.

Dieses Auf-dem-Kopf-stehen ist ein Hauptmerkmal der Aktivitäten des Teufels im Hintergrund, denn der Satan ist der Vater der Lüge, den Jesus „den Dieb" nennt. In Johannes 10,10 sagt er folgendes: „*Der Dieb kommt nur, um zu stehlen, zu schlachten und umzubringen. Ich bin gekommen, damit sie das Leben haben und volle Genüge. Ich bin der gute Hirte.*"

Und in Jesaja 5,20 warnt uns Gottes Wort: „*Wehe denen, die das Böse gut nennen und das Gute böse; die Finsternis zu Licht machen und Licht zu Finsternis; die Bitteres zu Süßem machen und Süßes zu Bitterem."*

Alles, was in meiner Familie passiert ist, kann mit einem Wort zusammengefasst werden: Sünde.

Sünde ist nichts anderes, als das Getrennt-Sein von Gott oder die bewusste Abkehr von Gottes Gesetzen und Ordnungen. Der Sündenfall und die resultierende sündige Natur des Menschen sind vom Teufel bzw. Satan herbeigeführt worden. Deshalb kam Gott als Jesus in seine eigene Schöpfung herab, um uns durch sein Opfertod das Geschenk des ewigen Lebens zurückzugeben bzw. zu garantieren. Und diese Gnade können wir *nur* durch unseren Glauben annehmen. Glauben wir an Jesus' Erlösungswerk und an seine Versprechen, dann sind wir aus den Fängen Satans - aus Satans Geist - befreit und erhalten den Einzug beziehungsweise die Verbindung mit dem Heiligen Geist - der Geist Gottes.

Deshalb sagt Johannes in 1.Johannes 3,8: *„Wer die Sünde tut, der ist aus dem Teufel, denn der Teufel sündigt von Anfang an. Dazu ist der Sohn Gottes erschienen, dass er die Werke des Teufels zerstöre."*

Paulus bringt das Ganze in Galater 5,16-23 auf den Punkt: *„Lebt so, wie es eurem neuen Leben im Heiligen Geist entspricht. Dann werdet ihr auch nicht tun, wozu eure sündigen Neigungen euch drängen. Die alte sündige Natur liebt es, Böses zu tun - genau das Gegenteil von dem, was der Heilige Geist will. Der Geist weckt in uns Wünsche, die den Neigungen unserer sündigen Natur widersprechen. **Diese beiden Kräfte** **liegen in ständigem Streit miteinander,** sodass ihr nicht tun könnt, was ihr wollt. Doch wenn ihr vom Heiligen Geist geleitet werdet, seid ihr nicht dem Gesetz unterworfen. Wenn ihr den Neigungen eurer sündigen Natur folgt wird euer Leben die entsprechenden Folgen zeigen: **Unzucht, unreine Gedanken, Vergnügungssucht, Götzendienst, Zauberei, Feindschaften, Streit, Eifersucht, Zorn, selbstsüchtigen Ehrgeiz, Spaltungen, selbstgerechte Abgrenzung gegen andere Gruppen, Neid,***

Trunkenheit, ausschweifenden Lebenswandel und dergleichen mehr. Ich wiederhole, was ich bereits gesagt habe, dass niemand, der ein solches Leben führt, das Reich Gottes erben wird. Wenn dagegen der Heilige Geist unser Leben beherrscht, wird er ganz andere Frucht in uns wachsen lassen: **Liebe, Freude, Frieden, Geduld, Freundlichkeit, Güte, Treue, Sanftmut und Selbstbeherrschung.** Nichts davon steht im Widerspruch zum Gesetz. Diejenigen, die zu Christus Jesus gehören, haben die Leidenschaften und Begierden ihrer sündigen Natur an sein Kreuz geschlagen.*"

Das Ausmaß dieser Aussage ist von ausschlaggebender Bedeutung, um zu verstehen, wie die spirituelle Welt bzw. der geistliche Krieg aussehen. Paulus spricht von „diese beiden Kräfte". Jesus spricht in Matthäus 12 von zwei Königreichen: *„Und wenn der Satan den Satan austreibt, so ist er mit sich selbst entzweit. Wie wird dann **sein Reich (Königsherrschaft)** bestehen?"*

Wenn wir diese beiden Kräfte der beiden Königreiche mit Epheser 6,12 verknüpfen, fangen wir langsam an, zu verstehen, was wirklich um uns herum beziehungsweise in uns geschieht:

*„Denn wir kämpfen nicht gegen Fleisch und Blut, sondern gegen die Mächte, die Gewalten, **die Fürsten dieser Finsternis**, gegen die **Geister des Bösen** in den Himmeln."* Diese Aussage ist eine knackige Zusammenfassung vom hierarchischen Aufbau des Königreichs Satans.

In Epheser 2,1-2 lesen wir: *„Auch ihr wart **tot** durch eure Verfehlungen und Sünden, in denen ihr einst gelebt habt, wie es eben dieser Weltzeit entspricht, wie es **dem Fürsten der Lüfte**, des Geistes, der jetzt noch wirksam ist in den Söhnen und Töchtern des Ungehorsams, entspricht."*

„Tot" bedeutet spirituell tot. Solange wir den Heiligen Geist nicht in uns haben, können wir die spirituelle Welt auch nicht so sehen, wie sie wirklich ist. Die moderne Spiritualität oder Esoterik gaukelt uns eine spirituelle Welt vor, in der es bei-

82

spielsweise nur ein kosmisches Bewusstsein gibt oder in der automatisch „Gott in allen" ist. Dass man durch eigene Anstrengung erlöst oder gerettet werden kann. Gleichzeitig wird die Existenz Satans und seiner Dämonen ausgelassen oder zumindest verharmlost. Es gibt spirituelle Richtungen wie der Schamanismus, die das, was wahre Christen Dämonen nennen, als Seelen Verstorbener verkaufen, die in bestimmten Lebensbereichen nicht loslassen konnten und sich in einer geistigen Metaebene der Existenz aufhalten - irgendwo zwischen Tod und Leben - und sich Lebende mit gleicher mentaler Schwingung aussuchen, um sich an ihnen anzudocken und sich von deren „Problemen" zu ernähren. Wenn nun der Mensch erkennt, dass er diese spirituellen Parasiten in seinem Geiste trägt, kann er bewusst Kontakt zu ihnen aufnehmen und sie letztendlich „erlösen". Mit meinem heutigen Verständnis kann ich mit ruhigem Gewissen sagen, das ist absoluter Kokolores.

Alle Geister, die nicht aus dem Heiligen Geist stammen, sind grundsätzlich und immer böse Geister - Dämonen, Fürsten, Mächte, Gewalten -, die uns täuschen und belügen. Sie wollen uns von der Wahrheit ablenken, damit wir gemeinsam mit ihnen in der Hölle landen, die eigentlich nur für sie vorgesehen ist.

Und was ist die Wahrheit? Jesus nennt sie unverblümt in Johannes 14,6: *„Ich bin der Weg, ich bin die Wahrheit, ich bin das Leben. Ohne mich kann niemand zum Vater kommen."* Diese Wahrheit wollen sie uns vorenthalten, indem sie sich u.a. als gute Geister; Geistführer oder verstorbene Verwandte in Séancen oder Träumen ausgeben und uns somit täuschen und in die Irre führen. Totenbeschwörung oder Spiritismus sind von Gott strengstens untersagt worden (siehe dazu 5.Mose 18,11).

Der „Fürst der Lüfte" ist Satan, der Teufel. Eine andere Bezeichnung für Satan ist „Gott dieser Welt" in 2.Korinther 4,4. Die „Söhne und Töchter des Ungehorsams" sind die Ungläubigen, die von Gott Getrennten, diejenigen, die gegen Gott bewusst oder unbewusst rebellieren, die, die (un)bewusst sündigen - die Gottlosen.

Die Fußsoldaten Satans sind die Dämonen. Und als Gott in seiner eigenen Schöpfung als Jesus lebte, verbrachte er einen großen Teil seiner Mission damit, Dämonen auszutreiben. Teils haben sich die Dämonen von selbst geoutet, weil sie die Gegenwart Gottes in Jesus nicht ertragen konnten. In Markus 1,23 lesen wir dazu: *„Und sogleich war da in ihrer Synagoge einer mit einem unreinen Geist, der schrie laut: Was haben **wir** mit dir zu schaffen, Jesus von Nazareth! Bist du gekommen, uns zu vernichten? **Ich weiß, wer du bist:** der Heilige Gottes!"*

Das „wir" kann darauf hindeuten, dass sich in dem Mann mehrere Dämonen befanden; das „Ich" kann auf den Anführer der Dämonengruppe hindeuten, der in der christlichen Dämonologie auch „Türsteher" genannt wird. Auch ich hatte eine Dämonengruppe in mir.

In Wirklichkeit haben wir es also mit zwei spirituellen Königreichen zu tun, also mit zwei spirituellen oder geistigen Sphären - einmal mit dem Königreich Gottes (das Licht) und zum anderen mit dem Königreich Satans (die Finsternis). Es gibt nichts dazwischen. Entweder stehen wir unter Satans Herrschaft oder unter Gottes Herrschaft. Und unsere Welt steht unter der Herrschaft Satans, das heißt, der kollektive Geist der Welt wird u.a. von den Sünden in Galater 5 (siehe S. 81) beherrscht, so auch damals meine Familie und ich. Im Königreich Gottes herrschen nur die Früchte des Heiligen Geistes - ebenfalls in Galater 5 beschrieben (siehe S. 82). Und diese beiden Reiche mit jeweils entgegengesetzten geistigen Kräften liegen im ständigen Streit miteinander. Und das nennt man Krieg.

Wir alle befinden uns von Geburt an in einem spirituellen Krieg, der seit Urzeiten existiert. Und die Masse weiß das nicht. Weil sie fälschlicherweise glaubt, dass die materielle Welt, in der sie lebt, alles ist, was ist. Wie eingangs gesagt: Die Täuschung ist so gigantisch, dass auch ich das nicht erkannt hatte, obwohl ich mich achtundzwanzig Jahre tiefgründig in der Spiritualität/Esoterik aufgehalten hatte und an die Existenz Gottes und Jesu glaubte. Allerdings war mein Glaube durch die Esoterik und der falschen Kirche, in der ich war, trügerisch eingefärbt worden.

Im Alter von 25 Jahren war ich nach wie vor Atheist und hatte mit der geistigen Welt oder Spiritualität nichts am Hut. Und dennoch zwangen mich die perversen Umstände dazu, Gott, an den ich nicht glaubte, um Hilfe zu bitten.

Im Folgenden werde ich die weiteren Geschehnisse unter dem Gesichtspunkt der Existenz dieser beiden Königreiche beschreiben, wovon ich keine Ahnung hatte, während mir all das widerfuhr. Als mich Jesus im Juni 2022 rettete - nachdem ich mich bereits achtundzwanzig Jahre tiefgründig mit psychospirituellen Themen beschäftigt hatte - und ich die gigantische Täuschung erkannte, unter der ich all die Jahre gestanden hatte, war ich so geschockt, dass es mir für mehrere Monate so vorkam, als würde ich in einem Niemandsland leben. Und so war es auch. Wenn jemand sein gesamtes Leben im Gefängnis verbracht und die Freiheit nicht kennengelernt hat und dann von heute auf morgen in die Freiheit entlassen wird, dann kommt ihm die Freiheit anfänglich fremd und unheimlich vor. Das ist normal. Und trotzdem war das für mich alles andere als einfach. Streckenweise war es sehr anstrengend, weil ich u.a. nicht unterscheiden konnte, was dämonisch und was psychologisch war. Andererseits wollte ich unbedingt und schnellstmöglich alles über die wahren Zusammenhänge herausfinden. Ich wollte wissen, wie der Teufel und seine Dämonen in mir arbeiten und wie ich diese Dämonen wieder loswerde.

Gemäß Matthäus 7,7-11 bat ich den Heiligen Geist um Hilfe: *„Bittet, so wird euch gegeben; sucht, so werdet ihr finden; klopft an, so wird euch aufgetan. Denn jeder, der bittet, empfängt; und wer sucht, der findet; und wer anklopft, dem wird aufgetan. Oder ist unter euch ein Mensch, der, wenn sein Sohn ihn um Brot bittet, ihm einen Stein gibt, und, wenn er um einen Fisch bittet, ihm eine Schlange gibt? Wenn nun ihr, die ihr böse seid, euren Kindern gute Gaben zu geben versteht, wie* *viel mehr wird euer Vater im Himmel denen Gutes tun, die ihn bitten."*

Der Geist der Wahrheit - der Heilige Geist -, hat mich sorgsam und behutsam durch diese Zeit geführt und mir alles offenbart, was ich wissen wollte und musste, um in die geistige Klarheit, mentale Ruhe und den seelischen Frieden zu kommen, die ich heute mit großer Dankbarkeit genießen darf. Und weil ich mir bereits über die Existenz einer spirituellen Welt im Klaren war, fiel es mir leicht, die wahre Spiritualität der Bibel aufzusaugen, zu verstehen und somit umgehend umzusetzen. Das schwer Verdauliche war, dass Gott mir all das bereits achtundzwanzig Jahre vorher offenbaren wollte, nachdem ich das erste Mal zu ihm gebet hatte.

Wir schreiben also das Jahr 1994, in dem ich bereits 25 Jahre alt bin. Wie durchgeknallt ich zu diesem Zeitpunkt gewesen bin, habe ich ausführlich beschrieben. In jenem Jahr überstürzten sich die Ereignisse. Zum einen hatte ich meinen Bachelor erhalten, zum anderen bereitete ich mich beruflich auf den nächstgrößeren USA Aufenthalt vor. Des Weiteren kam ich mit der Technoszene und den dazugehörigen Drogen in Berührung. Darüber hinaus war der Stress zuhause unerträglich geworden. Und so mündete alles in den Tag, den ich nie mehr vergessen sollte.

Ich weiß nicht mehr, wann genau das war, ich weiß nur, dass es mir psychisch so schlecht ging wie nie zuvor. Meine Mutter hatte Streit mit mir. Ich war der böse Täter und sie das arme Opfer. Ich weiß noch genau, wie sie an meiner Zimmertür stand und mich anschrie und die Schuld an ihrem gesamten Leid auf mich lud, während ich auf dem Bett lag. Nachdem sie weggegangen war, blieb ich weinend mit körperlichen Schmerzen zurück. Zu dieser Zeit spürte ich die verbalen Angriffe auf körperlicher Ebene. Das heißt, der seelische Schmerz in mir drückte sich als körperlicher Schmerz aus. Das war mit ein Grund, warum es mir nach den Streitereien teilweise tagelang nicht gut ging; ich hatte körperliche Schmerzen. Und das ist eine normale psychosomatische Erscheinung. Insbesondere die

Psychoneuroimmunologie zusammen mit der Biochemie haben den Satz geprägt: Emotionen sind die Reaktion des Körpers auf die Gedanken. Wir wissen heute, dass Geist, Seele und Körper eine Einheit bilden und nicht getrennt von einander betrachtet werden können.

An diesem Tag war ich psychisch derart angeschlagen, dass ich weder ein noch aus wusste. Ich stand mit dem Rücken zur Wand und fühlte mich hilflos, unverstanden und alleingelassen. Ich hatte keine Lust mehr, zu leben. In meiner tiefen Verzweiflung sprach ich wie von fremder Hand geleitet: **„Lieber Gott, wenn es dich wirklich geben sollte, dann hilf mir bitte, ich kann nicht mehr."** Danach fiel ich in einen tiefen Schlaf.

Wenn wir um Gottes Hilfe bitten und es wirklich ernst meinen, dann hilft er uns auch. *„Denn er will, dass alle Menschen gerettet werden und seine Wahrheit erkennen."* (1.Timotheus 2,4) *„Denn Gott hat die Menschen so sehr geliebt, dass er seinen einzigen Sohn für sie hergab."* (Johannes 3,16) *„Bittet, so wird euch gegeben; sucht, so werdet ihr finden; klopft an, so wird euch aufgetan."* (Matthäus 7,7) Und weil jeder Mensch einen einzigartigen Lebenslauf hat, nimmt sich Gott jedem Menschen individuell an, denn *„ein Mensch sieht, was vor Augen ist; der Herr aber sieht das Herz an."* (1.Samuel 16,7) Das Wort „Herz" steht in der Bibel für den Sitz des Denkens und Urteilens, von Planen und Wollen. Wenn also Gott als Einziger das Herz sieht, so sieht er auch als Einziger, wie ein zerrüttetes Herz wieder geheilt werden kann, denn er ist der Schöpfer. Deshalb sagt David in Psalm 139: *„Erforsche mich Gott und erkenne mein Herz, prüfe mich und erkenne, wie ich's meine. Und sieh, ob ich auf bösem Wege bin, und leite mich auf ewigem Wege."*

Die Gebetsbeantwortung: drei Bücher
Gott hatte meine Bitte umgehend erhört und war im Begriff, sie zu beantworten, allerdings war ich kein einfacher Fall. Wäre ich ein einfacher Fall gewesen, dann hätte er mich zu meiner Bibel, die anderthalb Meter von meinem Bett entfernt im Buchregal stand, geführt. Aber das war zu jenem Zeitpunkt unmög-

lich, denn er kannte mein Herz und wusste, was in mir los war. Somit musste er sich etwas anderes einfallen lassen. Und das, was er sich hat einfallen lassen, ist aus heutiger Sicht einfach nur unglaublich.

Gleich am darauffolgenden Tag - das Gebet hatte ich bereits vergessen - war ich auf dem Rückweg von Düsseldorf nach Dortmund. Zu dieser Zeit arbeitete ich für die Firma, für die ich kurze Zeit später zurück in die USA gehen sollte. Ich durchquerte für einige Monate zweimal täglich den Düsseldorfer Hauptbahnhof. Damals war ich alles andere als eine Leseratte. Außer meine Studienliteratur hatte ich gefühlt keine zehn Bücher in meinem jungen Leben gelesen. Und mit Buchhandlungen hatte ich nichts zu tun. An jenem Tag jedoch wurde ich auf einen kleinen unscheinbaren Bahnhofsbuchladen aufmerksam, den ich die ganzen Male zuvor nicht wahrgenommen hatte. Etwas zog mich in den Laden - heute weiß ich: es war Gott oder seine unsichtbaren Helfer. Dort stand ein kleiner Aufsteller mit zusammenhangslosen Büchern, alle für eine D-Mark, und dazwischen ein Buch, das mich magisch anzog.

Innerhalb eines halben Jahres führte mich Gott auf übernatürliche Weise zu drei Büchern bzw. drei Bücher kamen zu mir. Warum übernatürlich? Weil ich sie weder kannte, noch nach ihnen gesucht hatte. Sie kamen zu mir. Das erste war das aus dem Düsseldorfer Bahnhofsbuchladen und die beiden anderen erreichten mich kurze Zeit später, während meines längeren Aufenthalts in Virginia, USA. Eins davon hatte ich von einem US-Freund geschenkt bekommen. Übernatürlich auch wegen der Reihenfolge der Bücher. Auf den Seiten 60 und 61 habe ich aufgelistet, dass mein Gesundheitszustand alles andere als gut war. Somit war ein grundlegendes Lebensproblem, das ich hatte, meine Gesundheit. Genaugenommen hatte ich für Heilung gebetet. Und Heilung bzw. Selbstheilung sollte im weiteren Verlauf meines Lebens mein Interessenschwerpunkt werden.

Das erste Buch befasste sich mit einem positiven Lebensstil verankert im Gottvertrauen. Der Autor war ein gläubiger Motivationslehrer, jedoch kein Christ. Seine Maxime lautete, dass, wenn man Gott an erste Stelle setzt, die Dinge im Leben besser laufen, inkl. vieler Praxisbeispiele. Somit kam ich erstmals mit dem Gedankengut eines an Gott glaubenden Menschen in Berührung. Seine Äußerungen waren allerdings aus dem biblischen Kontext gerissen. Das zweite Buch war ein Klassiker im Bereich Heilung durch den Glauben, der Berge versetzt. Das Wirken Jesu stand im Mittelpunkt. Der Autor, ein Evangelist, beweist anhand der Bibel, dass es Gottes Wille ist, Heilung zu empfangen. Und mithilfe des darin beschriebenen biblischen Glaubens konnte ich mich sogar von meiner Kurzsichtigkeit heilen, obwohl ich weder Christ noch gerettet war. Das dritte Buch war ein psychologischer Klassiker im Bereich der Selbstbild-Psychologie. Der Autor beweist anhand vieler Praxisbeispiele, dass das Selbstbild - das Bild, das ein Mensch von sich hat - den Verlauf seines Lebens bestimmt und durch seine Vorstellungskraft verändert werden kann. Dieses Buch ist auch ein Klassiker im Bereich Mentaltraining. An mehreren Stellen sagt der Autor, dass das beste Selbstbild, das ein Mensch von sich haben kann, eines ist, wie Gott uns Menschen sieht. Interessanterweise war die deutsche Übersetzung dieses Klassikers bis vor zwei Jahren annähernd dreißig Jahre nicht erhältlich.

Somit hatte mir Gott innerhalb eines halben Jahres drei wertvolle Bücher, Geheimtipps sozusagen, zur Verfügung gestellt - sowohl in Deutschland als auch in den USA -, die für meine Heilung wichtig waren. Ohne diese drei Bücher würde ich heute dieses Zeugnis nicht schreiben, vielleicht wäre ich auch nicht mehr am Leben. Das erste Buch führte mich zu Gott. Das zweite zu Jesus und dem Glauben, der Berge versetzt. Das dritte zur Heilung des Selbstbildes; mein Selbstbild war eine Katastrophe. All das hätte ausreichen können, Christ zu werden und zwangsläufig von den dämonischen Anhaftungen geheilt zu werden, wenn da nicht der Teufel gewesen wäre.

Satans Agenten & Techno

Epheser 6,12 und andere Bibelstellen deuten darauf hin, dass das Königreich Satans durchstrukturiert ist, hierarchisch kontrolliert und verwaltet. Satan herrscht als König über die Machenschaften auf dieser Erde. Dann gibt es seine Fürstentümer und andere Gewalten, die geographisch verantwortliche Aufgaben übernehmen, bis hin zu den Fußsoldaten, die Dämonen. Ziel ist es, die Menschheit von dem wahren Gott der Bibel getrennt zu halten und ihnen das Erlösungswerk Jesu Christi vorzuenthalten, die einzige Möglichkeit, gerettet zu werden und das ewige Leben mit Gott geschenkt zu bekommen. Solange die Menschen auf dem Irrweg sind, lässt Satan sie weitestgehend in Ruhe, und die Dämonen haben die Freiheit, sie zu quälen oder einfach nur in die Irre zu führen, wie ihnen beliebt. Könnten wir die spirituelle Welt um uns herum sehen, würde uns schlecht werden, so dicht besiedelt ist sie wahrscheinlich. Sie sind überall.

Sobald ein Mensch im Begriff ist, von Jesus gerettet zu werden bzw. wenn er beginnt, sich für Jesus oder die Bibel zu interessieren, kommen die Agenten Satans ins Spiel. Ähnlich wie im Film „Matrix", in dem Neo die Illusion oder Täuschung seines Lebens erkennt und Agent Smith auf ihn angesetzt wird, setzt der Teufel seine Agenten auf uns Menschen an. Diese Agenten sind entweder böse bzw. unreine Geister oder echte Menschen wie Freunde, Familienmitglieder oder fremde Menschen, die auf einmal in unser Leben kommen. Ihre Aufgabe besteht darin, uns davon abzulenken, uns für Jesus zu entscheiden und infolgedessen mit unserem sündigen Leben aufzuhören. In der Regel sind sich die echten Menschen ihrer von Satan erhaltenen Aufgabe nicht im Geringsten bewusst. Aber Ausnahmen bestimmen die Regel.

Da ich zu jener Zeit fast ausschließlich von gottlosen Menschen umgeben war, hatte der Teufel leichtes Spiel. Er musste irgendwie von seinen Dämonen erfahren haben, dass ich kurz davor war, Gott mit ins Spiel zu bringen. Das kann daran gelegen haben, dass meine Qualen zu unerträglich geworden waren. Immer wieder lesen und hören wir von Menschen, die am tiefsten Punkt ihres Lebens zu Jesus finden. Ich war bereits 25 Jahre alt, hatte eine wilde Jugend hinter mir und war einer der ersten in Deutschland mit einem Bachelor in der Tasche. Ich stand kurz davor, in Festanstellung für ein großes Unternehmen in die USA zurückzugehen. Und ich war im Begriff, Jesus zu finden.

Der Teufel und seine Dämonenarmee müssen in hellem Aufruhr gewesen sein. Und sie haben es auf übernatürliche Weise perfekt eingefädelt, mich ausgerechnet mit der Szene zu verführen, die ich nicht ausstehen konnte - die Technoszene. Stichtag war der erste Mai 1994, die Mayday in der Dortmunder Westfalenhalle. Eine sehr gute Freundin von mir hatte Freikarten, auch für den VIP Bereich, und lud mich ein. Wie von fremder Hand geleitet ging ich widerwillig mit.

Aus heutiger Sicht war diese Freundin eine Agentin. Nicht, dass ich falsch verstanden werde, ich selbst habe unbewusst unzählige Male als Agent gegen andere agiert. Wir wissen ja nicht, dass uns Dämonen in ihren Händen haben. Das ist ja die Täuschung.

Auf der Mayday hatte der Teufel alles perfekt orchestriert, sodass ich mit der Droge Ecstasy in Berührung kam, obwohl ich anfänglich nicht wollte. Die Droge hatte meine Wahrnehmung von der Szene und von mir selbst auf einen Schlag geändert. Rave, Techno, Trance, Ecstasy und die anderen Szenedrogen sollten mich von da an für die nächsten zehn Jahre begleiten.

Anhand dieses Beispiels sieht man sehr deutlich, wie der spirituelle Kampf im Hintergrund - auf der unsichtbaren Ebene - abläuft: Jesus, auf seinem Thron, freut sich über eine baldige Rettung einer Seele. Satan, auf seinem Thron, setzt alle Hebel in Bewegung, um das zu verhindern. Satan will unsere Seelen mit in die Hölle reißen, Jesus will uns davor bewahren.

Und das ist der Sinn des Lebens: Mit Gott Frieden schließen durch Jesus Christus.

Satan ist ein mächtiges Wesen mit übernatürlichen Kräften. Aber seine Macht und Kräfte sind begrenzt. Er ist nicht wie Gott oder Jesus allmächtig und schon gar nicht allgegenwärtig. Sein strategischer Vorteil ist seine Unsichtbarkeit und seine Heimtücke. Deshalb steckt er viel Kraft in die Aufrechterhaltung der Illusion, dass es ihn nicht gibt. Er steht hinter dem Atheismus. Und weil er ein Geschöpf Gottes ist und kein Schöpfer, ist alles, womit er uns Menschen verführt, eine Lüge. Er ist ein Nachahmer und kein Schöpfer. Er nimmt zwei Drittel Wahrheit und vermengt sie mit ein Drittel Lüge und verkauft das Ganze als Wahrheit. Und wir Menschen fallen darauf rein, weil wir es wegen des höheren Anteils an Wahrheit für *die* Wahrheit halten. Deshalb verführt er uns mit Wahrsagerei, Astrologie, Hexerei, Zauberei und anderen okkulten Spielereien wie New Age, Reiki, das Gesetz der Anziehung, Séancen, Spiritismus, moderne Spiritualität, Totenbeschwörung, Channeling, bis hin zum Satanismus - Hedonismus mit eingeschlossen -, weil wir Menschen dann fälschlicherweise glauben, wir hätten die Kontrolle. Genau das Gegenteil ist aber der Fall. Wir öffnen dadurch Portale für die legale Einfahrt von Dämonen, die uns dann quälen.

Ich bin davon überzeugt, dass der Satan diejenigen, die ihn anbeten, die Satanisten, noch mehr hasst, als uns bibeltreue Christen, eben weil wir seine Boshaftigkeit durchschaut haben und wissen, dass er *alle* Seelen mit in die Hölle reißen will und seine Anbeter das nicht erkennen. Ich glaube tatsächlich, dass er sie auslacht, während sie ihn anbeten und ihm Opfer darbringen. Wenn die Satanisten wüssten, dass der, den sie anbeten, sie mit in die ewige Verdammnis reißt, auweia. Es gibt nur einen Weg raus, und der ist Christus Jesus.

Der entlarvte Teufel ist der besiegte Teufel. Wir bibeltreuen Christen wissen darüber hinaus, dass der Teufel bereits vor 2.000 Jahren am Kreuz besiegt wurde. Wir haben es mit einem *besiegten Feind* zu tun! Und dennoch hat der Teufel laut Heiliger Schrift für eine begrenzte Zeit Macht über alle Ungläubigen. Es war Jesus' Sieg über den Teufel, sein Sieg allein. Seine Auferstehung von den Toten war der Sieg, weil er den Tod, der ursprünglich vom Teufel als Schlange im Paradies durch die Verführung von Eva und Adam eingeleitet wurde, annulliert hat. Um aber in den Genuss dieses Sieges und seiner Konsequenzen zu kommen, sind wir Menschen aufgefordert, unser Leben, mit allem, was es beinhaltet, Jesus zu überantworten. Wir liefern uns mit allem drum und dran an Jesus aus. Sein Opfertod war der erste Schritt, die Gnade Gottes, und unser Glaube daran sowie unsere völlige Hingabe an Jesus ist der zweite und alles entscheidende Schritt. Deshalb sagt Jesus in Markus 16, 15-18:

„Geht hin in alle Welt und verkündet das Evangelium der ganzen Schöpfung! Wer glaubt und getauft wird, der wird gerettet werden; wer aber nicht glaubt, der wird verdammt werden. Diese Zeichen aber werden die begleiten, die gläubig geworden sind: **In meinem Namen werden sie Dämonen austreiben**, *sie werden in neuen Sprachen reden, Schlangen werden sie aufheben, und wenn sie etwas Tödliches trinken, wird es ihnen nichts schaden; Kranken werden sie die Hände auflegen und sie werden sich wohl befinden."*

Vor unserer Rettung wussten wir nicht, dass wir Teil eines spirituellen oder geistlichen Krieges sind, nach der Rettung wissen wir, dass wir *aktiver* Teil des geistlichen Krieges geworden sind. Noch einmal, weil es so wichtig ist:

Jesus will alle Seelen retten, und Satan will alle Seelen mit in die Hölle reißen. Das ist der Krieg!

Und weil die Gläubigen aktive Soldaten in diesem Krieg geworden sind, ist es auch verständlich, warum es der Teufel insbesondere auf die bibeltreuen Christen abgesehen hat, eben weil er weiß, dass die wahren, bibeltreuen Christen eine mächtige Waffe gegen sein Reich erhalten haben. Und diese Waffe ist die (geistige) Waffenrüstung Gottes, von der Paulus in Epheser 6 spricht. Allerdings liegt es am Christen selbst, diese Waffenrüstung anzuziehen bzw. von ihr Gebrauch zu machen. Es gibt lauwarme Christen, die argumentieren, die Rüstung sei nur zur Selbstverteidigung gedacht. Wenn dem so wäre, warum heißt sie dann nicht Selbstverteidigungsrüstung anstatt Waffenrüstung? Teil der Waffenrüstung ist das Schwert (des Geistes) und ein Schwert ist u.a. dazu gedacht zu stechen, zu schneiden und zu schlagen.

Der Grund, warum die Menschen nicht an die Existenz des Teufels und seiner Dämonenarmee glauben, ist, weil sie nicht an Christus glauben. Würden sie Jesus folgen, würden sie die Werke des Teufels überall sehen. Darum wird der wahre Jesus aus der Gesellschaft vertrieben, damit der Teufel ungehindert weiter Schaden anrichten kann. Jesus kam, um u.a. den Teufel zu demaskieren. Er hat ihn am Kreuz besiegt, und die, die an Jesus glauben, haben eine gefährliche spirituelle Waffe gegen den Teufel und seine Dämonenarmee in der Hand. Die aber, die Jesus nicht im Glauben annehmen, sind dem Teufel und seinen geistigen Attacken schutzlos ausgeliefert. So einfach ist das letztendlich.

> Der Teufel und seine Dämonenarmee kennen uns ganz genau. Sie studieren uns seit unserer Geburt und wissen, was unsere Schwachpunkte sind. Und diese Schwachpunkte nutzen sie aus.

Einer meiner Schwachpunkte war, mich mit Drogen zu betäuben. Deshalb war es ein genialer Schachzug des Teufels, mich durch seine Agentin auf die Mayday zu locken und mich dort mit der Droge Ecstasy zu verbinden. Dadurch öffnete sich eine Welt, die für die kommenden zehn Jahre eine große Macht auf mich ausübte. Der Teufel wusste, dass ich kurz davor war, Gott um Hilfe zu bitten, also zeigte er mir eine verführerische neue Welt, die als „Gegenpol" zu Gottes Reich eine starke Macht auf mich ausübte. Und das, obwohl ich die Technoszene nicht ausstehen konnte!

Daran erkennen wir, wie mächtig, listig und hinterhältig der Teufel ist. Aber seine Macht ist begrenzt. Es ist ganz wichtig, das zu verstehen. Hat man ihn einmal durchschaut, dann erkennt man, dass er immer nach demselben billigen Muster arbeitet. Er nutzt die Psyche der Menschen aus, weil die Menschen nicht erkennen, dass er deren Psyche beeinflusst bzw. attackiert.

Das ist der alles entscheidende Punkt, den ich in den letzten zweieinhalb Jahren demütig lernen und begreifen durfte: Gott wusste über alles Weitere in meinem Leben Bescheid. Er wusste, wie der Teufel mich verführen wird, wie er kämpfen wird, um mich in der Verwirrung und der Sünde zu halten. Er wusste das alles.

Warum? Weil Gott allmächtig, allwissend und allgegenwertig ist. Was der Teufel, seine Dämonen und seine Handlanger nicht sind. Gott ist der Gott aller Götter, der Herr der Heerscharen, der Schöpfer aller Schöpfungen, der Heiler aller Heiler, das Alpha und das Omega, der Anfang und das Ende. Er und Christus sind eins. Er kennt die Vergangenheit und die Zukunft, niemand sonst.

Gott ist der wahre „Wahrsager" und der wahre „Zauberer". Sein übernatürliches Eingreifen ist die wahre Übernatürlichkeit, während Satans übernatürliches Handeln begrenzt ist, eben weil er *nur* eine Schöpfung und ein Nachahmer ist. Das gilt auch für die, die Zauberei oder Hexerei oder Wahrsagerei praktizieren.

Diese Wahrheit wird wunderbar im 2. Buch Mose (Exodus) beschrieben, in dem Gott Mose befiehlt, mithilfe seines Bruders Aaron die versklavten Israeliten aus Ägypten herauszuführen. Dazu musste er den mächtigen ägyptischen Pharao austricksen. Rein menschlich hatten Mose und Aaron keine Chance. Das konnten sie *nur mithilfe Gottes* schaffen. Somit gab Gott Mose einzelne, aufeinanderfolgende Anweisungen, die Mose eine nach der anderen auszuführen hatte. Als erstes musste er dem Pharao mitteilen, dass er im Auftrag Gottes kommt. Danach kam es zu einem Kräftemessen zwischen den *Zauberern* des Pharaos und Mose und Aaron, was zu den berühmten zehn Plagen in Ägypten führte. Zunächst konnten die Zauberer des Pharaos mithalten, dann aber mussten sie aufgeben und sagten zum Pharao, das sei der Finger Gottes (2.Mose 8,15).

Die Bücher Mose sind wichtig, weil sie, erstens, den Anfang aller Dinge beschreiben und weil sie uns, zweitens, einen detaillierten Einblick in *Gottes Charakter* und sein Wirken erlauben. Mose wird gerne als jemand dargestellt, der übernatürliche Kräfte besaß, als jemand, der alles aus eigenem Antrieb und Willen heraus getan hatte. Und das ist schlichtweg falsch. In meiner Bibel steht jedenfalls etwas anderes. Mose war „nur" ein ausführendes Organ Gottes, der Gottes Anweisungen einhundert Prozent gehorchte. Gott führte die ganze Zeit im Hintergrund Regie, während Mose das tat, was Gott von ihm verlangte. Es war ausschließlich der *Gehorsam* Mose, der durch Mose das übernatürliche Wirken Gottes dem Pharao und seinen Zauberern offenbarte.

Gehorsamkeit hat etwas mit Kommunikation zu tun. Somit sind wir wieder bei dem Thema Kommunikation! Ich habe es bereits in der Einleitung geschrieben: Das Hauptthema der Bibel ist Kommunikation. Der Sündenfall kam zustande, weil Eva ungehorsam war und Gottes *einziges* Gebot missachtete, weil der Teufel als Schlange sie verführte, indem er sie fragte: „Hat Gott wirklich gesagt...?" Damit pflanzte er Zweifel in ihren Geist, der zum Ungehorsam und somit zur Rebellion gegenüber Gott führte und das ganze Drama des Sündenfalls einleitete.

> Gehorsamkeit hat etwas mit Demut zu tun, dem zentralen Merkmal geistlicher Reife eines wahren Christen.

Das „Magische" an dem Buch Exodus ist, wie Gott „arbeitet". Weil er allwissend ist, kennt er die Vergangenheit und die Zukunft. Weil er allgegenwärtig ist, kann er in allen Menschen gleichzeitig wirken. Und weil er allmächtig ist, gibt es nichts, was mächtiger ist als er. Er gab Mose einzelne Anweisungen, um meines Erachtens sicherzustellen, ob er Mose auch vertrauen konnte, weil er sich über die gefallene Natur der Menschheit bewusst ist. Vertrauen hat etwas mit Kommunikation zu tun. Wahrscheinlich hatte er deshalb Mose häppchenweise Anweisungen gegeben. Sicherlich aber auch, um nach der gehorsamen Umsetzung weiter individuell in allen Beteiligten wirken zu können. Beispielsweise hat Gott ganz bewusst das Herz des Pharaos verstockt. Gott ist allgegenwärtig - er ist überall gleichzeitig in seiner allumfänglichen Allmacht anwesend. Er ist *der* Gott, unser Vater!

Und dasselbe gilt für Jesus. Gott kam als Jesus in seine eigene Schöpfung, um uns ein makelloses Beispiel für Gehorsamkeit vorzuleben. Er ist in dieses Leben eingetreten, um den Willen seines Vaters zu tun, nicht seinen eigenen Willen. Wir bibeltreuen Christen sind Jünger Christi. Wenn wir also Jesus gehorchen, dann können wir auch in seinem Namen Dämonen austreiben. Dann müssen nämlich die Dämonen uns gehorchen! So einfach ist das. In Johannes 14,12-13 sagt Jesus:

„Wahrlich, wahrlich, ich sage euch: Wer an mich glaubt, der wird auch die Werke tun, die ich tue, und wird größere als diese tun, weil ich zum Vater gehe. Und, was ihr bitten werdet in meinem Namen, das werde ich tun, damit der Vater verherrlicht wird im Sohn."

Satan ist ein Pseudogott, den Paulus „Gott dieser Welt" nennt. Er ist nicht *der* Gott. Satan ist und bleibt nur eine Schöpfung, ein Geschöpf Gottes - ein mächtiges zwar, aber kein allmächtiges. Wir Christen stehen unter dem Schutz des Allmächtigen. So einfach ist das, wenn man das einmal durchschaut hat. Wie gesagt, die spirituelle Täuschung, die uns Satan und seine Handlanger auferlegt haben - das System, in dem wir leben, inklusive unserer Glaubenssätze - ist gigantisch. Umso gigantischer ist es dann, sobald wir die Täuschung durchschaut haben. Jesus sagt in Johannes 8,31: *„Wenn ihr in meinem Wort bleibt,*

so seid ihr wahrhaftig meine Jünger, und ihr werdet die Wahr-
heit erkennen, und die Wahrheit wird euch frei machen!"

Sobald wir in unserer tiefen Verzweiflung zum ersten Mal Gott
ehrlich um Hilfe bitten, wird er uns auch helfen, egal was wir
angestellt haben oder wie geistig verwirrt wir sind. Nicht nur
das, er wird so lange an uns dranbleiben, bis wir letztendlich
ganz in sein Reich rüberkommen, auch wenn es wie bei mir
dreißig Jahre dauern sollte. Dreißig Jahre sind in Gottes Augen
Peanuts. In 2.Petrus 3,8 lesen wir: *„Dies eine sei euch nicht*
verborgen, Geliebte, dass beim Herrn ein Tag ist wie tausend
Jahre und tausend Jahre wie ein Tag ist." Wenn wir also in
unserer tiefen Hoffnungslosigkeit nach ihm schreien, dann
kann seine Barmherzigkeit und Gnade uns nicht mehr in Ruhe
lassen, egal wie stark der Teufel es auch versuchen mag, an
unserer Seele haften zu bleiben, denn Gott ist Liebe. Am Ende
wird Gott siegen. Wichtig ist, dass wir nicht aufgeben.

„In meiner Not rufe ich zum HERRN, zu meinem Gott schreie
ich. Von seinem Tempel aus hört er meine Stimme, und mein
Schreien dringt an sein Ohr." (Psalm 18,7) *„Denn er will, dass*
alle Menschen gerettet werden und seine Wahrheit erkennen."
(1.Timotheus 2,4)

Gott hat all unsere Tränen gezählt (Psalm 56,9), aber er kann
uns nicht zwingen, uns ihm voll und ganz zu ergeben, um vollumfänglich gerettet zu werden, weil wir uns aus freien Stücken
für ihn entscheiden müssen. So, wie er sich hundertprozentig
für uns entschlossen hat, als er seinen einzigen Sohn als Opfer-
lamm für all unsere Sünden hergab. Wir müssen die Wahl treffen. In 5.Mose 30,15 lesen wir, wie Gott tickt: *„Heute stelle*
ich euch vor die Wahl. Ihr könnt Leben und Erfolg oder Tod
und Katastrophe wählen. Ich befehle euch, dem HERRN treu
zu sein, so zu leben, wie er es euch gesagt hat, und seinen Ge-
*setzen und Lehren zu **gehorchen**."*

> Gehorsam und Ungehorsam entscheiden zwischen Leben und Tod!

Als der Teufel mich damals mit der Technoszene verführte, hatte er das vorsorglich bzw. präventiv getan. Er wusste, ich war auf dem Weg zu Gott. Die Mayday fand ein paar Monate vor meinem ersten Gebet statt. Er wusste das aber nicht, weil er in die Zukunft sehen kann - das kann nur Gott -, sondern weil ich alle Voraussetzungen für mein erstes Gebet erfüllte.

Somit ging es dann später zurück in die USA, wo ich nach etwas über einem Jahr abbrach, weil durch eine konzerninterne Umstrukturierung meine besprochene berufliche Perspektive nicht mehr bestand. Ich kündigte und kehrte zurück nach Deutschland und widmete mich voll und ganz dem Techno. Meine geliebte Oma verstarb währenddessen an Krebs.

In den USA kam ich mit den Baptisten in Berührung und besuchte deren Gottesdienste, die mich positiv beeindruckten. Das erste Mal in meinem Leben kam ich voll Heiterkeit aus einer Kirche, ganz anders, als die langweiligen katholischen Messen. Währenddessen studierte ich das zweite Buch mit dem Titel „Christus, unser Heiler". Und trotzdem war der Drang, Techno zu meiner „Religion" zu machen, stärker, als weiter nach Gott zu suchen. Ich interessierte mich zwar weiterhin für ihn und auch für Jesus, ich machte aber den Techno zum Götzen. Und somit traf ich eine Wahl - unbewusst. Warum unbewusst? Weil das Feiern mir ein Gefühl von Freiheit gab, das ich zuvor nicht kannte bzw. zuvor nicht hatte. Ich dachte anfänglich, ich täte etwas Gutes für mich, weil ich mich so frei fühlte. Mir war nicht ansatzweise bewusst, dass wahre Freiheit nur von Jesus Christus kommt. Und da ich kein Gefühl für Mäßigung besaß, feierte ich hemmungslos...

Und so nahm mein weiteres Leben seinen Lauf. 1997, im Alter von 28 Jahren, fing ich eine verantwortungsvolle Tätigkeit bei einem großen deutschen Markenartikler an. Ich hatte es geschafft, mich aus der „Zwangsbranche" meines Vaters zu befreien, wo ich auf viel Gegenwind gestoßen war. Man nannte mich hinter meinem Rücken Kundenkind, etc. und behandelte mich entsprechend. Und da mein Selbstbewusstsein gleich Null war, kam ich gegen das Mobbing nicht an und hatte eh die Schnauze voll.

Die neue Tätigkeit beim Markenartikler stellte einen Durchbruch dar, weil ich erstmals aus den Fängen meines Vaters Obhut entflohen war. Mein Vater war auch nicht in der Lage, sich für mich zu freuen. Im Gegenteil, er hatte es als Beleidigung aufgefasst. Und meine Mutter sympathisierte mit ihm. So kaputt war meine Familie, dass sie nicht einmal in der Lage war, sich für mich zu freuen, dass ich aus eigenem Antrieb eine gute Tätigkeit gefunden hatte, inklusive Firmenwagen, etc.

Und während ich die neue Tätigkeit ausübte, drängte sich langsam aber sicher mein ursprünglicher Traum, eine Schauspielschule zu besuchen, erneut auf und ließ mich nicht mehr los. Zu jener Zeit hatte ich immer noch mit starken Konzentrationsproblemen zu kämpfen, ich konnte mich einfach nicht richtig konzentrieren. Das war eine Störung. Meine Gedanken drifteten immer ab. Ich wusste genaugenommen nicht, was Konzentration ist.

Eines Tages, auf der Fahrt zu einem Kunden, blickte ich in den Rückspiegel meines Firmenwagens und wie von fremder Hand geleitet fragte mich mein Spiegelbild: „Christian, was machst du hier eigentlich?" Also ging ich 2000, im Alter von 31 Jahren - nach langen heftigen inneren Kämpfen über das Für und Wider - zurück nach New York City, diesmal auf eine berühmte Schauspielschule. Ich finanzierte sie mit all meinen Ersparnissen und Nebentätigkeiten vor Ort. Ursprünglich wollte ich nur für drei Monate Vollzeit-Unterricht nehmen, daraus wurden aber ziemlich genau zwei Jahre, welche auch meine Eltern mitfinanzierten, weil sie sahen, wie gut es mir tat.

Als ich während eines Restaurantbesuches meinem Vater die frohe Botschaft, dass ich nach New York auf die Schauspielschule gehe, verkündete, blieb der Knödel, den er genussvoll aß, in seinem Hals stecken. Er wäre fast daran erstickt. Seinen Gesichtsausdruck werde ich nie vergessen; so geschockt war er, dass sein Sohn sich einen lebenslangen Traum erfüllte.

Auf der einen Seite war die Schauspielschule die beste Entscheidung, die ich bis dato getroffen hatte, auf der anderen Seite leitete sie weitere tragische Ereignisse ein. Das Gute war, sie bestätigte mir innerhalb kürzester Zeit ein großes Talent. Somit erwies es sich als richtig, dass mein Traum von damals seine berechtigten Gründe hatte. Des Weiteren lernte ich, mich zu konzentrieren! Ein Hauptteil des Schauspielunterrichts waren anspruchsvolle Konzentrationsübungen. Nach der Schauspielschule war ich das erste Mal in meinem Leben in der Lage, mich richtig zu konzentrieren. Da war ich bereits 33 Jahre alt. 2002 zog ich von New York nach Berlin.

New Thought - Falsche Religion

Ein Grund, warum ich mit 31 Jahren den Schritt auf die Schauspielschule wagte, war die Konsequenz des ersten Buches aus dem Düsseldorfer Bahnhofsbuchladen. Der Autor gilt als der Urvater des positiven Denkens und sein Hauptwerk ist nach wie vor ein Longseller. Sein Name ist Joseph Murphy, dessen Fan ich viele, viele Jahre gewesen bin.

Er war Teil der seit Mitte des 19. Jahrhunderts bestehenden Neugeist-Bewegung (New Thought Movement), auch als „Die Schule des positiven Denkens" bekannt, die in ihren Anfängen eine christliche Heilbewegung war. Ihre Ausgangsfrage war, wie die biblischen Heilungen von Jesus zustande gekommen sind. Und sie beanspruchen für sich, die Antwort gefunden zu haben: Durch die Macht des Glaubens. Rund um diese Erkenntnis entwickelte sich eine umfangreiche Lebensphilosophie, die sich sowohl von Textauszügen aus der Bibel als auch den damaligen Experimenten in der Hypnoseforschung, Psychosomatik und Parapsychologie ernährt. Im Laufe der Jahrzehnte ließen sie andere religiöse Lehren mit einfließen. Und Mitte des 20. Jahrhunderts hatte die New Age Bewegung Teile der New Thought Philosophie übernommen, was Tür und Tore zur Esoterik und modernen Spiritualität öffnete.

Die Neugeist-Bewegung sollte für ein Vierteljahrhundert mein psychospirituelles Zuhause werden. Und ich fühlte mich auf der sicheren Seite, weil Jesus und die Bibel im Zentrum ihres Denkens standen. Ich rede hier allerdings von den *alten* Schriften, die ich studiert hatte. Ich glaubte fälschlicherweise, sie sei eine wahre christliche Bewegung. Ich bin tief in deren Literatur eingetaucht, habe seltene Werke in Englisch studiert und fast alle Bücher von Joseph Murphy gelesen.

Dadurch bekam ich relativ schnell meine körperlichen Krankheiten unter Kontrolle, weil ich den Zusammenhang zwischen Denken, Fühlen und Körper bzw. zwischen Bewusstsein, Unterbewusstsein und Körper verstanden hatte, was heute von modernen Wissenschaften wie die Psychoneuroimmunologie oder die Epigenetik bestätigt wird. Auch das dritte Buch passte in deren Gedankengut, wenngleich es kein spirituelles, sondern ein psychologisches war.

Ebenfalls lehrt sie das sogenannte Wissenschaftliche Gebet, das genaugenommen eine Geistheilungs-Methode ist und sich vom christlichen Gebet unterscheidet. Obendrein lehren sie, dass der Mensch sich selbst retten kann, was aus christlicher Sicht eine Lüge und absolut konträr zur Bibel ist.

Gleichzeitig hatte mir die Philosophie der Neugeist-Bewegung ihr Gottesbild nähergebracht, sodass ich mit ca. 27 Jahren anfing, an den Gott der Bibel zu glauben. Zumindest war ich kein Atheist mehr. Allerdings lehren sie den *Pantheismus*, was ich all die Jahre nicht wusste. Der Pantheismus besagt, dass alles Gott ist, dass Gott in allen und allem ist, dass es in Wahrheit keine Sünde gibt, etc. Er sagt auch, dass alle Religionen zu ein und demselben Gott führen. Sie faseln von göttlichem Bewusstsein oder Christusbewusstsein in allem und jedem und leugnen gleichzeitig Gottes Wort, dass Jesus der Sohn Gottes, der Messias, der Christus und der einzige Weg ist. Ebenfalls leugnen sie das Erlösungswerk Christi am Kreuz, was ich besonders verwerflich finde. Satan und seine Dämonen kommen überhaupt nicht vor, und das ist der Hauptgrund, warum mein Leben immer schlimmer statt besser wurde.

Mit anderen Worten: Die Neugeist-Bewegung bastelt sich aus zusammenhangslosen biblischen Textbausteinen ihre metaphysische Lebensphilosophie zusammen, an die ich ein viertel Jahrhundert geglaubt hatte. Ich kannte mich so gut aus, wie kaum ein anderer hier in Deutschland. Ich hielt Vorträge über deren positives Denken, schrieb Artikel und leitete sogar eine Gebetsgruppe in enger Zusammenarbeit mit den Ansprechpartnern in den USA. Ich dachte, ich hätte die Antwort auf alle Lebensfragen gefunden. Ich veröffentlichte sogar zwei Bücher über deren Philosophie im Self-Publishing Verlag. Wie gesagt, die Täuschung ist gigantisch.

Im Juni 2022 wurde ich, Gott sei Dank, eines Besseren belehrt, als ich durch Gottes Gnade durch Jesus Christus aus dieser falschen Religion gerettet und befreit wurde. Anfangs war ich sehr irritiert, weil ich nicht verstanden hatte, warum Gott mich zu einem Buch von Joseph Murphy geführt hatte, was mich ja in die Tiefen der Neugeist-Bewegung abdriften ließ.

Ein über mehrere Wochen gehendes Zwiegespräch mit Gott offenbarte mir die Antwort: Es gab keine andere Möglichkeit. Punkt. Meine Lebensumstände waren zu gottlos, als ich das erste Mal gebetet hatte. Ich war zu verwirrt und zu traumatisiert. Und es ist ja nicht so, dass alles falsch ist, was die Neugeist-Bewegung lehrt. Ihr Fokus auf die Macht des Glaubens und das Praktizieren der Gegenwart Gottes ist grundsätzlich in Ordnung. Aber die anderen oben aufgeführten Punkte sind biblisch falsch und führen in die Irre. Gott wusste aber, dass ich dringend Heilung auf körperlicher Ebene und Besserung auf seelischer Ebene benötigte. Und dass ich deshalb lernen musste, positiv zu denken. Gott wusste auch, dass der Teufel mich weiter verführen wird. Gott kannte von Anfang an den weiteren Verlauf und den Ausgang meiner Geschichte. Außerdem war das Thema „Dämonenaustreibung" absolutes

Tabuthema in Deutschland, als ich mein erste Gebet sprach, und ist es auch heute noch.

> Die Wahrheit ist: Gott hat die Kontrolle, auch wenn es manchmal nicht danach aussieht.

Ich bin durch die Neugeist-Bewegung zu einem Glauben an Gott gekommen. Allerdings war meine Vorstellung von Gott durch die Irrlehren der Neugeist-Bewegung weitestgehend falsch. Ich habe somit über ein viertel Jahrhundert an Gott geglaubt, den ich aber erst in den letzten zweieinhalb Jahren richtig kennenlernen durfte.

Man kann sich das so vorstellen: Ein Kind hat einen Vater. Und dieser Vater kümmert sich um das Kind. Das Kind hat aber noch nie mit seinem Vater gesprochen, sodass der Vater nie antworten konnte. Das Kind weiß somit nicht, wie sein Vater wirklich tickt. Das Kind kennt nur die Aussagen Dritter über seinen Vater. Und es schenkt diesen Aussagen Glauben. Das Kind, das unter der Obhut seines Vaters steht, sieht seinen Vater falsch, weil es den Aussagen Dritter glaubt.

Genauso verhält es sich mit den Irrlehrern, den falschen Propheten und den falschen Religionen, die uns etwas über unseren Himmlischen Vater erzählen wollen. Die Masse überprüft nicht, ob es richtig oder falsch ist. Sie schenkt dem einfach Glauben, anstatt sich direkt an unseren Himmlischen Vater zu wenden, indem man sein Wort - die Bibel - liest, durch das Gott zu uns spricht. Deshalb sagt Paulus in Römer 10,17: *„Also kommt der Glaube aus dem Hören, das Hören aber durch das Wort Gottes."* Mit „Hören" ist sowohl das Lesen als auch das gepredigte Wort Gottes gemeint. In der Bibel zu lesen, führt zur wahren „Magie", zum wahren Übernatürlichen.

Denn die Bibel ist das lebendige Wort Gottes. So einfach ist das. Deshalb, und nur deshalb, tun der Teufel und seine Dämonenarmee alles, um uns vom Lesen der Bibel abzuhalten. Deshalb erfinden sie Märchen wie, die Bibel sei gefälscht oder die

Übersetzungen mangelhaft. Und warum? Weil in der Bibel die Ziele und Machenschaften Satans, seine Taktiken und auch sein Ende beschrieben werden. Sie ist das einzige Buch weltweit, dass seinen wahren Ursprung und Herkunft erklärt. Sie ist das einzige Buch, das Satan und die Dämonen demaskiert.

Somit ist es auch kein Wunder, dass ich es während meiner Zeit in der Neugeist-Bewegung und Esoterik zwanzig Jahre lang vor mir hergeschoben hatte, die Bibel vom Anfang bis zum Ende zu lesen, obwohl ich das unbedingt wollte. Die Dämonen hatten es immer wieder geschickt hinbekommen, dass ich meinen Plan nicht umsetzte. Und der Hauptverantwortliche dahinter war der Dämon der Prokrastination. Somit las ich die Bibel nur zusammenhangslos bzw. aus dem Kontext gerissen, zum Teil auch nur bruchstückhaft. Gleichzeitig veröffentlichte ich ein Buch, in dem ich eine Bibelstelle - eine Aussage Jesu - im Sinne der Philosophie der Neugeist-Bewegung interpretierte und weitere Bibelstellen (aus)nutzte. Im Nachhinein betrachtet war das der absolute Irrsinn. Die Täuschung ist gigantisch.

Ähnlich erging es auch Doreen Virtue, nur dass sie im Gegensatz zu mir ein weltweit bekannter US-Star in der Esoterik Szene war. Genaugenommen in der New Age Szene („The Secret" & Co.). Sie war die Nr.1 Engelexpertin auf der Welt. Sie veröffentlichte Engelskarten und Bücher im weltweit größten Esoterikverlag mit einer Millionenauflage. Live auf der Bühne channelte sie angebliche Engel und erhielt wahrsagerische Botschaften von ihnen und teilte diese ihren Followern mit. Sie glaubte, sie täte das Richtige. Sie befragte sogar in Séancen verstorbene Verwandte ihrer Kunden. Währenddessen war ihre Religion die Neugeist-Bewegung, genaugenommen Christian Science. Darüber hinaus war sie Yoga-Lehrerin, Reiki-Meisterin, etc. Sie führte ein ruhmreiches Leben. Zugleich hatte sie massive persönliche Probleme, die immer schlimmer wurden. Dann hatte sie das böse Erwachen, als ihr bewusst wurde, dass sie auf dem Holzweg war und Millionen Menschen in die Irre bzw. Hölle führte. Sie erkannte, dass die Engel, die sie anbetete und von denen sie Botschaften empfing oder die Verstorbenen, mit denen sie sprach, in Wahrheit Dämonen waren. Dass sie die ganze Zeit Dämonen und deren Lügen auf den Leim gegangen war. *„Und das ist auch kein Wunder; denn er selbst, der Satan, verstellt sich als Engel des Lichts.“*, warnt uns Paulus in 2.Korinther 11,14. Doreen stieg aus der Esoterik-Szene aus und verbannte alles, was damit im Zusammenhang stand und wurde eine Jüngerin Jesu. Heute warnt sie Esoteriker, New Ager und moderne Spirituelle vor den Gefahren dieser Lehren. Die Schlüsselbibelstelle, die sie vollends aufweckte, war 5.Mose 18,9-12:

„Wenn du in das Land kommst, das der HERR, dein Gott, dir gibt, dann sollst du nicht lernen, es den Gräueln dieser Nation gleichzutun. Es soll unter dir niemand gefunden werden, der seinen Sohn oder seine Tochter durchs Feuer gehen lässt, keiner, der Wahrsagerei treibt, kein Zauberer oder Beschwörer oder Magier oder Bannsprecher oder Totenbeschwörer oder Wahrsager oder der die Toten befragt. Denn ein Gräuel für den HERRN ist jeder, der diese Dinge tut.“

Alle Praktiken der New Age Bewegung und Esoterik sind Gott ein Gräuel: Okkultismus, Hexerei, Zauberei, Kartenlegen, weiße und schwarze Magie, Tarot, okkulte Traumdeutung, Séancen, Totenbefragung mit Ouija Boards, Astrologie, Wahrsagerei und Willensbeeinflussung durch Mind Control wie Hypnose, östliche Meditation und Yoga. Mehr dazu in Teil 2.

Esoterik, Träume & Co.

Als ich Anfang 2002 von New York City nach Berlin zog, standen bereits weitere Agenten Satans in den Startlöchern und einige davon führten mich zu einer einflussreichen Agentin, die für dreizehn Jahre meine Hausärztin und spirituelle Mentorin werden sollte, bis sie 2015 innerhalb von drei Monaten an Krebs verstarb. Sie war eine klassisch ausgebildete Doktorin der Schulmedizin und arbeitete nebenbei als spirituelle Beraterin und psychologische Therapeutin. Sie war eine Expertin in der psychospirituellen Traumdeutung. Sie führte mich in Themen ein wie Träume, Reinkarnation, hawaiianischer Schamanismus und den esoterischen (den falschen) Jesus. Auch Kartenlegen, Astrologie bis hin zu Tarot gehörten zu ihrem Repertoire. Im Grunde genommen war sie eine Hexe - wenn sie heute Leben würde, würde sie sich als moderne Hexe bezeichnen -, die mit okkulten Mittelchen gegen Gott rebellierte und nach der Devise „Mein Wille geschehe" lebte.

Eine Folge davon war, dass ich tief in die Esoterik eingestiegen bin. Zusätzlich zur Neugeist-Bewegung hatte ich mich mit fast allen esoterischen Richtungen und Weisheitslehren in die Tiefe gehend auseinandergesetzt. Ich entwickelte ein „Expertenwissen". Das führte soweit, dass ich Vorträge auf der Esoterik-Messe hielt und regelmäßig zu Gast im Lifestyle-Magazin von AstroTV war.

Ich war hochgradig dämonisiert und hielt Vorträge, in denen ich anderen Menschen, die ebenfalls dämonisiert waren, aufzeigte, wie sie ein besseres Leben führen können. Der absolute Wahnsinn.

Die Esoterik, die New Age Bewegung sowie die moderne Spiritualität sind nichts anderes, als spirituelle Fallen, die nur ein Ziel verfolgen, uns von *dem* fernzuhalten, der als Einziger alle unsere Bedürfnisse stillen und alle unsere Wunden heilen kann, der biblische Jesus Christus. Und die Szene selbst ist sich dessen nicht bewusst. Wie gesagt, die Täuschung ist gigantisch. Ist man einmal in ihr gefangen, gerät man in einen Teufelskreis, der bis zum Suizid führen kann. Siehe hierzu den Artikel *„New Age - Spirituelle Sinnsuche im Teufelskreis?"* auf frauenboulevard.de.

Der Firlefanz, der in der Szene gelehrt wird, ist hochgradig gefährlich und führt weiter ins Verderben, in die psychische und spirituelle Verwirrung. Hier kommt meine „2/3-1/3-These" ins Spiel. Alles, was die Szene lehrt, ist zwei Drittel Wahrheit und ein Drittel Lüge. Das hat der Satan geschickt eingefädelt: Die Traumatisierten, die eigentlich Jesus Christus bräuchten, suchen Zuflucht in der Esoterik-Szene, die seit vielen Jahren stetig wächst, eben weil viele glauben, sie lehre die totale

Wahrheit. Um die Täuschung perfekt zu machen, wird noch ein esoterischer Jesus erfunden, der angeblich der richtige Jesus ist. Und weil das letztendlich nicht ausreicht, wird die Lüge verbreitet, die Bibel sei gefälscht. Darüber hinaus wird aus der Person Jesus Christus ein Christusbewusstsein gemacht, was es in Wahrheit nicht gibt. Christus ist kein Bewusstsein, Christus Jesus ist eine Person, unser Gott!

Die Szene gaukelt uns u.a. vor, die Auswirkungen unserer schweren seelischen Verletzungen seien in Wirklichkeit von Gott verliehene Fähigkeiten, die es zu beherrschen und entwickeln gilt, wie beispielsweise die Hochempathie und Hochsensibilität, die ich auf Seite 57 angesprochen habe. Sie gaukelt uns vor, dass, wenn wir sie zu beherrschen und anzuwenden gelernt haben, wir anderen Menschen auf dem Weg zu ihrer Seelenbefreiung helfen können. Auch Themen wie Telepathie, Astralprojektion, Chakra-Lehre, Aura-Heilung, luzides Träumen, Hypnose, Spiritismus, Totenbeschwörung, Engelsanbetung, höheres Selbst und Geistführer, Channeling (Kontaktaufnahme zu überirdischen Wesen), das Gesetz der Anziehung, etc., werden so behandelt, als gäbe es keine unangenehmen Nebenwirkungen. Mit meiner „2/3-1/3-These" ergeben ihre theoretischen Erklärungen durchaus Sinn und kommen so rüber, als seien sie vollumfänglich wahr.

Viele in der modernen spirituellen Szene haben ein Thema mit Hochsensibilität oder Hochempathie. Sie glauben traurigerweise, das sei eine Gabe. Unsere Menschlichkeit zeichnet sich durch Empathie und Gewissen aus. Und es ist normal, sich in andere einzufühlen, insofern wir das für angebracht halten. Es ist aber nicht normal, wenn wir die Gefühle oder die verdrängten Schmerzen anderer so intensiv spüren, dass sie uns belasten, im schlimmsten Falle sogar quälen. Hochempathie und Sensibilität sind in der Regel zuallererst psychische Phänomene resultierend aus Traumata. Werden diese Traumata nicht geheilt oder weiter intensiviert, dann können Dämonen mit ins Spiel kommen. Und wenn Dämonen mit ins Spiel gekommen sind, werden die Hochsensibilität und Hochempathie angefeuert. Das hat seine spirituellen Gründe, auf die ich näher in Teil 2 eingehe.

Die moderne spirituelle Szene glaubt darüber hinaus, dass materielle Gegenstände wie Kristalle, Amulette, Kerzen, Traumfänger, Salbei, spirituelle Figuren und Wanddekos sie schützen würden. Die Wahrheit ist: Nichts Materielles kann uns vor spirituellen Angriffen schützen, nicht einmal eine Kreuzkette um unseren Hals. Sie können aber den Placebo-Effekt bedienen. Der Placebo-Effekt ist allerdings nur auf der psychologischen Ebene relevant und nicht auf der spirituellen. Die spirituelle Ebene ist der psychologischen Ebene übergeordnet. Denn Gott ist Geist! Das heißt, wenn wir uns im spirituellen Bereich im Irrtum befinden, dann herrscht dieser Irrtum auch auf unserer psychologischen Ebene vor und führt zwangsläufig auf der körperlichen Ebene zu Krankheiten, Panikattacken, etc.

In allen Lebensbereichen gilt: Es gibt nur eine Wahrheit, der Rest ist Täuschung. Das gilt ebenfalls für die Spiritualität. Unsere Welt wird von Satan und seinen gefallenen Engeln beherrscht. Daraus macht die Bibel keinen Hehl, im Gegenteil. Alle oben genannten esoterischen oder spirituellen Praktiken öffnen Portale, durch die Dämonen das legale Recht haben, einzudringen und uns anzugreifen. Warum? Weil wir dadurch die ersten der zehn Gebote Gottes missachten, indem wir diese Praktiken zu unseren Götzen erheben. Wir stellen sie aufs Podest, auf dem Gott bzw. Jesus stehen sollte. Anstatt uns an Gott zu wenden, wenden wir uns an andere „Götter" beziehungsweise Götzen, was Gott ausdrücklich verbietet. Er selbst sagt in seinem Wort:

„Du sollst keine anderen Götter haben neben mir. Du sollst dir kein Götterbild machen, auch keinerlei Abbild dessen, was oben im Himmel oder was unten auf der Erde oder was im Wasser unter der Erde ist. Du sollst dich vor ihnen nicht niederwerfen und ihnen nicht dienen. Denn ich der Herr, dein Gott, bin ein eifersüchtiger Gott, der die Schuld der Väter heimsucht an den Kindern, an der dritten und vierten Generation von denen, die mich hassen, der aber Gnade erweist an

Tausenden, von denen, die mich lieben und meine Gebote halten. " 2.Mose 20,3-6

Die Aussage „Ich bin ein eifersüchtiger Gott" macht unseren himmlischen Vater menschlich, obwohl er kein Mensch ist. Als ich das begriffen hatte, dass mein Himmlischer Vater eifersüchtig ist, wurde meine Beziehung zu ihm authentischer und intimer. Ich kann mich nämlich sehr gut mit dem Thema „Eifersucht" verbinden, und ich will meinen Himmlischen Vater nicht eifersüchtig machen, eben weil ich weiß, was Eifersucht ist. Ich möchte ihn nicht verletzen.

Die Aussage „der die Schuld der Väter heimsucht an den Kindern, an der dritten und vierten Generation" deutet auf den Fluch hin, der auf Personen lastet, die Gott ungehorsam sind. Wie bereits an anderer Stelle angedeutet, standen ich und meine Eltern unter einem Fluch. Flüche sind real! Es gibt Gottes Flüche und Flüche, die wir uns selbst auferlegt haben und Flüche von Hexenmeistern und Magiern. Mehr dazu in Teil 2.

Das Channeling, die Kontaktaufnahme zu überirdischen Wesen, was in der esoterischen Szene viel praktiziert wird, ist hochgradig gefährlich, weil es keine überirdischen guten Wesen sind, die uns Informationen „downloaden", sondern einfach nur böse unreine Geister, Dämonen, die sich als Engel des Lichts verstellen und uns in die Irre führen.

Wir müssen immer daran denken, dass der Teufel alles auf den Kopf stellt (satanische Umkehr) bzw. dass er alles auf den Kopf gestellt hat. Denn er ist der Gott dieser Welt, der Vater der Lüge und ein billiger Nachahmer. Er kann nichts aus sich selbst heraus erschaffen, das kann nur unser Himmlischer Vater, der allmächtig, allgegenwärtig und allwissend ist. Satan klaut Gottes Prinzipien und pervertiert sie, und die Hilfesuchenden - die Traumatisierten - halten sie für die Wahrheit und werden in Wahrheit weiter in die Irre geführt. Es ist ein perfides, böses Spiel.

Der einzige Weg, wahre göttliche Informationen „downzuloaden", führt nur über den Heiligen Geist - der Geist Gottes, der Geist der Wahrheit. Den Zugriff zum Heiligen Geist erhalten wir erst dann, wenn wir uns voll und ganz für Jesus entscheiden und mit allen anderen Praktiken, Weisheitslehren und Religionen aufhören bzw. Buße tun. Buße tun bedeutet umzukehren und zurück zum wahren Gott der Bibel zu kommen und sich taufen zu lassen.

> Es gibt nur zwei geistliche Bereiche - den göttlichen und den satanischen. Es gibt nichts dazwischen!

Anmerkung: Die katholische Babytaufe hat wenig mit der Taufe in der Bibel zu tun, weil die biblische Taufe eine Entscheidung ist, die wir treffen müssen. Es gibt zwei Taufen, die Glaubenstaufe und die Taufe im Heiligen Geist. Ich rede hier von der Glaubenstaufe. Ein Baby kann keine Entscheidung treffen. Jesus sagt in Matthäus 28,19: „*Geht nun hin und macht alle Nationen zu Jüngern, und tauft sie auf den Namen des Vaters und des Sohnes und des Heiligen Geistes...*" In Markus 16,15 sagt er: „*Geht hin in die ganze Welt und predigt das Evangelium der ganzen Schöpfung. Wer gläubig geworden und getauft worden ist, wird gerettet werden; wer aber ungläubig ist, wird verdammt werden.*" Daran erkennen wir die Reihenfolge: Zuerst das Evangelium hören, dann gläubig und zu Jüngern werden, dann die Taufe. Und nicht umgekehrt. Mit anderen Worten: Wenn ich ungläubig bin und mich trotzdem taufen lasse, bin ich nicht gerettet, „*denn wer ungläubig ist, wird verdammt werden.*" In Lukas 23 sagt Jesus zu dem Gehängten neben ihm, der in letzter Sekunde gläubig wird: „*Wahrlich ich sage dir: Heute wirst du mit mir im Paradies sein.*" Der Gehängte konnte sich nicht mehr taufen lassen, bevor er verstarb, und trotzdem sagt Jesus zu ihm, dass er gerettet ist. Der Glaube ist das alles Entscheidende. Meine Eltern und ich, wir wurden als Babys katholisch getauft. Und was hat es uns gebracht? Gar nichts. Der Teufel hat seine Spielchen mit uns gespielt, weil wir ungläubig bzw. gottlos waren. Das soll aber nicht heißen, dass das Kind einer gläubigen Familie nicht unter Gottes

Schutz steht, wenn es noch nicht getauft ist. In der Bibel gibt es mehrere Hinweise darauf, dass Babys, Kleinkinder und Kinder generell unter Gottes Schutz stehen, eben weil sie keine selbständige Entscheidung treffen können.

Ich kam also 2002 mit meinen Dämonen nach Berlin und der Teufel und seine Dämonenarmee hatten mich bereits erwartet und alles perfekt vorbereitet, sodass ich noch tiefer in die Sünde abdriften konnte. Gleichzeitig war ich davon überzeugt, ich sei auf dem richtigen Weg. Fünf Jahre später ließ ich mich bei meiner Hausärztin zum „diplomierten Traumtherapeuten" ausbilden und arbeitete für mehrere Jahre als psychotherapeutischer Heilpraktiker u.a. mit Träumen, während gleichzeitig meine Alpträume immer schlimmer wurden und ich auch kein Mittel zu Hand hatte, daraus befreit zu werden. Ich wusste halt nicht, dass unsere Träume von Dämonen heimgesucht und beeinflusst werden können.

Gott sei Dank hat mir der Geist der Wahrheit all das offenbart. Während ich diese Zeilen schreibe, gibt es auf YouTube eine wachsende Anzahl an Kanälen, in denen Aussteiger aus der Esoterikszene ihren Weg zu Jesus beschreiben und vor der Esoterik, der New Age Bewegung und der modernen Spiritualität warnen. Das sind sowohl amerikanische als auch deutsche Kanäle. Der bekannteste darunter ist der von Doreen Virtue. Offensichtlich erwachen immer mehr Menschen zu der Wahrheit, dass *nur* Jesus Christus der Weg, die Wahrheit und das Leben ist. Die Zeugen in den Videos sind sich allesamt einig, wie gigantisch die Täuschung war, unter der sie gestanden hatten.

Mein Inneres Kind

Der Hauptgrund, warum ich nach Berlin zog, war die in New York getroffene Entscheidung, es als Schauspieler wenigstens für ein paar Jahre zu versuchen, zumal ich in New York nur gute Erfahrungen gemacht und super Feedback erhalten hatte. In Berlin stieß ich abgesehen von einigen Erfolgen - wie selbst inszenierte Bühnenstücke selbstgeschriebener Dramen im Off-Theater-Bereich - auf unüberwindbare Widerstände, die so hartnäckig und seltsam waren, dass ich mit meinen fehlenden Selbstbewusstsein und Selbstwertgefühl ganz schnell an mein Limit kam. Auf der einen Seite hatte ich großes Talent, auf der anderen Seite quälten mich die dämonischen Belastungen aufgrund meiner psychischen Probleme.

Das Ganze wurde von der Berliner Technoszene weiter angetrieben. Die Technoszene hatte wenig mit der in NRW gemein; sie war hart, pornographisch und atmosphärisch dunkel; um genau zu sein, dämonisch. Das Ganze wird unter dem Deckmantel des Hedonismus, der sexuellen Freizügigkeit, verkauft, und das war während der Ära des schwulen Bürgermeisters, welcher den legendären Slogan „Arm, aber sexy" prägte. Das alles zog mich magnetisch an, und mein freier Fall wurde beschleunigt.

2004 hatte ich dann im Alter von 35 Jahren das Feiern in den Nachtclubs nach über zwanzig Jahren ein für allemal hinter mir gelassen, inklusive der Drogen - außer das Kiffen. Gleichzeitig kam ich mit der Mutter meiner heutigen Tochter zusammen. Wir hatten uns sieben Jahre zuvor in der Technoszene kennengelernt und sind unter schlechtem Vorzeichen zusammengekommen.

Bei meiner Ankunft in Berlin wurde ein alter Bekannter aktiviert - der Dämon des Mangels. Ich habe es bereits an anderer Stelle erwähnt, viele Streitereien meiner Eltern drehten sich um das Geld bzw. um die Verschuldung meines Vaters und den daraus resultierenden finanziellen Engpässen. Der Dämon des Mangels bzw. das Mangeldenken begleiteten mich seit meiner Ankunft in Berlin.

2006 hatte ich nach vielen Durststrecken meinen Traum der Schauspielerei ein für allemal an den Nagel gehängt, wenngleich ich mehrere Jahre später noch einmal zwei meiner Theaterstücke auf die Bühne brachte, allerdings nur als Hobby. Ich wollte zurück in die kaufmännische Wirtschaft und wurde mit der Brutalität der Folgen meiner Entscheidungen konfrontiert. Ich war bereits 37 Jahre alt und es hagelte an Absagen. Langsam dämmerte mir, dass die deutschen Personalabteilungen - insbesondere die Konzerne - es mir übel genommen hatten, dass ich es mir erlaubt hatte, mit 31 Jahren meinen Traum zu erfüllen, von dem ich letztendlich nicht leben konnte. Ich erhielt eine Absage nach der anderen. Das hatte mich zutiefst geschockt, ja fast schon traumatisiert, sodass ich zwangsläufig dazu gezwungen wurde, vorübergehend zurück in die Branche meines Vaters zu gehen, weil sich mir nichts anderes darbot. Während dieser Tätigkeit bereitete ich mich nebenberuflich auf die staatliche Prüfung zum „Heilpraktiker für Psychotherapie" vor...

Ich könnte an dieser Stelle viele weitere Pleiten, Pech und Pannen aufzählen, das würde aber den Rahmen sprengen. Fakt ist, mein Leben war völlig aus den Fugen geraten. Ich hatte es nicht im Griff. Noch viel weniger hatte ich meinen Geist im Griff.

Die moderne spirituelle Szene ist eng mit der Szene der Persönlichkeitsentwicklung verbunden. Seit meinem ersten Gebet hatte ich unaufhörlich an meiner Persönlichkeit gearbeitet. Zur Erinnerung - Die Ausgangsfrage, die mich mein Leben lang begleitet hatte, war: Was stimmt mit mir nicht?

Und je älter ich wurde, desto lauter wurde diese Frage in meinem Kopf. Sie quälte mich. Das einzige, was ich wirklich unter Kontrolle bekommen hatte, war meine physische Gesundheit bzw. das wissenschaftliche Wissen, wie man die Selbstheilungskräfte mobilisiert. Darin bin ich heute ein Profi und berate nach wie vor Menschen, die eine schlechte Diagnose erhalten haben auf ihrem Weg zur Heilung. Ich war so gut wie nie mehr krank.

Aber in meinem Kopf herrschte nach wie vor großes Chaos. Und wenn im Kopf Chaos herrscht, wie soll man dann ein geordnetes Leben hinbekommen? Ich hatte einfach nicht den Durchbruch geschafft. Ich quälte mich durchs Leben. Jedes mal, wenn ich kurz vor einem größeren Durchbruch stand, kam irgendetwas Unerwartetes dazwischen. Oder wenn ich auf unüberwindbare Widerstände stieß, bestätigten meine inneren Stimmen: „Siehst du, mit dir stimmt was nicht." Oder: „Du wirst es nie schaffen. Du bist ein Loser."

Es war ein wahrer Teufelskreis, in dem ich mich befunden hatte. Nicht umsonst heißt Teufelskreis Teufelskreis. Das positive Denken, das ich gelernt hatte, funktionierte einfach nicht, wenn es um geordnete berufliche, finanzielle und familiäre Verhältnisse ging. Und das ist auch kein Wunder, wenn Dämonen negative und destruktive Gedanken zuflüstern.

> Wie soll ich negative Gedanken abstellen, wenn sie gar nicht von mir kommen? Die psychospirituelle Szene, die Persönlichkeitsentwicklung und die Psychologie haben darauf keine Antwort.

2009, als ich 40 Jahre alt war, wurde unsere wunderbare Tochter geboren. Sie ist mein Wunschkind, meine Traumtochter. Im selben Jahr verstarb mein Vater plötzlich und unerwartet. Sein Tod hatte eine fürchterliche Kettenreaktion ausgelöst und meine arme Mutter deswegen ihren Verstand verloren. Es kam zu einem hässlichen Erbstreit, den ich von Anfang an nicht wollte, inklusive schlimmem Psychoterror, worauf ich hier nicht weiter eingehen möchte. Außer auf die Tatsache, dass ich nicht auf die Beerdigung meines Vaters gehen konnte, um Schlimmeres zu vermeiden. Das Ganze eskalierte so dermaßen, dass ich meine Tätigkeit als psychotherapeutischer Heilpraktiker aufgeben musste, weil ich psychisch angeschlagen war.

2012 diagnostizierte ich mir eine schwere Depression. Da war ich bereits 42 Jahre alt. Ich fühlte mich wie ein kranker, gebrechlicher Neunzigjähriger mit einem hundert Kilo Rucksack auf dem Rücken. Ich war ganz alleine und wurde von allen Seiten angegriffen (Rechtsanwälte, Rufmord, Anzeigen, Psychoterror, Absagen von Firmen, existentielle Ängste, etc.) Niemand konnte mir helfen. Selbst meine junge Familie nicht.

Ich war tief verzweifelt und ohnmächtig. Somit ließ ich mir von meiner Hausärztin erstmals in meinem Leben Antidepressiva verschreiben. Diese nahm ich drei Monate. Danach ging es mir besser; aber nicht nur wegen dem Antidepressivum, sondern auch wegen meinem wissenschaftlich praktizierten positiven Denken.

Der Hauptgrund, warum ich all das überstanden habe, waren mein Gottvertrauen und mein positives Denken. Ohne mein Gottvertrauen, was das Ergebnis meines ersten Gebetes ist, wäre ich untergegangen. Entweder hätte ich mich suizidiert oder kaputtgefeiert. Einfach deshalb, weil ich keinen Halt gehabt hätte. Wenn wir nichts haben, woran wir uns festhalten können, dann gehen wir unter solchen Umständen, wie ich sie erlebt hatte, unter.

Nichtsdestotrotz hatte mich nach der Depression der Alkohol wieder im Griff. Fast täglich kam ich betrunken oder angetrunken nach Hause. Und die Beziehung zu meiner armen Freundin verschlechterte sich zunehmend. Ich war nicht mehr in der Lage, zu lachen. Ich werde nie den Tag vergessen, als meine Freundin zu mir sagte: „Christian, du lachst überhaupt nicht mehr." Damit hatte sie recht. Ich hatte viele Monate nicht mehr gelacht, obwohl wir früher sehr viel miteinander gelacht hatten. So mies war ich drauf, während die Auseinandersetzung mit meiner Mutter immer schlimmer wurde.

So nahm alles seinen Lauf und Ende 2016 kam es zum großen Showdown. Meine arme Freundin verließ mich mitsamt unserer Tochter, weil sie es verständlicherweise nicht mehr aushalten konnte. Gleichzeitig wurde ich in meinem neuen Job gekündigt und verlor dazu mein Auto. Ebenfalls hatte ich viel Geld verloren, weil ich keine Kontrolle mehr über mein Leben hatte. Alles brach zusammen. Ich stand vor den Scherben meines Lebens und konnte mir die Wohnung nicht mehr leisten, in der ich alleine zurückblieb. Somit nahm ich eine unterbezahlte Stelle im Telefonverkauf an, was sehr demütigend war, und zog in eine überteuerte Einzimmerwohnung. Zu jener Zeit explodierten die Berliner Mietpreise. Es war so, als hätte sich die ganze Welt gegen mich verschworen. Ich hatte Suizidgedanken. Mein Leben ergab vorne und hinten keinen Sinn. Gott sei Dank bin ich diesen Gedanken nicht nachgegangen, weil sonst der Teufel gewonnen hätte!

Meine Umstände wurden immer bizarrer beziehungsweise meine negativen und destruktiven Gedanken im Kopf immer lauter, so dass ich mich 2019, ich war bereits 50 Jahre alt, für eine Selbsttherapie entschied. Es ging um die Heilung meines Inneren Kindes, um meine Vergangenheit, etwas, das ich die ganzen Jahre vor mir hergeschoben hatte.

In einem Zeitraum von insgesamt sechs Monaten war ich Therapeut und Klient. Auf psychologischer Ebene hatte ich *alles* Vergangene schonungslos auf den Tisch gelegt und aufgearbeitet und bewusst Kontakt zu dem kleinen Christian von damals in mir aufgenommen. Auf circa vierzig Seiten schrieb ich wie von fremder Hand geleitet alle gewonnenen Erkenntnisse handschriftlich nieder. Damals hatte ich noch an das höhere Selbst der Esoterikszene geglaubt und es gebeten, mich zu führen. Und die Führung war atemberaubend.

Heute weiß ich: Das war nicht das Höhere Selbst, das es sowieso nicht gibt, sondern es war Gott oder seine Engel oder vielleicht auch schon der Heilige Geist, die mich durch den therapeutischen Prozess führten, um mich auf die wahre Befreiung vorzubereiten.

Nach dieser intensiven Zeit fühlte ich mich so gut wie nie zuvor. Ich hatte vieles verstanden und konnte es loslassen; intensive Vergebungs- und Versöhnungsarbeit mit meinem Inneren Kind. Ich sah vieles klarer und fühlte mich recht frei.

Diese Freiheit war nur eine Illusion. Sie war nur eine psychologische Befreiung, aber keine spirituelle. Da waren immer noch diese zermürbenden inneren Stimmen, diese ständig wechselnden körperlichen Anspannungen inklusive leichter Verkrampfungen, diese innere Getriebenheit, diese Unsicherheit und Verwirrung und diese leichten aber andauernden

Ängste. Ich war zwar klarer im Kopf als je zuvor, aber dennoch verwirrt. Darüber hinaus war ich weiterhin reizbar und unbeherrscht und explodierte hier und da. Ich hatte meine Worte nicht unter Kontrolle. Ich trank unverhältnismäßig oft Bier und schaute auch noch Pornos, zwar nicht oft aber oft genug. Und meine Alpträume waren auch noch da. Und hin und wieder kiffte ich.

Weil das mein gesamtes Leben so war, redeten mir die Dämonen ein, dass ich das nicht mehr loswerden würde, dass das ein dauerhafter Schaden sei, mit dem ich lernen müsste, zu leben. Dass es mir doch besser gehen würde als je zuvor und ich zufrieden sein solle. Aber sie hatten die Rechnung ohne Gott gemacht.

Folgend eine Liste (Auszug) von den destruktiven inneren Gedanken, die mich zeit meines Lebens begleitet hatten. Im Laufe der Jahre wurden sie aufdringlicher und bedrohlicher:

„Du kannst das nicht. Du schaffst das nicht."
„Du weißt nicht, was du wert bist."
„Du weißt nicht, was du willst."
„Das, was du weißt, ist falsch."
„Du weißt nichts, egal, was du alles zu wissen glaubst."
„Das, was du denkst, ist nicht richtig."
„Das, was du weißt, ist nicht richtig. Es ist falsch."
„Ich kann nichts, ich weiß nichts, niemand will mich."
„Das, was du willst, kannst du nicht machen."
„Wenn du das, was du machen willst, nicht machen kannst, dann ist alles sinnlos."
„Wenn alles sinnlos ist, dann lohnt es sich nicht, zu kämpfen."
„Du hast keine Chance."
„Die anderen sind grundsätzlich besser und überholen dich."
„Du hast Angst."
„Du bist böse."
„Mit dir stimmt was nicht."
„Du kannst dich nicht verkaufen."
„Du bist ein Loser."
„Du schaffst es nicht."

Während meiner „Inneren Kind Arbeit" haben sich mehrere destruktive Gedanken und Gefühle aufgelöst. Die oben genannten blieben jedoch zurück. Es ist auch nicht so, dass ich keine Erfolge vorzuweisen hatte, im Gegenteil, ich habe viele Erfolge vorzuweisen, sowohl im Beruf als auch privat. Allerdings kam ich nicht auf den grünen Zweig im Sinne von stabilen beruflichen, finanziellen und familiären Verhältnissen. Das ist auch nicht verwunderlich, wenn man mit so einem Gedankenwirrwarr durchs Leben läuft, unter einem Fluch steht und nicht weiß, dass diese aufdringlichen inneren Stimmen von unreinen Geistern kommen und nicht von einem selbst.

Das Dilemma, in dem ich mich drei Jahrzehnte befand, war einerseits meine Erkenntnis, dass das bewusst praktizierte positive Denken (nicht erzwungener Optimismus) funktioniert und positive Ergebnisse nach sich zieht. Das heißt selbstverständlich nicht, dass wir mit dem positiven Denken die Dramen und Tragödien des Lebens einfach wegdenken können. Das hätte nichts mit dem positiven Denken zu tun, von dem ich hier rede, sondern mit Ignoranz.

Wann immer ich andererseits versuchte, meine berufliche und finanzielle Zukunft positiv zu sehen, mischten sich die negativen Gedanken so laut und hartnäckig ein, dass ich stets die Kontrolle verlor. Ich kam gegen sie nicht an. Sie erschienen übermächtig. Mit einer Ausnahme: Im Bereich der Selbstheilung. Dank des positiven Denkens und meines Gottvertrauens (obwohl mein Bild von Gott verzerrt war) und meiner einhergehenden wissenschaftlichen Kenntnisse konnte ich mich bewusst u.a. von einer Neurodermitis und einer Kurzsichtigkeit nachhaltig heilen und generell ein stabiles und starkes Immunsystem aufbauen. Wenn es aber um stabile berufliche und finanzielle wie auch stabile psychische Verhältnisse ging, hatte ich keine Chance.

Als Gott mich letzten Endes zu der Wahrheit führte, dass es Flüche und Dämonen gibt und dass beides in meinem Leben wirksam war, wurde ich stinksauer. Ich wurde sehr wütend. Und diese Wut war entscheidend im darauffolgenden Kampf mit den Dämonen. Immerhin hatten diese unreinen, bösen Geister mein Leben und das meiner Herkunftsfamilie hinterhältig und eiskalt zerstört. Wir haben das göttliche Recht, wütend und sauer auf sie zu sein. Wir haben sogar die göttliche Pflicht, sie zu hassen.

Teil 2
Gottes Reich

*„Dazu ist der Sohn Gottes erschienen,
dass er die Werke des Teufels zerstöre."*
1.Johannes 3,8

*„Jetzt ergeht ein Gericht über diese Welt.
Nun wird der Fürst dieser Welt hinausgeworfen werden."*
Jesus in Johannes 12,31

3. Mein zweites Gebet
Die Täuschung bröckelt

„Denn alle Menschen haben gesündigt und das Leben in der Herrlichkeit Gottes verloren. Doch Gott erklärt uns aus Gnade für gerecht. Es ist sein Geschenk an uns durch Jesus Christus, der uns von unserer Schuld befreit hat. Denn Gott sandte Jesus, damit er die Strafe für unsere Sünden auf sich nimmt und unsere Schuld gesühnt wird. Wir sind gerecht vor Gott, wenn wir glauben, dass Jesus sein Blut für uns vergossen und sein Leben für uns geopfert hat. Gott bewies seine Gerechtigkeit, als er die Menschen nicht bestrafte, die in früheren Zeiten gesündigt haben. Er handelte so, weil er Geduld mit ihnen hatte."
Römer 3,23-26

Und was für eine Geduld Gott hat. Was für eine Geduld er mit mir hatte. Und was für eine Geduld er mit dir haben wird! Noch befinden wir uns in Gottes Gnadenzeit, noch ist Erlösung aus der Herrschaft Satans möglich. Noch können wir umkehren und Buße tun. Umzukehren und unser Leben in Jesu Hand zu legen, ist der größte Preis, den wir im Leben bezahlen, weil wir *alles* aufgeben und uns Gott vollumfänglich ergeben bzw. uns Jesus ganz hingeben mit allem, was wir haben. Und das ist auch gut so, immerhin geht es um Leben und Tod - ewiges Leben bei Gott oder ewige Verdammnis in der Hölle.

Wenn wir das tun, dann beginnt der wahre Heilungsprozess - die Heilung von Innen nach Außen -, der die ganze Zeit zuvor durch die satanischen Kräfte verhindert worden war. Dieser Heilungsprozess ist allumfassend, der, wenn wir ihn zulassen, automatisch abläuft im Sinne von, dass wir uns vom Heiligen Geist leiten bzw. führen lassen. Dieser Heilungs- und Reinigungsprozess *kann* schwere psychische Traumata sowie chronische Krankheiten umgehend heilen. Die wichtigste Heilung jedoch ist die Heilung unserer Beziehung zu Gott, und das beinhaltet die Kommunikation. Dazu ist Aufklärung darüber, was wirklich in Gottes Wort steht, alles entscheidend. Unser Feind, der Gott dieser Welt, hat so gut wie alles infiltriert, insbesondere die großen Kirchen. Sie lehren nicht mehr das, was wirklich wichtig ist, nämlich, dass es um Leben und Tod geht.

Unser Feind kennt sein Ende, das steht klar und deutlich in der Bibel, insbesondere im Buch der Offenbarung des Johannes. Und sein Ziel ist, so viele Menschen wie möglich mit ins Verderben, in die Hölle zu reißen. Es ist nicht Gottes Wille, dass wir in der Hölle landen, sondern Gott will, dass wir gerettet werden. Deshalb kam er als Jesus in seine eigene Schöpfung hinein, um uns darüber aufzuklären, was auf spiritueller Ebene abgeht und um uns durch sein vergossenes Blut am Kreuz aus den Fängen des Teufels und seiner Absicht, uns mit in die Hölle zu reißen, zu erlösen. Und diese Erlösung wird nur durch unseren Glauben an Jesus Christus, sprich Gott, und unsere Buße aktiviert. Und der Glaube kommt nur durch das Hören des Wortes Gottes. Es gibt keine andere Möglichkeit, zum Glauben zu kommen.

Mein gesamtes Leben seit meinem ersten Gebet habe ich mich für Heilung interessiert, insbesondere für Selbstheilung und für göttliche Heilung. Ich glaube an göttliche Heilung. Der esoterische Firlefanz hatte meinen Erkenntnissen einen schweren Schaden zugefügt, sodass ich nicht voll und ganz an die Quelle kam. Der Teufel hatte mich immer und immer wieder geschickt abgelenkt - von der Wahrheit und der Erkenntnis, dass unser Herr Jesus Christus der einzige Heiler aller Heiler ist, sowohl körperlich als auch *psychologisch*. Wie viele sogenannte Verrückte - Geisteskranke oder psychisch Kranke - hatte Jesus geheilt, indem er sie von den Dämonen befreite, die sie quälten? Selbst Maria Magdalena - eine ehemalige Prostituierte -, die als erster Mensch den Jüngern von der Auferstehung Jesu berichtete, wurde durch Jesus von sieben Dämonen befreit (Markus 16,9-11).

Ein viertel Jahrhundert lang, seit meinem ersten Gebet als Atheist, musste Gott ertragen, wie ich mein Dasein in der Sünde fristete. Ich war der Sünder vor dem Herrn. Dabei ist Gott so heilig, so rein, dass er Sünde in keiner Form in seiner Gegenwart ertragen oder gar sehen kann. Habakuk bringt es in Habakuk 1,13 auf den Punkt, wenn er über Gott sagt: *„Du hast zu reine Augen, um Böses mitansehen zu können, und Verderben vermagst du nicht anzuschauen."* Ich vermag es mir nicht vorzustellen, wie die Engel Gottes im Hintergrund gegen die gefallenen Engel Satans angekämpft haben müssen, um mir den Weg zu meiner Errettung, Erlösung und Befreiung zu ebnen.

Fünfundzwanzig Jahre lief ich mit einem verzerrten Gottes- und Jesusbild durch die Welt, glaubte an den Firlefanz der Esoterik, der modernen Spiritualität und meiner falschen Kirche, habe Gott sozusagen laufend eifersüchtig gemacht, während es mir immer schlechter als besser ging, eben weil ich meinen Geist nicht unter Kontrolle hatte. Weil ich nicht wusste, dass ich kein psychologisches sondern ein dämonisches Problem hatte. Wir können nicht zwei Herrn gleichzeitig dienen. Das ist unmöglich. Jesus hat uns davor gewarnt, dass wir in der Endzeit großen Täuschungen ausgesetzt sein werden, als er in Matthäus 24 sagte: *„Habt acht, dass euch niemand verführt. Denn viele werden unter meinem Namen kommen und sagen: Ich bin der Christus! Und sie werden viele verführen. (...) Und es werden viele falsche Propheten auftreten und werden viele verführen. Und weil die Gesetzlosigkeit überhandnimmt, wird die Liebe in vielen erkalten."*

Während des annähernd dreißigjährigen Kampfes um meine Seele hatte ich bereits die feste Überzeugung, dass man mit der spirituellen Welt keine Spielchen spielt. Mir war schon immer irgendwie bewusst, dass in der spirituellen Welt böse Kräfte am Werke sind. Ich hatte sie allerdings als „schwingende Gedankenformen" oder „energetische Verdichtungen" angesehen, nicht aber als gefallene Engel und Dämonen. Spirituelle Begriffe wie „Energie" oder „Frequenz" oder „Schwingung" sind esoterische Begrifflichkeiten, auch wenn die Begriffe physikalisch gesehen ihre Daseinsberechtigung haben.

In der wahren Spiritualität haben wir es nicht mit „Energie" oder „Schwingung" zu tun, sondern einzig und allein mit „Geist". Denn Gott ist Geist und die Dämonen sind unreine

Geister, Personen ohne Körper mit einer durch und durch bösen Persönlichkeit. Die Begriffe „Energie" oder „Frequenz"
oder „Schwingung" haben in der wahren biblischen Spiritualität nichts verloren, sie sind esoterisches Gefasel, das nur ein
Ziel verfolgt, uns von der eigentlichen unsichtbaren Realität
abzulenken. Es ist nicht alles „Energie", sondern alles ist
„Geist" bzw. „geistig"! In der gesamten Bibel kommen Begriffe wie „Energie" oder „Schwingung" nicht vor, stattdessen aber
Begriffe wie „Kraft" und „Stärke". Die „Energie", von der die
Esoterik faselt, ist wenn überhaupt nur das Werkzeug des Geistes. Die wahre Spiritualität der Bibel arbeitet nicht mit
„Schwingungen" oder dergleichen, sondern einzig und allein
mit dem „Geist", und zwar mit dem Heiligen Geist. Denn
*„Gott ist Geist, und die zu ihm beten, müssen ihn im Geist und
in der Wahrheit anbeten."* (Johannes 4,24) Alles, was nicht aus
dem Heiligen Geist ist, kommt grundsätzlich und immer aus
der Finsternis, dem Reich Satans. Und der Grund, warum die
meisten spirituell suchenden Menschen das nicht erkennen, ist,
weil Satan sich als Engel des Lichts verstellt, worauf u.a. die
berühmte Ex-Esoterikerin Doreen Virtue voll reingefallen war
und deshalb Millionen Menschen in die Irre führte. Gott sei
Dank wurde sie gerettet, tat Buße und übergab ihr Leben Jesus
und ließ das ihre Follower öffentlich wissen und bat um Vergebung.

Die moderne Spiritualität, insbesondere das Gesetz der Anziehung, ist bei genauer Betrachtung ein Schuldkult. Denn, wenn
die Dinge nicht so laufen, wie man es sich gewünscht hat, obwohl die Gurus der Szene sagten, dass, wenn du so und so at-
mest, oder so und so affirmierst, oder so und so visualisierst,
oder so und so meditierst, oder so und so deine Chakren rei-
nigst, oder so und so deine Aura heilst, dass du dann Glück und
Erfüllung findest, dann suchst du die Schuld bei dir, weil du
irgendetwas falsch gemacht haben musst. Ein wahrer Teufelskreis kann daraus entstehen. Siehe hierzu auch den Artikel
„New Age - Spirituelle Sinnsuche im Teufelskreis?" auf frau-
enboulevard.de. Und in diesem Teufelskreis war ich gefangen.
Deshalb wurde der entsprechende Dämon in mir immer lauter
und schrie: „Was stimmt mit dir nicht!"

Eigenschaften des falschen Jesus
- Er wird jeden in den Himmel lassen.
- Er kam, um Frieden zu bringen, nicht Spaltung.
- Er verlangt keinen Gehorsam.
- Er verlangt keine Heiligkeit.
- Er verlangt keine Reue.
- Er predigt nur über die Liebe.
- Er sagt nie etwas Beleidigendes.
- Er sagt nie jemandem, dass er böse ist.
- Er nennt jeden seine Kinder.
- Er wird niemanden in die Hölle schicken.
- Er will, dass du deinen eigenen Willen tust.
- Seine Gebote sind Vorschläge.

Falsche Spiritualität vs. Wahre Spiritualität
Im Anfang war das Wort. Die Essenz der Bibel ist Kommunikation. Die Wahrheit steht und fällt mit der Wortwahl. Worte können töten und heilen, verfluchen und segnen. Deine Worte verraten dich. In Matthäus 12,36-37 sagt der wahre Jesus: *„Ich sage euch aber, dass die Menschen am Tag des Gerichts Rechenschaft geben müssen von jedem unnützen Wort, das sie geredet haben. Denn nach deinen Worten wirst du gerechtfertigt, und nach deinen Worten wirst du verurteilt werden."*

Die folgende Auflistung ist ein Versuch darzustellen, wie sich die falsche Spiritualität von der wahren biblischen nährt und sich als die wahre darstellt:

Falsche Spiritualität	**Wahre Spiritualität**
- Höheres Selbst	Heiliger Geist
- Energie	Kraft, Stärke
- Beim Universum bedanken	Gott/Jesus danken
- Affirmationen	Proklamationen
- Ich-Verherrlichung	Gott-Verherrlichung
- Mein Wille geschehe	Gottes Wille geschehe und mein Wille innerhalb Gottes Willen
- Reinkarnation	Ein Leben, danach Gericht, danach Himmel oder Hölle

- Jesus liebt Sünder	Ja, aber er hasst die Sünde
- Jesus war Wanderprediger	Jesus ist Gott als Mensch
- Jesus ist aufgestiegener Meister	Jesus sitzt zur Rechten Gottes
- Der Mensch kann sich selbst retten	Kann er nicht. Nur der Glaube an Jesus rettet ihn.
- Es gibt keinen Teufel	Satan (Teufel) ist real
- Es gibt weibliche Engel	Nur maskuline Engel
- Engeln befehlen	Nur Gott befiehlt Engeln
- Es gibt nur gute Engel	Es gibt auch böse Engel
- „Ich bin in meinem Geist der einzige Denker"	Dämonen können Gedanken und Gefühle einflüstern
- Alles ist göttlich	Ja, aber Gott ist nicht in allen
- Alles ist Energie	Alles ist Geist – entweder Satan oder Gott
- Meditation	Gottes Wort lesen und darüber nachsinnen
- Zauberei, Hexerei, Wahrsagen, Geisterbeschwörung, Totenbeschwörung, etc.	Alles von Gott verboten

Im Niemandsland

März/April 2022 hatte ich von all dem, was ich bis jetzt über Dämonen & Co. offenbart habe, keinen blassen Schimmer. Das sollte sich ab Mai 2022 schlagartig ändern.

Zu dieser Zeit hatte ich mich seit ein paar Jahren mit Verschwörungstheorien beschäftigt, insbesondere wegen der politischen Situation weltweit. Im Rahmen meiner Recherchen war ich auf die biblische Zahlensymbolik und die Gematria gestoßen. 2020 erwarb ich das Buch „The Divine Code - A Prophetic Encyclopedia of Numbers" vom australischen Pastor Steve Cioccolanti. Pastor Steve zählt weltweit zu den profiliertesten Experten in der biblischen Prophetie. Ein Grund, warum ich das Buch kaufte, war, dass mir über einen Zeitraum von mehreren Monaten immer wieder die Zahl „22" über den Weg gelaufen ist. Als Esoteriker, der sich auch mit der Numerologie beschäftigte, fand ich es interessant, dass es eine biblische Zahlensymbolik gibt. Die Zahl „22" steht u.a. für die Endzeit.

Während meiner Recherchen wurde ich immer wieder mit Zahlen konfrontiert. Unter anderem mit der Zahl „666", die mich auf das letzte Buch der Bibel, „Offenbarung des Johannes", aufmerksam machte. Somit las ich darin und lernte, dass die „666" die Zahl des Teufels bzw. des Satans ist. Das fand ich spannend, weil ich mich bis dato nicht mit dem Satan beschäftigt hatte. Ich hatte mit dieser biblischen Person nichts zu tun. Ich hatte ihn gar nicht auf dem Schirm, obwohl ich die ganzen Jahre zuvor immer wieder mal in der Bibel gelesen hatte.

So kam eins zum anderen, bis Gott mir Ende April 2022 im Rahmen meiner Recherchen offenbarte, dass Jesus der Sohn Gottes ist und die Christen an Jesu Wiederkunft glauben. Das schlug ein wie eine Bombe. Das war mir all die Jahre, während ich mich mit Jesus beschäftigt hatte, nicht mehr bewusst gewesen!

Das muss man sich auf der Zunge zergehen lassen: Mir war nicht mehr bewusst, dass Jesus der *Sohn* Gottes ist - obwohl ich die ganzen Jahre immer wieder in der Bibel gelesen hatte, wo es klar und deutlich nachzulesen ist. Und mir war noch viel weniger bewusst, dass er wiederkommen wird! Der Grund dafür war der in mir installierte esoterische Jesus, der falsche Jesus. Deshalb warnt uns der richtige Jesus in seiner Endzeitrede in Matthäus 24: *„Denn viele werden unter meinem Namen kommen und sagen: Ich bin der Christus! Und sie werden viele verführen."*

Die Neugeist-Bewegung, die Esoterik und die moderne Spiritualität hatten mich verführt! Ich hatte Jesus immer als einen aufgestiegenen Meister betrachtet, der sich in die Kette der Weisheitslehrer wie Buddha einreiht. Ich hatte ihn wie einen metaphysischen Lehrer, wie einen normalen aber weisen Menschen, behandelt, so wie er in der Neugeist-Bewegung definiert wird, und nicht als jemanden, wie er in der Bibel vorgestellt wird - als das fleischgewordene Wort, der Sohn Gottes oder Gott manifestiert als Jesus (Johannes 1,14).

Ich hatte all die Jahrzehnte vergessen, dass die Christen an die Wiederkunft Jesu glauben. Mir war das überhaupt nicht mehr bewusst, dass er als strenger Richter der Welt wiederkommt. Und dass er nicht als der „kuschelige Hippie-Jesus" der esoterischen Szene zurückkommt. Ebenfalls wurde mir von jetzt auf gleich bewusst, dass wir uns in der Endzeit befinden, von der die Bibel spricht - die Zeit, die Jesu Wiederkunft ankündigt. Ich erkannte mit einem Male, dass ich irgendwann für meine Lebensweise und mein Verhalten Rechenschaft ablegen müsse. Das stand klar und deutlich im Raum. Ich erkannte die Ernsthaftigkeit der Lage. Mir wurde bewusst, wie viele Leichen ich im Keller hatte. Die Täuschung fing zu bröckeln an.

Somit kam es dann zu meinem „zweiten Gebet". Natürlich war das nicht mein *zweites* Gebet. Nach meinem „ersten Gebet" hatte ich unzählige Gebete gesprochen, zum Teil mit wunderbaren Ergebnissen, allerdings war es das „wissenschaftliche Gebet" der Neugeist-Bewegung. Mit anderen Worten: Der Gott oder der Jesus, den ich all die Jahre angebetet hatte, waren ein durch Irrlehren verzerrter Gott und Jesus, es waren nicht der wahre Gott und Jesus, so wie sie in der Bibel zum Ausdruck gebracht werden. Darüber hinaus spielte der Heilige Geist keine Rolle in meinem Leben, er war mir nicht einmal bewusst im Sinne von, dass es ihn wirklich gibt. Ich lebte unter der geistigen Herrschaft Satans und brachte die entsprechenden geistigen Früchte in Galater 5 zum Ausdruck (siehe Seite 81).

Mir wurde schlussendlich bewusst, dass ich in meinem Denken, in meinem Fühlen, in meinen Worten und meinen Werken kein guter Mensch war. Mir wurde bewusst, dass ich, wenn ich vor Jesus als meinem Richter stehen würde, nicht gut abschneiden würde.

Heute weiß ich, es war Gott beziehungsweise Jesus selbst, der diesen rapiden Bewusstwerdungsprozess in mir auslöste, weil Satan ihn nicht mehr aufhalten konnte. Ich war endlich soweit, dem Kern, der Basis, dem Urgrund meines Leidens zu begegnen. Ich wurde von Gottes übernatürlicher Hand in die Knie gezwungen und nichts konnte das aufhalten. Es war ein übernatürlicher Prozess.

Ungefähr Mitte Mai 2022 fiel ich auf meine Knie, faltete die Hände und flehte den wahren lebendigen Gott an - so wie damals bei meinem ersten Gebet. Ich sagte: **„Vater, wenn Jesus wirklich wiederkommt und ich für mein Verhalten gerichtet werde, dann bitte ich dich, hol alle Leichen aus meinem Keller! Ich will mit weißer Weste vor ihm stehen. Ich bin es so leid und bereit, meiner Wahrheit zu begegnen. Bitte, hol alle Leichen aus meinem Keller! Ich bin bereit, die volle Verantwortung zu übernehmen. Koste es, was es wolle. Ich liebe dich. Amen."**

Weitere Agenten Satans

Sobald der Teufel und seine Dämonen mitbekommen, dass sie kurz davor sind, aufzufliegen - und sie bekommen das mit -, tun sie alles in ihrer Verzweiflung Erdenkliche, um die sich ankündigende verhasste Bekehrung noch irgendwie zu verhindern. So auch bei mir. Leider ist es mir heute nicht mehr möglich, all das, was sich in der Zeit rund um mein zweites Gebet zugetragen hat, in die richtige zeitliche Abfolge zu bringen. Ich hätte ein Tagebuch führen sollen. Andererseits wäre ich nicht auf die Idee gekommen, weil die Zeit kurz vor und nach dem Gebet surreal und streckenweise anstrengend war. Ich befand mich im Niemandsland.

Selbstverständlich durften die Agenten Satans nicht fehlen. Diesmal kamen sie in geballter Ladung, sowohl als Menschen, als Insekten, als auch in Form von geistigen Angriffen. Die interessantesten Vorfälle werde ich kurz beschreiben, damit du eine Idee davon bekommst, wie der Teufel arbeitet und du vorbereitet bist, falls du in ähnliche Situationen gerätst. Der Teufel und seine Dämonen wollen, dass du den Verstand verlierst. Sie hassen dich.

Wichtig ist hierbei, dass es sich um eine subjektive Angelegenheit handelt, weil letzten Endes alles auf geistiger Ebene stattfindet. Somit würde ich meine Hand nicht ins Feuer legen und behaupten, dass das immer zu 100% der Teufel und seine Dämonen waren, die das orchestrierten. Ich bin mir dennoch sehr sicher, dass der Teufel bei allen Vorkommnissen seine Finger im Spiel hatte. Das liegt zum einen daran, dass ich die Zeugnisse anderer Menschen - insbesondere der Esoterik-Aussteiger - gehört habe, eine Menge davon auf YouTube, oder Zeugnisse anderer gelesen habe. Des Weiteren kenne ich persönlich Menschen, die ähnliche Erfahrungen gemacht haben, als sie kurz davorstanden, sich für Christus Jesus zu entscheiden. Die wichtigste Grundlage bleibt Epheser 6,12, dass wir nicht gegen Menschen aus Fleisch und Blut kämpfen, sondern gegen die bösen Geister der Himmelswelt, gegen unreine Geister, gegen Dämonen.

Indischer Wahrsager - Hexenschuss
Diese befremdliche Begegnung fand ein Paar Monate vor meinem zweiten Gebet statt. Da Wahrsagerei, Hexerei, Zauberei, etc. von Gott strengstens untersagt sind, stellt dieser Vorfall zurückblickend eine Vorbereitung auf das dar, was ich in der Zukunft über Hexerei & Co. lernen sollte. Was war passiert?

Die Sonne schien. Mit fröhlicher, positiver Stimmung war ich auf dem Weg zu einem Termin. Zwei indische Gestalten kamen des Weges, wobei mich der eine auf meine positive Stimmung ansprach und bestimmend freundlich anfragte, ob er mir aus der Hand lesen dürfe. Er sprach Englisch. Seltsamerweise erlaubte ich es ihm, obwohl Handlesen überhaupt nicht mein Ding war. Ich hatte mir bis dato noch nie aus der Hand lesen lassen. Und während er aus meiner Hand las, dämmerte mir, was ich da eigentlich tat. Ich realisierte, dass er um eine Spende bitten würde, dass er ein Halsabschneider war. Und wie befürchtet, fragte er nach dem Geld. Ich sagte Nein, drehte mich um und ging weiter. Mit fiesem Blick laberte er irgendetwas auf Indisch, und *ich spürte seinen stechenden Blick im Lendenbereich.* Ziemlich genau zwei Wochen später - ich hatte die Begegnung längst vergessen - bekam ich während der Warenannahme auf der Arbeit einen fiesen Hexenschuss. Starke Schmerzen und Einschränkungen der Bewegungsfreiheit begleiteten mich die kommenden Tage. Und während ich an der Heilung arbeitete, kam mir der wahrsagende Handleser zurück ins Gedächtnis. Das unwohle Gefühl, dass er was mit dem Hexenschuss zu tun hatte, ließ mich nicht mehr los.

Heute weiß ich, der Begriff „Hexenschuss" stammt aus dem Mittelalter und der damaligen Vorstellung, dass der Schmerz durch den Pfeilschuss einer Hexe oder eines Hexenmeisters verursacht würde. Interessant ist hierbei, dass Paulus in Epheser 6,16 auch den Begriff „Pfeile" verwendet, während er die Waffenrüstung Gottes erklärt: *„Vor allem aber ergreift den Schild des Glaubens, mit dem ihr alle feurigen Pfeile des Bösen auslöschen könnt."*

Der Inder war zweifellos ein Hexenmeister, ein Handlanger Satans, dessen Blick, den ich am Lendenbereich spürte, ein feuriger Pfeil - hier eine Verfluchung oder Verwünschung - war, die sich zu seiner Zeit als Hexenschuss manifestierte. Hexenkulte wie Wicca, Voodoo, Santeria bis hin zu satanischen Ritualen sind bittere Realität und werden weltweit viel praktiziert, mehr als der Masse bewusst ist. Ich war auf diesen Agenten Satans deshalb reingefallen, weil mein Geist durch meine offene, fröhliche Art nicht wachsam und somit ein gefundenes Fressen für seinen Wahrsagergeist war. Des Weiteren hatte er eine fesselnde hypnotische Ausstrahlung gehabt, die mich in ihren Bann zog; das waren die bösen Geister in ihm.

Gott sei Dank bin ich heute als aufgeklärter und getaufter Gläubiger durch den heiligen Geist versiegelt, sodass es die Gegenseite nicht mehr so leicht hat, mich einfach anzugreifen. Nichtsdestotrotz müssen gerade wir wahren, bibeltreuen Christen auf der Hut sein, eben weil der Satan es auf uns abgesehen hat, weil er weiß, dass wir ihn durchschaut haben und eine mächtige Waffe zur Hand haben, um seine Machenschaften zu durchkreuzen. Wir bibeltreuen Christen tragen die Waffenrüstung Gottes und sind Gebetskrieger. Das gibt uns aber keinen Freibrief.

Dass die Gegenseite auf der Lauer liegt, beweist ein Gesetz des britischen Parlaments, das im März 2023 gebilligt wurde. Dieses Gesetz kriminalisiert das Stille Gebet. Es ist sozusagen das erste Gesetz, dass der Verfolgung von Gedankenverbrechen Tür und Tor öffnet. Vor ein paar Wochen kam es zur ersten Verurteilung eines Christen. Was hatte er verbrochen? Er hatte vor einem Abtreibungszentrum gestanden und für die Schwangeren still gebetet. „Still beten" bedeutet, in Gedanken beten. Er betete, dass sie umkehren mögen, das Baby nicht abtreiben und eine andere Lösung fänden. Der Hauptgrund also, warum das britische Parlament das Gesetz ins Leben gerufen hat, waren die vor den Abtreibungszentren betenden Christen.

Mücken oder keine Mücken?
April 2022, kurz vor meinem zweiten Gebet, hatte ich seltsame auditive Erscheinungen in meiner Wohnung, sprich in meinem Schlafzimmer. Ich wurde über einen Zeitraum von mehreren Wochen während des Einschlafens, und auch nachts, von Mücken „attackiert". Immer, wenn ich kurz davor war, einzuschlafen, flogen sie direkt an mein Ohr. Wie von der Tarantel gestochen, sprang ich jedes Mal auf, schaltete das Licht ein und konnte keine vorfinden. Normalerweise finde ich sie recht schnell, manchmal sofort, da ich weiße Wände habe. Aber im April 2022 fand ich keine! Teilweise wurde ich mehrere Male hintereinander immer kurz vorm Einschlafen aufgeweckt, weil ich sie an meinem Ohr klar und deutlich surren hörte. Ich suchte das gesamte Zimmer ab und das anliegende Zimmer; nicht eine einzige Mücke weit und breit. Ich dachte, ich sei verrückt geworden. Ich hatte die Jahre zuvor auch mit Mücken zu tun, allerdings ging das immer frühestens Juli los, und ich hatte sie schnell gefunden.

Ich kann nicht beweisen, ob Dämonen hinter dem Surren steckten. Was ich jedoch weiß, ist, dass Dämonen in Tiere einfahren können (siehe: Lukas 8). Allerdings hatte ich keine Mücke entdeckt und ich wurde auch nicht gestochen. Dämonen können darüber hinaus Stimmen oder Geräusche im Kopf erzeugen. Vor Kurzem erzählte mir ein Bruder in Christus, dass auch er solche „Mückenerfahrungen" gemacht habe. Er ist sich sicher, mehrere Male an seinem Ohr das Surren von Mücken gehört zu haben; auch er konnte keine finden.

Trance Musik & die „Erinnerung" an mein Vorleben
Dieser Vorfall hatte sich direkt nach meinem zweiten Gebet zugetragen und begleitete mich für mehrere Monate. Er war mit Abstand einer der heftigsten spirituellen Attacken, unter denen ich während meines Übergangs in das Reich Gottes gestanden hatte. Dieser Übergang, insbesondere wenn man ein sündenreiches Leben hinter sich hat, kann ein gewaltiger, surreal daherkommender Aufwachprozess sein. Und dieser Vorfall hatte mir auf erschreckende Weise nahegebracht, zu was für geistige Täuschungen das Reich der Finsternis imstande ist. Was war passiert?

Als Esoteriker glaubte ich an die Reinkarnationslehre des Fernen Ostens. Sie war nicht meine zentrale Lebensphilosophie, ich kannte mich trotzdem gut aus. Kurz vor meinem zweiten Gebet kamen die Geister meiner Techno-Zeit zurück. Ich interessierte mich auf einmal für die Trance-Klassiker der neunziger Jahre und wurde auf YouTube fündig. Fast täglich hörte ich sie mir an, insbesondere einen bestimmten Track, der mich in die Anfänge meiner Feierzeit zurückversetzte. Eines Tages - kurz nach meinem zweiten Gebet -, während ich zu diesem Klassiker tanzte und mitsang, hatte ich eine Erinnerung, eine Vision im Geiste, ein klares lebendiges Bild.

Ich sah mich in einem Indianerzelt oder Ähnliches mit zwei anderen Menschen sitzen; wir waren entsprechend gekleidet. Ich hörte mich zu diesen Menschen reden: „Wenn das hier funktioniert, dann werden wir uns im nächsten Leben wiedersehen und uns daran erinnern, dass wir uns in diesem Leben verabredet haben." Danach haben wir uns vergiftet oder auf andere Weise suizidiert.

Diese „Erinnerung" war so real, so echt, als hätte sie sich wirklich zugetragen. Auf einen Schlag wurde mir bewusst, dass ich sie mein gesamtes Leben mit mir herumgetragen hatte! Dass sie tief in meinem Unterbewusstsein, in meiner Seele abgespeichert war, weshalb sie immer nur unscheinbar im Hintergrund blieb. Sie war die ganze Zeit da, ich hatte nur keinen Zugriff auf sie.

Nun darfst du raten, wer die beiden anderen Personen waren. Es waren die „Seelen" meiner Eltern! Ich spürte deutlich die „Energien" meines Vaters und meiner Mutter in den Personen. Plötzlich erkannte ich, dass ich im Vorleben ein Zauberer oder ein Magier oder ein Wahrsager war. Ich hatte Mist gebaut und unsere nächste Inkarnation verbockt. Auf einmal wurde mir bewusst, dass *ich allein* für mein Leid und das meiner Eltern verantwortlich war bzw. dass ich die alleinige Schuld trug.

Ich war von der Echtheit der „Erinnerung" überzeugt, weil sie mich auf allen Seins-Ebenen berührte. Ich hatte mich wirklich „erinnert". Und auf einmal hatte ich die Antwort auf das unerklärliche Drama in meiner Herkunftsfamilie: Wir drei kennen uns aus dem Vorleben, und ich hatte uns zum Selbstmord verführt, um zu beweisen, dass es so etwas wie Reinkarnation gibt. Deshalb haben wir uns in diese Familienkonstellation inkarniert.

Nun mögen manche Leser einwenden, Erinnerungen an Vorleben seien durchaus normal, immerhin gibt es Rückführungs- oder Reinkarnationstherapien, in denen sich die Menschen an ihre letzte Inkarnation erinnern. Das mag sein, die Frage ist aber: *Wer oder was* erinnert sich? Der Mensch selbst oder das, was die Erinnerung in den Geist projiziert? Woher nehmen wir die Gewissheit, dass es allein *unsere* Erinnerungen sind? Reinkarnationstherapien arbeiten mit Hypnose oder tranceartigen Zuständen. In der Trance oder Hypnose ist unser Geist nicht geschützt, er ist für die spirituelle Welt sperrangelweit geöffnet. Es ist weithin bekannt, dass sich bestimmte Urvölker oder Stämme in Trance versetzen, um in Kontakt mit geistigen Wesen in der spirituellen Welt zu treten. Selbst praktizierende Satanisten versetzten sich in tranceähnliche Zustände, um Dämonen zu beschwören. Wenn wir in Trance sind, haben wir keine Kontrolle mehr. Deshalb warnt uns Petrus in 1.Petrus 5,8: *„Seid nüchtern und wacht! Denn euer Widersacher, der*

Teufel, geht umher wie ein brüllender Löwe und sucht, wen er verschlingen kann."

Es dauerte mehrere Monate, bis ich die Gewissheit hatte, dass es keine Erinnerung, sondern tatsächlich eine dämonische Täuschung bzw. Attacke war. Je mehr Dämonen ich nämlich austrieb, desto mehr verblasste die „Erinnerung". Insbesondere als die Dämonen des Okkultismus, der falschen Religion und der Verwirrtheit ausfuhren. Und je tiefer ich in Gottes Wort eintauchte, desto mehr fiel das Konstrukt „Reinkarnationslehre" in sich zusammen.

Paulus schreibt im Hebräerbrief 9,27-28: *„Und genauso, wie es bestimmt ist, dass jeder Mensch **nur einmal stirbt**, worauf das Gericht folgt, genauso starb auch Christus nur einmal als Opfer, um die Sünden vieler Menschen wegzunehmen. Er wird wiederkommen, aber nicht noch einmal wegen unserer Schuld, sondern er wird all denen Rettung bringen, die sehnsüchtig auf seine Rückkehr warten."*

Falls du noch kein Gläubiger bist und zwischen Reinkarnation, Himmel & Hölle und Atheismus hin- und herschwankst, empfehle ich dir den Artikel *„Ewigkeitsvorsorge - Was kommt nach dem Tod?"* auf frauenboulevard.de.

Was hatte sich hier auf spiritueller Kampfebene zugetragen? Gott hatte mein Gebet bereits erhört, soviel stand fest, auch wenn die Beantwortung noch nicht erfahrbar geworden war. Auf der anderen Seite, in Satans Zentrale, läuteten die Alarmglocken. Das Reich der Finsternis wusste ganz genau, dass es kurz davor war, eine Seele zu verlieren; einen Menschen, der bereits 53 Jahre alt und auf dem sicheren Weg in die Hölle war. Einen Menschen, den es in diesen 53 Jahren an der Nase herumgeführt hatte, hereingelegt hatte, getäuscht und gequält hatte, zum Narren gehalten hatte, einen Menschen, der dem ganzen Esoterik-Firlefanz auf den Leim gegangen war, der im Leben nichts wirklich auf die Reihe bekommen hatte, der die Schuld immer bei sich gesucht hatte - das perfekte Opfer halt. Und was gab es da Besseres, als diese bemitleidenswerte Kreatur mit der Trance-Musik von vor dreißig Jahren zu verführen, sodass er in einen tranceartigen oder „meditativen" Zustand ohne Drogen und angefüllt mit Erinnerungen an alte Zeiten kam, um ihn dann in diesem ungeschützten Geisteszustand mit feurigen Pfeilen, in diesem Falle eine „Erinnerung", zu attackieren, die nicht seine war. Der perfekte Schachzug.

Und ich war auf diesen Schachzug reingefallen. Ich hatte ihn angenommen und wirklich daran geglaubt und die „Erinnerung" mit anderen geteilt, selbst mit meiner Mutter, die natürlich nichts damit anfangen konnte. Die „Erinnerung" bestätigte meinen esoterischen, modern-spirituellen und neugeistlichen Irrweg als richtig. Ich war halt schuld an allem. Selbst an meiner Kindheit. Alles ergab Sinn. Und das wirklich Verrückte daran war meine „Erkenntnis", dass ich diese „Erinnerung" mein ganzes Leben unbewusst gespürt hatte.

Ich stand sogar kurz davor, mich dafür zu entschuldigen, dass ich als Kind und Jugendlicher schwer traumatisiert wurde. Ist das nicht krass? Das kann nur das Werk des Teufels sein. Aber der Teufel hatte die Rechnung ohne den Wirt gemacht. Diese geistige Attacke sucht seinesgleichen in meinem Leben. Sie half mir im Nachhinein, den Teufel zu durchschauen. Der entlarvte Teufel ist der besiegte Teufel. Dieser, wie ich finde, erschreckende Vorfall auf rein geistiger Ebene gewährt einen Einblick in die möglichen Ursachen sogenannter psychischer Phänomene wie Schizophrenie, Wahnsinn, Hellseherei, Psychosen oder Zwangsstörungen.

Vor der Gebetsbeantwortung sollte aber noch ein weiterer Agent auf der Bildfläche erscheinen, um den nächsten Schachzug einzuleiten.

Der beauftragte Geistheiler
Der Satan setzt gerne Familienmitglieder oder enge Freunde als Agenten ein, und in der Regel sind sie sich dessen nicht ansatzweise bewusst. Wie auch? Im Falle des „beauftragten Geistheilers" sollte das der Mutter meiner Tochter widerfahren.

Kurz nach meinem zweiten Gebet teilte sie mir mit, dass sie einen bekannten deutschen Geistheiler, den ich auch kannte, beauftragt und bezahlt hatte, um für sie, mich und unsere Tochter zu beten. Ich wurde wütend, weil sie das hinter meinem Rücken entschieden hatte und weil ich mit selbsternannten Geist- und Energieheilern grundsätzlich ein Problem habe, eben weil ich mich in der Neugeist-Bewegung intensiv mit dem Thema „Geistheilung" auseinandergesetzt hatte. Darüber hinaus behauptet dieser „Geistheiler", er sei die soundsovielste Inkarnation Jesu. Das war mir schon immer suspekt, und heute weiß ich, was für ein dämonischer Bullshit das ist. Ich hatte ihn bereits in mehreren Interviews gesehen und fand ihn grundsätzlich nicht unsympathisch. Und dennoch war ich dagegen, dass er jetzt für mich beten sollte, insbesondere weil ich kurz vorher mein zweites Gebet gesprochen hatte. Somit kam es zu einer Auseinandersetzung mit meiner Ex. Trotzdem gab ich klein bei, weil sie davon überzeugt war, dass uns das helfen könnte, weil er mit seinen vielen Heilerfolgen Werbung macht. Leider wurde bei ihr nichts besser, genaugenommen verschlechterten sich ihre Umstände. Kurze Zeit später sprach ich ein „Gegengebet", um seine Gebete zu brechen, sodass sie keinerlei Wirkung mehr auf uns hatten. Ich kündigte auf geistiger Ebene den Vertrag.

Nur weil jemand (geist)heilen kann, heißt das noch lange nicht, dass er auf der richtigen Seite steht. Satan kann auch heilen! Er kann einem „Heilkräfte" verleihen Er ist ein mächtiges himmlisches Wesen mit übernatürlichen Kräften, und trotzdem nur ein erbärmlicher Nachahmer. Wie gesagt, der Satan verstellt sich als Engel des Lichts, und der Brasilianer „John of God" soll hier als abschreckendes Beispiel dienen.

Sein bürgerlicher Name ist Joao Teixeira de Faria. Dieser Mann war über mehrere Jahrzehnte ein international gefeierter Heiler, der sich als Medium und psychischer Chirurg bezeichnete und Menschen auf „magische" Weise von Tumoren, etc. heilte. Er war so bekannt, dass ihn US-TV-Star Oprah Winfrey in seinem Heilungszentrum besuchte und ihn in ihre Sendung einlud. Auch New-Age-Größen, wie der bereits verstorbene

Bestsellerautor Dr. Wayne Dyer, ließen sich von ihm behandeln. Über eine Millionen Menschen sollen ihn in seinem Heilungszentrum in Brasilien besucht haben und Heilung oder zumindest Linderung erfahren haben. „John of God" besaß offensichtlich übernatürliche Kräfte, was in der Schweizer Filmdokumentation „Healing" festgehalten wurde.

2018 wurde aus „John of God" über Nacht „John of Hell". Wie sich herausstellte, hatte er auf seinem Anwesen Sklaven-Käfige betrieben, in denen junge Sexsklavinnen für circa zehn Jahre gefangen gehalten und vergewaltigt wurden. Sie dienten als Geburtsmaschinen, deren Säuglinge auf dem internationalen Markt an höchstbietende Perverse verkauft wurden. Nach zehn Jahren sollen sie entsorgt und durch neue ersetzt worden sein. Nach seiner Festnahme wurde während der Verhöre von übernatürlichen Phänomenen berichtet; beispielsweise sollen in einer Polizeistation Drucker ohne menschlichem Zutun Dokumente ausgedruckt haben. Die „New York Post" und andere Zeitungen berichteten darüber.

Sein Heilungszentrum war so etwas wie eine Täuschung, um von seinem eigentlichen Geschäft abzulenken. Der weltweite Menschenhandel, inklusive Kindersexhandel, ist das am stärksten wachsende „Geschäft". Wir reden hier von Multimilliarden Umsätzen. Es ist in Wahrheit so schlimm, dass sich das der normale Mensch nicht ansatzweise vorstellen kann. Der auf wahre Begebenheiten basierende Spielfilm „Sound of Freedom" gewährt einen Einblick in diese dunkle Welt. Wir haben es hier also mit einem Schwarzmagier, einem Hexenmeister, einem Diener Satans zu tun, der im internationalen Babysexhandel verstrickt war, während er sich der Welt als Engel des Lichts präsentierte und bei Oprah Winfrey gefeiert wurde.
So hat es sich zugetragen und das sollte ernst genommen werden. Auch wenn dieser Abschaum die Hilfesuchenden „geheilt" haben mag, stellt sich die Frage, was er zusätzlich zu seinen Wundern in den Menschen „installiert" hat, das erst später dunkle Früchte tragen könnte. Ich kann es nicht beweisen, halte es aber für sehr wahrscheinlich, dass er seine Kunden

während der „Heilungen" mit Flüchen, mit feurigen Pfeilen, beschossen hat.

> Nur weil jemand „Heilkräfte" besitzt, heißt das noch lange nicht, dass er für Gottes Reich arbeitet!

Ich wiederhole mich gerne: Die Täuschung ist gigantisch. Das Ziel ist, uns Menschen vom wahren Jesus der Bibel fernzuhalten. Das Ziel ist, unsere Errettung zu verhindern und uns mit in die Hölle zu reißen. Und wenn jemand trotzdem gerettet wird, dann ist das Ziel Satans und seiner Dämonen, den jungen Gläubigen davon abzulenken, andere zu retten bzw. Menschen zu fischen.

Man nannte ihn John of God, dabei war er John of Satan! Diese Zeilen schreibe ich, während der Fall P.Diddy immer bizarrer wird. P.Diddy trug häufig eine große Kreuzkette um seinen Hals, um zu suggerieren, er stehe auf der guten Seite. Denk immer daran: Satan selbst verstellt sich als Engel des Lichts. Und das Gleiche gilt auf mentaler Ebene, wenn wir von unreinen Geistern durch Gedanken und Gefühle angegriffen werden.

Der beauftragte deutsche „Geistheiler", der angeblich so erfolgreich sein soll, hat aus meiner heutigen Sich den falschen Geist in sich. Er hat definitiv nicht den Geist der Wahrheit in sich, ansonsten würde er die Menschen zum biblischen Jesus und zur Buße und Taufe führen. Das Gegenteil ist aber der Fall. Er behauptet sogar, er sei ein reinkarnierter Jesus, was unbiblisch und esoterischer Firlefanz ist. Deshalb warnte uns der wahre Jesus vor 2.000 Jahren: *„Seht zu, dass euch niemand verführt! Denn viele werden unter meinem Namen kommen und sagen: Ich bin der Christus! Und sie werden viele verführen. (...) Denn es werden falsche Christusse und falsche Propheten aufstehen und werden große Zeichen und Wunder tun, um, wenn möglich, auch die Auserwählten zu verführen. "* (Matthäus 24,4-24)

Hat man Satans böses Spiel einmal durchschaut, gibt es kein zurück. Der entlarvte Teufel ist und bleibt der besiegte Teufel. Ob der deutsche Geistheiler gute oder schlechte Absichten verfolgt oder ihn eine liebevolle Motivation antreibt, spielt keine Rolle. Die Frage ist, wer ihn spirituell berät. Und da er die Menschen nicht zum biblischen Jesus und zur Buße und Taufe führt, wird er nicht vom Heiligen Geist sondern von Dämonen beraten, die sich als Engel des Lichts verstellen. So einfach ist das und doch so schwer, zu durchschauen. Gott sei Dank, dass auch meine Freundin das letzten Endes durchschaut hat und heute eine Magd des Herrn, eine Schwester in Christus ist. Halleluja!

Flüche & Dämonen

Sicherlich kannst du jetzt ein bisschen nachvollziehen, was rund um das zweite Gebet in mir auf spiritueller und psychologischer Ebene los war. Und sicherlich verstehst du mittlerweile auch, was ich meine, wenn ich die knapp dreißig Jahre zwischen meinem ersten und zweiten Gebet den dreißigjährigen Kampf um meine Seele nenne.

02.06.2022
Der 2. Juni 2022 stellt den Tag meiner Erlösung dar, denn an diesem Tag bin ich auf YouTube „zufällig" auf einen Vortrag von Derek Prince gestoßen, obwohl ich nicht danach gesucht hatte. Ich hatte noch nie von Derek Prince gehört. Und ich hatte auch nicht nach etwas Ähnlichem gesucht. Mit anderen Worten, auf einmal, wie aus heiterem Himmel, lief mir Derek Prince über den Weg.

Derek Prince (1915-2003), ehemals Professor für Philosophie an der Universität Cambridge in England, war ein international anerkannter Bibellehrer. Er war Professor für Altgriechisch und sprach fließend Hebräisch und Aramäisch und konnte somit die Heilige Schrift im Original lesen. Er ist Verfasser von über 100 Büchern. Und seine ins Deutsch übersetzten Werke werden vom „Internationaler Bibellehrdienst" verwaltet und vertrieben.

Derek Prince sollte die kommenden Monate mein wichtigster Bibellehrer werden.

In diesem Video, das also YouTube „zufällig" vorschlug, geht es um Flüche, die auf Menschen lasten können, biblisch erklärt und aufgeschlüsselt. Eine Aussage gleich zu Anfang schlug ein wie eine Bombe. Ich zitiere aus dem dazugehörigen Buch von Derek Prince „Segen oder Fluch? - Sie haben die Wahl".

„Betrachten wir uns doch den Menschen näher, der ständig auf der Schattenseite des Lebens steht. Er handelt stets richtig: Er wechselt die Arbeitsstelle, zieht um, bildet sich in seinem Beruf weiter, arbeitet die aktuelle Literatur über Positives Denken durch, ja vielleicht belegt er sogar einen Kurs, der ihm zeigen soll, wie er irgendein „mysteriöses Potential" in ihm freisetzen kann. Doch ist ihm kein Erfolg beschieden. Seine Kinder sind rebellisch, auf seiner Ehe lastet ein immenser Druck, Unfälle und Krankheiten sind an der Tagesordnung. Seine Ziele, die er nur allzu gerne erreichen möchte, gleiten ihm durch die Finger wie Wasser durch die Finger eines Ertrinkenden. Ein Gefühl des unausweichlichen Versagens „verfolgt" ihn, das er vielleicht hinauszögern, doch nie überwinden kann. Sein ganzes Leben lang hat er das Gefühl, gegen etwas Unidentifizierbares anzukämpfen, gegen etwas Formloses, gegen etwas nicht zu Fassendes. Manchmal kommt es ihm vor, als ränge er mit einem Schatten. Auch wenn er sich noch so sehr abmüht, er kann die Ursache seines Problems weder lokalisieren noch festhalten. Oft denkt er daran, alles hinzuwerfen. (...) Die Person, deren Leben unter einem Schatten steht, kann selbstverständlich genauso gut eine Frau sein..."

Das hatte gesessen! Dass mein Leben unter einem Fluch stehen könnte, ergab sofort Sinn und berührte jede Faser meines Seins. Die Möglichkeit eines kausalen Zusammenhangs zwischen meinen Umständen und den nicht sichtbaren Gründen hatte mir ja bereits der Teufel mit seiner Fake-Erinnerung beschert. Zuerst dachte ich sogar, dass der Fluch durch meine „Schandtat im Vorleben" verursacht worden sei. Hier geht es jedoch um Flüche ganz anderer Art, zum einen um Flüche, die durch Gott ausgelöst werden und zum anderen um Flüche, die wir uns selbst auferlegen, weil wir Gottes Gesetze missachten, und um Flüche, die von Okkultisten wie Hexenmeistern bewusst ausgesprochen werden.

Ich wollte unbedingt wissen, wer dieser Derek Prince ist und stieß am selben Tag auf ein weiteres YouTube-Video von ihm mit dem Titel: *„Was sind Dämonen, wie arbeiten sie, wie können wir sie erkennen, loswerden und uns schützen.".* Als ich den Vortrag aufmerksam zu Ende gehört hatte, war nichts mehr so, wie es war. Ich war zugleich begeistert und zutiefst erschüttert. Begeistert, weil mich beide Themen „Flüche & Dämonen" sofort ansprachen. Es machte Klick auf allen Ebenen. Erschüttert darüber, mit welcher Selbstverständlichkeit er über Dämonen und Flüche sprach, als sei es das Normalste der Welt.

Ich hatte sofort verstanden, dass ich all die Jahre meines Lebens etwas sehr Elementares übersehen haben musste. *Übersehen* im wahrsten Sinne des Wortes.

Ich konnte einfach nicht glauben, was ich da hörte. Derek Prince beweist anhand der Evangelien, dass Jesus hin und wieder, bevor er jemanden körperlich heilte, zuerst Dämonen austrieb und dann die körperliche Heilung einsetzte - weil Dämonen offensichtlich die Ursache für körperliche Krankheiten sein können. Mit anderen Worten: Ich hatte mich all die Jahre mit körperlicher Heilung beschäftigt, insbesondere mit der „Heilungsmethode Jesu", wie sie in der Neugeist-Bewegung gelehrt wird, und sogar die Bibelstellen dazu gelesen, aber das mit den Dämonen hatte ich die ganzen Jahre kontinuierlich übersehen. Darüber hinaus werden in der Neugeist-Bewegung Dämonen überhaupt nicht erwähnt, obwohl fast alle Lehrer und Autoren sich auf die Evangelien beziehen. Verdutzt schaute ich in den Evangelien nach und siehe da, ich wurde fündig: Jesus trieb Dämonen im Zusammenhang mit Heilung körperlicher Gebrechen aus. Beides ist eng miteinander verknüpft. Hier ein paar Beispiele:

„Und er trieb einen Dämon aus, der stumm war. Es geschah aber, als der Dämon ausgefahren war, da redete der Stumme; und die Volksmengen wunderten sich." Lukas 11,14

„Da nun Jesus eine Volksmenge herbeilaufen sah, befahl er dem unreinen Geist und sprach zu ihm: ‚Du sprachloser und tauber Geist, ich gebiete dir: Fahre aus von ihm und fahre nicht mehr in ihn hinein!' Da schrie er und zerrte ihn heftig und fuhr aus." Markus 9,25-26

„Und er heilte viele an mancherlei Krankheiten Leidende, und er trieb viele Dämonen aus und ließ die Dämonen nicht reden, weil sie ihn kannten." Markus 1,34

„Als es Abend geworden war, brachten sie viele Besessene zu ihm; und er trieb die Geister aus mit seinem Wort und er heilte alle Leidenden, damit erfüllt wurde, was durch den Propheten Jesaja geredet ist, der spricht: ‚Er selbst nahm unsere Schwachheiten und trug unsere Krankheiten.'"
Matthäus 8,16-17

„Die Schwiegermutter des Simon war von hohem Fieber befallen, und sie wandten sich ihretwegen an ihn. Und er trat zu ihr, beugte sich über sie, schrie das Fieber an und es wich von ihr. Und auf der Stelle stand sie auf und bewirtete sie. Als die Sonne unterging, brachten sie alle ihre Kranken, die an Krankheiten aller Art litten, zu ihm. Und er legte jedem einzelnen die Hände auf und heilte sie. Bei vielen fuhren auch Dämonen aus, die schrien: Du bist der Sohn Gottes! Doch er schrie sie an und ließ sie nicht reden, weil sie wussten, dass er der Gesalbte war." Lukas 4,38-41

Wie konnte ich das all die Jahre überlesen? Ich fasste es nicht, dass Jesus einen großen Teil seines Dienstes Dämonen austrieb und mir das all die Jahre nicht ansatzweise aufgefallen war. Wie gesagt, das Thema „Dämonen in der Bibel" war mir überhaupt nicht geläufig. Ich war geschockt und empört. Es waren ja nicht ein oder zwei Jahre, in denen ich mich mit dem Thema „biblische Heilung" beschäftigt hatte, sondern ein gutes Vierteljahrhundert. Heute weiß ich, es waren die Dämonen selbst, die mich das haben immer wieder überlesen lassen. Die Ablenkung bzw. die Täuschung ist gigantisch.

Die wichtigste Erkenntnis, die ich am 2. Juni 2022 machen durfte, war: „Christian, es sind Dämonen! Dein Problem sind Dämonen! Dämonen sind das, was mit dir nicht stimmt." Es ergab sofort Sinn. Diese hartnäckige, negative Kraft in meinem Denken, die mich zeit meines Lebens immer wieder aus der Bahn geworfen hatte - obwohl ich mich noch so sehr angestrengt hatte, einen positiven und von Erfolg gekrönten Mindset zu etablieren -, diese sich hartnäckig aufdrängenden destruktiven Gedanken und die resultierende mentale Selbst-Sabotage, inklusive sämtliche festgefahrenen, destruktiven Gedankenmuster sowie die dazugehörigen zersetzenden Emotionen bis hin zu Suizidgedanken, könnte also auf das Wirken unsichtbarer Dämonen zurückzuführen sein bzw. das war nicht ICH selbst.

An diesem Thema musste ich unbedingt dranbleiben. Und so kam eins zum anderen. Kurze Zeit später wusste ich: Die Dämonen *müssen* gehen!

Und ziemlich genau achtundzwanzig Jahre zuvor hatte ich mein erstes Gebet gesprochen: „Lieber Gott, wenn es dich wirklich geben sollte, dann hilf mir bitte, ich kann nicht mehr." Und der 02.06.2022 ergibt die Zahl „14", denn 2+6+2+2+2 = 14. In der biblischen Zahlensymbolik steht die „14" für Erlösung. Somit stellt dieser Tag für mich die Einleitung zu meiner Errettung bzw. Erlösung und Befreiung durch meinen Herrn Jesus Christus dar. Und die achtundzwanzig Jahre ergeben darüber hinaus 2 x 14 Jahre. Interessanterweise war es auch das Jahr 2022. Hatte das etwas mit der Zahl „22" zu tun, die mir 2019 und 2020 so oft über den Weg gelaufen war?
Ich hatte bereits an mehreren Stellen betont, dass die Essenz der Bibel „Kommunikation" ist. Die Kommunikation Gottes mit der Krone seiner Schöpfung, uns Menschen. Diese Kommunikation war im Garten Eden vollkommen. Der durch den

Satan - hier die Schlange - initiierte und durch Eva und Adam vollendete Sündenfall zerstörte diese Kommunikation. In meinem persönlichen Fall hat Gott mit mir in Form von Zahlen kommuniziert. Beispielsweise hatte mich der Heilige Geist auf übernatürliche Weise zu der tieferen Bedeutung von Matthäus 6,6 geführt, was wichtig für die geistliche Kampfführung ist. Warum das alles so war, weiß ich nicht, zumal ich in der Vergangenheit recht wenig, bis gar nicht mit Zahlen gearbeitet hatte.

Das soll nicht heißen, dass Gott das Gleiche bei dir tun wird, um Gottes Willen. Es soll aber heißen, dass Gott, der Allmächtige, der Allwissende, der Allgegenwärtige, der Schöpfer aller Schöpfungen, der König aller Könige, der Anfang und das Ende, mit dir auf eine Art und Weise in Kommunikation treten kann, für die du empfänglich bist. Die Betonung liegt auf „kann". Die Bibel ist voll mit Beispielen, in denen Gott durch „Zeichen und Wunder" oder durch Träume und Visionen mit seinen Kindern „spricht". Und nicht nur in den Büchern Mose spricht er *direkt und ungefiltert* mit seinen Auserwählten und gibt Anweisungen. Am Anfang hatte ich Schwierigkeiten, zu unterscheiden, ob Gott oder die Dämonen zu mir sprachen. Hierzu gibt es ein paar Erkenntnisse, auf die ich später näher eingehe.

Wie auch immer, feststand: Mein bisheriges Weltbild der Esoterik, der modernen Spiritualität und der Metaphysik der Neugeist-Bewegung sollte unwiderruflich einstürzen und Gottes Reich wie ein Puzzle Stück für Stück errichtet werden.

Gott servierte mir alles Weitere auf dem Silbertablett
Ich hatte also sofort verstanden, dass ich all die Jahre meines Lebens etwas sehr Elementares übersehen haben musste. Ich kann es nicht in Worte fassen, was mir am 02. Juni 2022 alles durch den Kopf ging. Mir ist es wie Schuppen von den Augen gefallen. Ich hatte urplötzlich die Erkenntnis oder fühlte die Wahrheit, dass *Jesus* die Antwort auf *alles* ist. Diese Erkenntnis war schwammig, nicht greifbar. Der Jesus, den ich all die Jahre kannte, war offensichtlich nicht der wahre Jesus. Das

löste ein Gefühl des Unbehagens aus. Alles, worüber Derek Prince sprach, waren böhmische Dörfer für mich. Die bittere Erkenntnis, dass ich in Wahrheit überhaupt gar nichts verstanden hatte, erklomm mein Bewusstsein. Die Matrix bekam einen Riss, die Illusion bröckelte an allen Ecken und Enden. Und es dämmerte mir, dass ich nur durch den wahren biblischen Jesus die Dämonen nachhaltig und ganzheitlich loswerden kann, die mich fest in ihren Händen hatten. Ich hatte aber keine Ahnung, wie.

Ich stand mit dem Rücken zur Wand und musste mich - wie so oft in meinem Leben - autodidaktisch fortbilden. Ich bekam einen unauslöschlichen Durst nach der Wahrheit, nach dem wahren Jesus Christus. Ich wollte unbedingt herausfinden, was wirklich los war mit mir und der Welt. Und ich machte mich auf die Suche, recherchierte unentwegt und wurde schnell fündig. Gott servierte mir alles Weitere auf dem Silbertablett. Es würde den Rahmen dieses Zeugnisses sprengen, würde ich die übernatürliche Führung Gottes, die mir wiederfahren ist, detailliert niederschreiben.

Wichtig ist, dass sich Gott=Jesus=Heiliger Geist jedem Menschen individuell annimmt, denn Gott ist Liebe - allgegenwärtig, allmächtig und allwissend.

Innerhalb kurzer Zeit las ich die entsprechenden Werke von Derek Prince und anderer Geistlicher, studierte intensiv die Bibel, und entdeckte auf YouTube den aktuell rasant wachsenden Befreiungsdienst in den USA. Letzteres zog mir doch glatt die Schuhe aus. So stand ich hier in Deutschland alleine dar mit den Dämonen in mir und konnte mit niemanden darüber reden, aus Angst, für verrückt gehalten zu werden, während es gleichzeitig in den USA eine Renaissance des Befreiungsdienstes gibt, mit einem Dutzend proaktiver Pastoren, die teils ungeniert vor laufender Kamera Dämonen austreiben und das mit Millionenreichweite. Ich kam mir vor wie in einem falschen Film und fragte mich: „Christian, was geht hier ab?" Es war überwältigend.

147

Tabula rasa

Kurze Zeit später wurde mir bewusst, was hier auf Erden wirklich abgeht. Der wahre, bibeltreue christliche Glaube jagte mir zunächst einen Schrecken ein. Dass alle Menschen von Geburt an aufgrund des Sündenfalls in der Hand des Satans und auf dem Weg in die Hölle seien und der einzige Ausweg der alleinige Glaube an Jesus Christus sei, erschien mir anfänglich zu radikal. Auch dass alle anderen Religionen und Weisheitslehren falsche Religionen und Irrwege seien, war für mich in der ersten Zeit schwer verdaulich. Und trotzdem ergab es Sinn, zumal die aktuelle Situation in unserer Welt das untermauerte.

Als ich am 2. Juni 2022 erfuhr, dass ich ein Problem mit Dämonen habe, war das Aha-Erlebnis so intensiv, dass ich wiederholt Momente hatte, in denen ich lange ausatmete. Ich bin mir heute sicher, dass mich währenddessen bereits Dämonen verließen, weil sie wussten, dass bei mir nichts mehr zu holen war. Dämonen kommen und gehen oft über den Atem. Ein Dämon darunter, der mich sehr lange begleitet und gequält hatte, war der Dämon der Pornographie bzw. der Porno-Sucht, der während meiner Kindheit in mich eingefahren war. Von jetzt auf gleich erkannte ich das Kranke hinter dem ganzen Pornographiedreck, das Unreine, das Unheilige, das Abartige und Falsche. Von jetzt auf gleich empfand ich alles damit Zusammenhängende als ekelerregend und abstoßend. Das war ganz eindeutig meine erste Befreiung. Ich war davon nachhaltig geheilt. Halleluja! Allerdings sollte es noch dauern, bis mir das bewusst wurde.

Kurze Zeit später sprach ich bereits mein Lebens-Übergabe-Gebet und bekräftigte vor der unsichtbaren Welt laut und deutlich meinen Glauben und meine Hingabe an Jesus Christus. Genaugenommen sprach ich zwei Übergabegebete, eins nachdem ich Dereks Buch „Segen oder Fluch?" zu Ende gelesen hatte und ein zweites, nachdem ich seinen Klassiker „Sie werden Dämonen austreiben" beendet hatte. Beide Bücher haben am Ende ein Übergabegebet inklusive Anleitung. Somit war ich wenige Wochen nach dem 2. Juni 2022 bereits wiedergeborener Christ.

Bis zu meiner Glaubenstaufe sollte es allerdings noch dauern, weil es mir wichtig war, dafür die geeignete Kirche oder Gemeinde mit dem richtigen Geist zu finden. Ich hatte schnell verstanden, dass der Leib Christi - die Christenheit insgesamt - gespalten ist. Und wo auch immer Spaltung vorkommt, hat unser Widersacher - der Satan und seine Dämonenarmee - die Finger mit im Spiel. Es gibt viele verschiedene christliche Gruppierungen, Denominationen oder Konfessionen. Und es erschreckte mich, wie unterschiedlich ein und dasselbe Buch, die Heilige Schrift, ausgelegt wurde, insbesondere wenn es um das Thema „Befreiungsdienst" geht. Streckenweise reden diese verschiedenen Denominationen ziemlich „hässlich" übereinander, anstatt in versöhnlicher Liebe miteinander. Heute ist mir bewusst, dass der Satan ein großes Interesse daran hat, den Leib Christi zu verwirren, während er seinen antichristlichen „Leib" weiter aufbaut. Ich kann dieses generelle Misstrauen gut nachvollziehen, weil es Satans Absicht ist, die Kirche von Innen heraus zu beschädigen. Deshalb ist die Gabe der Geisterunterscheidung so wichtig, von der Paulus in 1.Korinther 12,4-11 spricht. Nur weil sich jemand Christ nennt, heißt das noch lange nicht, dass auch Christ in ihm ist.

August 2023 - 14 Monate später (wieder die Zahl 14 = Erlösung) - ließ ich mich im Berliner Schlachtensee von einer bibeltreuen Hausgemeinde glaubenstaufen. Ich bin Gott unendlich dankbar, dass er mich zu dieser lieben Gemeinde geführt hatte. Sie bereitete mir eine traumhaft schöne Taufe, weitaus schöner, als ich es mir in Gedanken ausgemalt hatte. Nichtsdestotrotz gehöre ich, während ich diese Zeilen schreibe, noch keiner Gemeinde fest an. Ich betrachte mich auch nicht als religiös, sondern als gläubig. Ich pflege eine intime Beziehung zum dreieinigen Gott, insbesondere zu Jesus Christus. Es ist mir wichtig, weiterhin zu lernen, in eine tiefe Kommunikation, einen authentischen Austausch mit meinem Schöpfer und Erretter Jesus Christus zu kommen und der Führung seines Heiligen Geistes Folge zu leisten. Was ich mit „religiös" meine, darauf gehe ich später ein.

Meine vom Heiligen Geist geführten Selbstbefreiungen im Namen des Herrn Jesus Christus, auf die ich in Kapitel 4 genau eingehen werde, fanden in den ersten sieben Monaten der o.g. vierzehn Monate statt, also *nachdem* ich bereits gläubig geworden war. Und genau an dieser Stelle ist der Leib Christi gespalten. Auf der einen Seite sind da die Christen oder Geschwister, die behaupten, dass wenn man gläubig geworden ist, man keine Dämonen mehr in sich haben könnte. Es sind in der Regel die, die auch behaupten, dass die Geistesgaben, die Paulus in 1.Korinther 12 aufzählt, heute keine Gültigkeit mehr haben. Als „Beweis" für ihre Behauptung ziehen sie 1.Korinther 13,8-13 heran. Auf der anderen Seite gibt es Christen, die sehr wohl davon ausgehen, dass die Geistesgaben heute noch Gültigkeit haben und dass Christen dämonisch belastet sein können. Diese beiden Seiten sind schon fast miteinander verfeindet, was ich sehr bedenklich finde. Beide Seiten sollten sich darüber im Klaren sein, dass, wann immer eine Spaltung oder eine „feindschaftliche" Haltung auftritt, dahinter der Teufel und seine Dämonen stehen.

In diesen sieben Monaten machte ich Tabula rasa und trennte mich von allem, was sich aus meiner Zeit mit der Esoterik, der modernen Spiritualität und der Neugeist-Bewegung zuhause angesammelt hatte und was ich praktizierte. Ich schmiss sämtliche Bücher und Bilder in den Müll, nahm meine beiden selbstveröffentlichten Bücher vom Markt, weil ich erkannt hatte, dass sie die Menschen in die Irre, zum falschen Jesus führen.

Yoga? Nein, danke!
Die ersten beiden Gebote Gottes, dass wir keine anderen Götter (Götzen) anbeten sollen, nehme ich sehr ernst, weil ich meinen Schöpfer nicht mehr eifersüchtig machen will. Deshalb praktiziere ich auch kein Yoga mehr, denn ich habe gelernt, dass Yoga und Hinduismus Hand in Hand gehen. Ohne Yoga kein Hinduismus und ohne Hinduismus kein Yoga. Und die Asanas, die festen Körperstellungen oder *Formen* in den Yogastunden, stehen in engem Zusammenhang mit den hinduistischen Göttern und stellen auf spiritueller Ebene eine *Form* der Anbetung

dieser Götter dar. Im Hinduismus gibt es über drei Millionen Götter und Göttinnen, und ein Hindu kann sich selbst entscheiden, welchen „Gott" oder „Göttin" er anbetet. Und da ich die bittere Pille geschluckt hatte, dass es nur *einen* Heiligen Geist gibt und alle anderen Geister (Götter) unreine sind, sprich Dämonen, bin ich natürlich äußerst vorsichtig geworden. Ich behaupte mittlerweile, das Spiel durchschaut zu haben, denn Satan selbst verstellt sich als Engel des Lichts. Er ist das pure Böse und hatte mein Leben und das meiner Familie zerstört. Ich lasse mich auf kein Risiko mehr ein und schon gar nicht auf irgendwelche Kompromisse. Die Situation ist zu ernst! In diesem Sinne ist der wahre, bibeltreue christliche Glaube ein radikaler Glaube. Ich bete nur noch einen Gott an bzw. ich knie nur noch vor einem Gott nieder, und das ist der Gott Abrahams, Isaaks und Jakobs, der Gott der Bibel. Beziehungsweise ich knie nur noch vor einem Meister nieder und das ist Jesus Christus.

Yoga ist in erster Linie eine spirituelle und keine körperliche Praxis, auch wenn uns Letzteres hier im Westen weisgemacht wird. Genaugenommen ist Yoga spirituelles Doping. Warum behaupte ich das? Ich hatte es selbst praktiziert, zwar nur ein halbes Jahr lang, dafür aber sehr intensiv. Ich praktizierte Kundalini-Yoga. Ziel ist die Erweckung der Kundalini und ihr Aufsteigen durch die Chakren ins oberste Chakra, um Erleuchtung zu erfahren. Interessant ist hierbei, das es bis dato keinen repräsentativen wissenschaftlichen Beweis für die Existenz der Chakren gibt, was ich erst im Nachhinein herausgefunden hatte. Wie auch immer, Kundalini selbst bezeichnet eine in tantrischen Schriften beschriebene ätherische Kraft im Menschen. Im Tantrismus spricht man von einer schlafenden, zusammengerollten Schlange, wie sie in jedem Menschen am unteren Ende der Wirbelsäule liege.

Bei dem Wort „Schlange" sollten bei jedem bibeltreuen Christen die Alarmglocken läuten. Denn „Schlange" ist ein biblisches Synonym für Satan! In Offenbarung 20 lesen wir dazu: *„Und ich sah einen Engel aus dem Himmel herabsteigen, der hatte den Schlüssel des Abgrundes und eine große Kette in* *seiner Hand. Und er ergriff den Drachen, die alte Schlange, die der Teufel und der Satan ist, und band ihn für 1.000 Jahre..."*

Mir wurde Yoga, in diesem Falle Kundalini-Yoga, als ein Allheilmittel verkauft. Und ich praktizierte es sehr gerne. Jedes Mal war ich spirituell, geistig und energetisch voll aufgeladen, wie auf Drogen. Teilweise kam es mir wie ein spirituelles Narkotikum vor. Nach ein paar Tagen hatte sich die energetische Wirkung wieder aufgelöst, sodass ich mich auf meinen nächsten „Schuss" freute. Ich erfuhr also nichts Nachhaltiges. Ich hatte keine nennenswerte physische oder psychische Verbesserung erfahren, außer dass meine Ausdauer besser wurde. Meine ständig wechselnden körperlichen Anspannungen inklusive leichter Verkrampfungen und meine innere Getriebenheit gingen nicht weg, sondern wurden von den Yogastunden vorübergehend „besänftigt", um dann mit voller Wucht zurückzukommen. Als ich dann aufgrund äußerer Umstände gezwungen war, Yoga vorübergehend einzustellen, hatte ich ein paar Monate später ernsthafte Suizidgedanken. Der Auslöser war zwar ein Lebensumstand, und dennoch ist mir im Nachhinein der zeitliche Zusammenhang mit der Yogazeit aufgefallen. Wie kann es sein, dass etwas in mentalgesundheitlicher Hinsicht so Hochgepriesenes wie Yoga im Nachhinein Suizidgedanken auslösen kann?

Als besonders bedenklich empfinde ich rückblickend die yogischen Atemübungen, die ich gerne und leidenschaftlich praktiziert hatte. Seitdem ich weiß, dass Dämonen über das Portal des Einatmens einfahren, lass ich mich auf solche Übungen nicht mehr ein. Ich empfinde Yoga mittlerweile als unattraktiv. Bei genauer Betrachtung empfinde ich die zum Teil extremen körperlichen Verbiegungen und diese „hektischen" Atemübungen als alles andere als normal und natürlich. Auf YouTube gibt es eine wachsende Community von Yoga-Aussteigern, inklusive Yogalehrer und -meister, die zu Jesus und dadurch zum wahren Seelenfrieden gefunden haben. Was spricht dagegen, Gymnastik anstatt Yoga zu praktizieren?

Kontaktgegenstände

Darüber hinaus lernte ich auf schmerzliche Weise, dass esoterische Gegenstände wie Heilkristalle, Schutz-Amulette, Bann-Amulette und Glücksbringer oder Traumfänger sogenannte Kontaktgegenstände sein können, durch die Dämonen das legale Recht erhalten, in unser Leben einzudringen. Mit anderen Worten: Sie bewirken das Gegenteil von dem, was sie versprechen. Denn unterm Strich wird all diesen Gegenständen magische Kräfte zugeschrieben und stehen deshalb in enger Verbindung mit Magie, Hexerei und Zauberei, was von Gott ausdrücklich verboten ist. Wenn ich also glaube, dass irgendein Gegenstand wie ein Amulett oder Kristall mich beschützt, habe ich automatisch die ersten beiden Gebote gebrochen und stehe nicht mehr unter dem Schutz des allmächtigen Schöpfers (Psalm 91). Ich erhebe bewusst oder unbewusst diese Gegenstände zu Götzen und mache meinen Schöpfer eifersüchtig. Somit habe ich alles in den Müll geworfen, was damit in Verbindung stand.

Kein einziger materieller Gegenstand auf der Welt kann uns Schutz gewähren noch vor spirituellen Angriffen der Dämonen erretten, weil die Dämonen sie nicht ernst nehmen. Dämonen haben nur vor einer Autorität Respekt und Angst und das ist der biblische Jesus Christus oder ein Gläubiger, der unter der Autorität und Führung Jesu handelt. Alles andere ist Aberglaube.

Der betende Mönch

Als ich mich von fast allen esoterischen Gegenständen und Büchern getrennt hatte, nahm ich eine deutlich spürbare energetische und atmosphärische Erleichterung in meiner Wohnung wahr. Ich konnte förmlich die Abwesenheit einer unsichtbaren Präsenz spüren, welche zuvor zugegen war, die ich aber nicht bewusst wahrgenommen hatte. Ebenfalls wurde ich auf geistiger Ebene klarer und konnte Gottes Gegenwart deutlicher wahrnehmen. Das wirkte sich auch auf mein körperliches Empfinden aus. Ich fühlte mich leichter als zuvor.

Auch Figuren anderer Religionen haben in einem wahren christlichen Haushalt nichts mehr zu suchen. Das durfte ich auf gruselige Weise erfahren. Denn ich besaß seit vielen Jahren einen sehr schönen, circa sechzig Zentimeter hohen und über vierzig Kilogramm schweren, betenden buddhistischen Mönch aus Beton, der als einziges „Relikt" übriggeblieben war. Anfänglich redete ich mir ein, es sei völlig in Ordnung, ihn zu behalten, weil er ja betete. Darüber hinaus war er sehr schwer und unhandlich, und da ich kein Auto besaß, wusste ich einfach nicht, wie ich ihn loswerden sollte. Ich wollte ihn auch nicht verschenken, weil ich nicht das Risiko eingehen wollte, jemanden einen Kontaktgegenstand zur dämonischen Welt zu schenken. Das war mir zu gefährlich. Außerdem liebte ich den betenden Mönch. Ich tat mich also schwer, mich von ihm zu trennen. Somit ließ ich ihn bei mir zuhause stehen in der Hoffnung, es sei in Ordnung.

Allerdings bemerkte ich im Laufe der Zeit, während der Heilige Geist weiter an meinem Charakter arbeitete und mich tiefer in die Zusammenhänge führte, dass von diesem betenden Mönch keine gute Energie ausging. Also platzierte ich ein Kreuz auf ihm, in dem Aberglauben, dass das auf der unsichtbaren Ebene unerwünschte Auswirkungen neutralisieren würde. Eines Morgens dann wurde ich wach, blickte wie immer direkt auf den betenden Mönch und hatte die klare Eingebung, dass er weg muss. Ich stellte ihn zunächst vor meine Wohnungstür und ließ ihn dort für ein paar Wochen stehen. Aber auch das fühlte sich irgendwann nicht mehr gut an. Ich spürte eine unangenehme Präsenz von ihm ausgehen. Ich dachte schon, ich hätte nicht mehr alle Tassen im Schrank. Somit kam eine Baustelle im Innenhof meines Miethauses wie gerufen, wo sich ein großer Haufen Baustellenabfall mit Steinen und Betonresten bildete. Ich fragte den Hausmeister, ob ich meinen Mönch darauf entsorgen dürfte, was er bejahte.

Zwei Tage später schleppte ich den über vierzig Kilogramm schweren Mönch von der vierten Etage runter in den Innenhof, um ihn dort zu entsorgen. Erleichtert ging ich sofort zurück zu meiner Wohnung, und als ich den Wohnungstürschlüssel ins

Türschloss steckte, um sie zu öffnen, brach der Schlüssel ab. Ein Teil blieb im Türschloss stecken, sodass ich ihn nicht herausholen konnte, den anderen hielt ich in der Hand. Ich musste den Schlüsseldienst rufen.

Ist das nicht merkwürdig? Auch wenn ich es nicht beweisen kann, brachte ich das sofort mit dem entsorgten betenden Mönch in Verbindung, weil es *unmittelbar* danach passierte. Der Schlüssel ist nicht vorher oder kurz danach abgebrochen, sondern direkt danach. Ich will nichts in diesen Vorfall hineininterpretieren, aber auffällig ist es allemal.

Schlussfolgerung

Damit ich nicht falsch verstanden werde. Ich bin ein Befürworter der Religionsfreiheit. Ich gehöre nicht zu den Leuten, die bekehrt sind und den moralischen Zeigefinger auf andere richten. Um Gottes Willen. Jeder darf glauben, was er will. Ich dränge mich niemandem auf. Und niemand soll sich mir aufdrängen. Allerdings erzähle ich Menschen vom Evangelium und was mir widerfahren ist, wann immer es die Umstände erlauben bzw. wann immer ich das Gefühl habe, dass Gott mir einen bestimmten Menschen über den Weg laufen lässt. Meine bis hierhin beschriebenen Erfahrungen und noch mehr, die ich während meines Übergangs in Gottes Reich machen durfte, decken sich mehr oder weniger mit den Zeugnissen anderer Esoteriker und New Ager. Was ich darüber hinaus während der Dämonenaustreibungen erleben durfte, ist für mich der eindeutige und unwiderrufliche Beweis, dass die Bibel wahr ist, dass Jesus Christus Gott ist und dass Gott der lebendige Gott ist. Miterleben zu dürfen, wie die Dämonen widerwillig aus mir ausgefahren sind und die dadurch eingetretene seelische und körperliche Befreiung, hat aus meinem Glauben eine Gewissheit werden lassen, die unumkehrbar ist. Ich weiß, dass Gott=Jesus=Heiliger Geist so real ist wie meine Tochter. Eine Schöpfung ohne Schöpfer ist genauso unmöglich wie ein Traum ohne Träumer.

4. Selbstbefreiung – Schritt für Schritt

> **HINWEIS**
> Die folgenden Erläuterungen, Tipps und Anwendungen richten sich ausschließlich an Gläubige. Nicht-Gläubige sind herzlich eingeladen, es zu lesen, ich rate aber dringend davon ab, es zu praktizieren. Für Gläubige und Nicht-Gläubige gilt gleichermaßen: Alle in diesem Kapitel beschriebenen Zusammenhänge ersetzen weder eine Psychotherapie noch einen Arztbesuch im Falle einer seelischen oder körperlichen Krankheit.

Das Folgende ist keine theologische Abhandlung. Die „herrschende Meinung" ist, dass der Befreiungsdienst unbiblisch sei, was die Selbstbefreiung mit einschließt. Was die herrschende Meinung sagt, interessiert mich nicht. Das Einzige, was für mich zählt, ist Gottes Wort. Und was Gott, Jesus Christus und der Heilige Geist an mir, in mir und durch mich getan haben. Alles andere ist zweitrangig. Jesus sagt, dass die Gläubigen auch die Werke tun werden, die er getan hat *und noch größere Werke*. Ich habe mehrere Interviews mit Menschen gesehen, die Selbstbefreiungen erlebt haben; einige von ihnen wurden im weiteren Verlauf ihres Lebens Pastoren und Gemeindeleiter.

In der heutigen Christenheit - im Leib Christi - wird die Frage diskutiert, ob ein Christ Dämonen in sich haben kann oder nicht. Es haben sich zwei erbitterte Fronten gebildet, und die Diskussion kommt einem hartnäckigen Schlagabtausch gleich. Für mich hat sich die Teilnahme an diesem Schlagabtausch erledigt, weil mein Zeugnis die Frage mit einem eindeutigen Ja beantwortet.

> Ich war bereits gläubiger Christ und dennoch dämonisiert und zwar über einen Zeitraum von circa sieben Monaten seit meiner Bekehrung.

Dennoch gehe ich ein stückweit darauf ein. Hierbei ist die Unterscheidung zwischen „Besessenheit" und „Dämonisierung" wichtig. In seinem Buch „Sie werden Dämonen austreiben" geht Derek Prince ausführlich auf den Unterschied ein und berücksichtigt dabei die Bedeutung der Worte in ihrer Originalsprache.

Zusammengefasst können wir festhalten: „Besessenheit" bedeutet, dass die *gesamte* Persönlichkeit eines Menschen von Dämonen in Besitz genommen wurde. Der Besessene trifft keine eigene Entscheidung mehr. „Dämonisierung" bedeutet, dass *ein oder mehrere Persönlichkeitsanteile* von Dämonen in Besitz genommen wurden, aber nicht die ganze Persönlichkeit bzw. der ganze Mensch. Die Pro-Befreiungsdienst-Christen argumentieren, dass ein Christ unmöglich besessen sein kann, weil er Gottes Kind ist, wohl aber unter Umständen dämonisiert, je nachdem, wie schwer er gesündigt hat.

Die Anti-Befreiungsdienst-Christen argumentieren, dass ein Christ unmöglich einen Dämon in sich haben kann, weil nach der Bekehrung der Körper des Christen zum Tempel des Heiligen Geistes wird. In jedem Christen wohnt der Heilige Geist (Römer 8,9-11 und 1.Korinther 3,16; 6,19). Genauso sehen das auch die Pro-Befreiungsdienst-Christen.

Nach meinen beiden Lebens-Übergabe-Gebeten, nach meiner über mehrere Tage gehenden tiefgreifenden Buße und Reue, nach meinen Vergebungsgebeten und nachdem ich mich von allen esoterischen Büchern und Gegenständen befreit hatte, also nach meiner Bekehrung, ging es mir weitaus besser als zuvor, zweifellos. Und trotzdem blieben die zermürbenden inneren Stimmen, die ständig wechselnden körperlichen Anspannungen, inklusive leichter Verkrampfungen, die innere Getriebenheit, Unsicherheit und Verwirrung, die leichten aber andauernden Ängste, meine Reizbarkeit und Unbeherrschtheit bestehen; ich explodierte hier und da immer noch, ich hatte meine Worte nach wie vor nicht unter Kontrolle, ich trank weiterhin unverhältnismäßig oft Bier, hatte forthin dämonische Alpträume, und kiffte noch hin und wieder. Sicherlich hatten mich bereits mehrere Dämonen verlassen, das will ich nicht bestreiten. Wer mich definitiv verlassen hatte, war der böse

Geist der Pornographie und Unzucht. Der war von jetzt auf gleich weg. Die o.g. hartnäckigen „Symptome" waren nach wie vor anwesend.

Jetzt mögen einige Anti-Befreiungsdienst-Christen auf Römer 12,2 verweisen, wo wir lesen: *„Orientiert euch nicht am Verhalten und an den Gewohnheiten dieser Welt, sondern lasst euch von Gott durch Veränderung eurer Denkweise in neue Menschen verwandeln."* Sie mögen argumentieren, dass meine o.g. „Symptome" durch eine Änderung meines Denkens oder durch die Charakterbildung zwangsläufig aufgehört hätten. Genauso sehe ich das auch. Ich bin nach wie vor im Prozess der Charakterbildung, weil er nie abgeschlossen sein wird. Und dennoch, es waren immer noch Dämonen in mir, und die mussten zuerst weg, um den Weg für die Veränderung meiner Denkweise zu ebnen. Die Unterstützung dazu erhielt ich vom Heiligen Geist.

Wie stellen sich das die Anti-Befreiungsdienst-Christen eigentlich vor? Jemand wie ich, der ein Sünder vorm Herrn war und multiple-dämonisiert, wird bekehrt und alle verbleibenden, innewohnenden Dämonen, die seit Jahrzehnten in meinem Körper wohnten, spazieren einfach fröhlich raus und das war's? Wirklich? Denk mal darüber nach. Oder was ist mit den Menschen, die weitaus schlimmere Sünden begangen haben und dann bekehrt werden? Auch ihre Dämonen spazieren einfach so raus und das war's?

Einmal angenommen, die Anti-Befreiungsdienst-Christen liegen hundertprozentig richtig, was würde das für Auswirkungen auf neuropsychologischer Ebene haben, wenn alle Dämonen *auf einen Schlag* ausfahren, weil jemand Christ wird? Wir wissen heute, dass unser vorherrschendes Denken bzw. unsere Glaubensmuster oder unsere Denkgewohnheiten neuronale Netzwerke im Gehirn bilden. Diese neuronalen Netzwerke sind festverankerte Strukturen im Gehirn - die durch ein dauerhaft verändertes Denken verändert werden können (Neuroplastizität) -, und die für unsere Emotionen verantwortlich sind. Unsere Emotionen sind die biochemische Reaktion unseres Körpers auf unsere Gedanken. Die festgefahrenen biochemischen Prozesse in unserem Körper bestimmen unsere Biologie. Alles ist miteinander verbunden und interagiert. Die Psychoneuroimmunologie beschäftigt sich mit diesen Zusammenhängen wissenschaftlich.

Und nun trägt beispielsweise jemand seit Jahrzehnten fünfzehn Dämonen in sich, die sein Denken, sein Fühlen und somit seinen Körper über all die Jahre maßgeblich geprägt haben. Könnte es da nicht zu einem psychischen oder körperlichen Schock oder Ähnlichem kommen, wenn der Psyche auf einem Schlag ein Großteil „ihres Seins" weggenommen werden würde? Was richtet das für unmittelbare Auswirkungen auf psychoneuroimmunologischer Ebene an? Ich jedenfalls bin heilfroh, dass das bei mir nicht so war. Als nämlich die gigantische Täuschung, unter der ich zeit meines Lebens stand, zu bröckeln begann, war das bereits Schock genug für mich. Das musste ich erst einmal verdauen und verarbeiten.

Ich bin kein Theologe. Ich bin studierter Betriebswirt, staatl. geprüfter Heilpraktiker für Psychotherapie und ausgebildeter Schauspieler. Ich bin wiedergeborener Christ. Gott ist mein Vater. Jesus Christus mein König der Könige, Erretter, Erlöser und Befreier. Und der Heilige Geist ist mein Lehrer. Ich glaube, dass die Heilige Schrift des Alten und Neuen Testaments von Gott inspiriert und im Originaltext irrtumslos ist. Die Heilige Schrift ist die höchste und letzte Autorität in meinem Glauben und in meinem Leben. Sie dient mir zur Lehre, zur Zurechtweisung, zur Besserung und zur Erziehung in der Gerechtigkeit. Meine Errettung und Selbstbefreiung haben sich genauso zugetragen, wie ich es bis hierhin beschrieben habe und weiter beschreiben werde. Sie sind wichtiger Bestandteil meines Zeugnisses und der Beweis dafür, dass Jesus Christus lebt. Denn *„Jesus Christus ist derselbe gestern und heute und in Ewigkeit."* (Hebräer 13,8)

Markus 16,17 & Co.

Markus 16,17

Bevor ich auf diesen Vers genauer eingehe, hier einige Hintergrundinformationen:

„Das Markusevangelium endete ursprünglich recht überraschend mit 16,8. Die Frauen, die eigentlich die Botschaft von der Auferstehung weitersagen sollten, fliehen und sagen aus Angst niemanden etwas. Der folgende Abschnitt 16,9-20 wurde später hinzugefügt. Er fehlt in den ältesten griechischen Handschriften (Quelle: die-bibel.de)."

„Die meisten Gelehrten sind sich einig, dass die Verse 9-20 nicht zum Originaltext des Markusevangeliums gehören, sondern später hinzugefügt wurden (Wikipedia)."

Evangelium 21 schreibt hingegen: „Die Menge an Belegen, die nahelegen, dass diese Verse dazugehören, ist überwältigend. Ein Blick auf die Manuskripte des Markusevangeliums, die uns bis heute erhalten geblieben sind, zeigt, dass mehr als 99% davon Markus 16,9-20 enthalten. (...) Es gibt im Grunde nur zwei griechische Manuskripte, in denen Markus 16,9-20 fehlt. (...) Wenn man etwas genauer hinsieht (...) wird die Sache komplizierter..."

Nanu, was ist denn da mit Markus 16 los? Schauen wir uns nun die Verse 15-20 an, denn sie sind für unser Thema allesentscheidend. Ich habe mich für die Elberfelder Übersetzung entschieden, nachdem ich die zwölf gängigsten Übersetzungen verglichen habe. Sie sind alle fast identisch. Ebenfalls habe ich mir die Übersetzungen der englischen King James Version und der spanischen Reina-Valera angeschaut, die ebenfalls nicht abweichen.

*„Und er sprach zu ihnen: **Geht hin in die ganze Welt und predigt das Evangelium der ganzen Schöpfung! Wer gläubig geworden und getauft worden ist, wird gerettet werden; wer aber ungläubig ist, wird verdammt werden. Diese Zeichen***

160

*aber werden denen folgen, die glauben: **In meinem Namen** **werden sie Dämonen austreiben;** sie werden in neuen Sprachen reden; werden Schlangen aufheben, und wenn sie etwas Tödliches trinken, wird es ihnen nicht schaden.; Schwachen werden sie die Hände auflegen, und sie werden sich wohl befinden.* Der Herr wurde nun, nachdem er mit ihnen geredet hatte, in den Himmel aufgenommen und setzte sich zur Rechten Gottes. Jene aber zogen aus und predigten überall, während der Herr mitwirkte und das Wort durch die darauffolgenden Zeichen bestätigte.* " Markus 16,15-20

Es lohnt sich, die Sätze in Fett noch einmal zu lesen, denn sie sind für alles Weitere entscheidend. Gibt es in diesen Versen irgendeinen Satz oder irgendeine Formulierung - ausgenommen „sie werden in neuen Sprachen reden" -, die schwer zu verstehen ist? Ist irgendetwas schwammig oder doppelsinnig? Jesus redet hier Klartext. Er redet immer Klartext. Selbst seine Gleichnisse, mit denen sich viele schwer tun, sind bei genauer Betrachtung auf den Punkt gebrachte Aussagen.

„Wer gläubig geworden und getauft worden ist, wird gerettet werden; wer aber ungläubig ist, wird verdammt werden. Diese Zeichen aber werden denen folgen, die glauben: In meinem Namen werden sie Dämonen austreiben;"
Markus 16,16-17

Schauen wir uns nun diese Verse etwas genauer an. Zunächst einmal handelt es sich hier um eine *zeitlich unbegrenzte* Aussage. Eine zeitlich unbegrenzte Aussage, die auf Jesus' Gebot folgt, der ganzen Schöpfung das Evangelium zu predigen. Mit „ganzer Schöpfung" sind alle Menschen auf der ganzen Welt gemeint, du und ich, nicht nur die Juden. Wenn es anders wäre, hätte sich Jesus anders ausgedrückt. Bis heute soll es Tausende Volksgruppen geben, die nach wie vor keinen Zugang zum Evangelium haben. Das heißt, Jesus Gebot, das Evangelium der ganzen Schöpfung zu predigen, hat sich bis dato nicht erfüllt.

Wem hat er das Gebot aufgetragen? Seinen Jüngern. Dann sagt Jesus klar und deutlich, dass die, die gläubig geworden und getauft worden sind, gerettet werden. Das ist eine in die Zukunft gerichtete Aussage oder Versprechen ohne Verfallsdatum. Gerettet vor was? Vor der Hölle bzw. der Ewigen Verdammnis. Dann sagt er jedoch, dass die, die ungläubig sind, verdammt werden. Auch hier handelt es sich um eine zeitlich unbegrenzte Aussage bzw. Warnung. Er lässt die Taufe aus. Anders formuliert: Jemand, der getauft aber ungläubig ist, wird nicht gerettet werden! Das ist ein Indiz dafür, dass die Babytaufe der katholischen Kirche Mumpitz sein könnte, falls der Getaufte später nicht gläubig ist, also nicht glaubt, dass Jesus der Sohn Gottes, der Messias ist, der am dritten Tag von den Toten auferstanden ist.

Seine zeitlich unbegrenzte Aussage geht noch weiter: *„Diese Zeichen aber werden denen folgen, die glauben: In meinem Namen werden sie Dämonen austreiben."* Wieder lässt Jesus die Taufe aus. Das heißt, dass ein Gläubiger in Jesu Namen Dämonen austreiben kann, bevor er getauft wird. Und genauso hat es sich bei mir zugetragen. Mit anderen Worten: Die, die zukünftig gläubig werden, werden auch zukünftig in Jesu Namen Dämonen austreiben.

Was ist an dieser Bibelstelle so schwer zu verstehen? Woher nehmen sich viele Gläubige das Recht, diese Bibelstelle einfach auszublenden, als sei sie nicht existent? Aber, es geht noch weiter. Die Voraussetzung, im Namen Jesu Dämonen auszutreiben, ist also der Glaube. Und Jesus sagt als nächstes: *„In meinem Namen werden sie Dämonen austreiben."* Auch das ist eine zeitlich unbegrenzte Aussage. Des Weiteren steht dort nicht „sollen" oder „müssen" oder „können", sondern einfach nur „werden". Hinter dem Wort „werden" steht keine Aufforderung, sondern eine Selbstverständlichkeit. Warum Selbstverständlichkeit? Weil Jesus einen Großteil seines Dienstes damit zugebracht hatte, Dämonen auszutreiben. Es war selbstverständlich für ihn. Und mir ist keine Bibelstelle bekannt, die besagt, dass in Zukunft Dämonen zu existieren aufhören. Sie sind heute genauso relevant wie früher! Beweis mir das Gegenteil. Warum wird das hierzulande in den Kirchen und Gemeinden ausgeblendet? Im gesamten Markusevangelium treibt Jesus Dämonen aus, einen nach dem anderen. Das geht bereits im ersten Kapitel los. Und im letzten Kapitel betont er, dass die, die an ihn glauben, in seinem Namen Dämonen austreiben werden.

Nun höre ich einige einwenden, die katholische Kirche praktiziere Exorzismus. Ja, das stimmt. Sie machen daraus ein Staatsgeheimnis. In Markus 16,17 steht aber, dass ALLE Gläubige Dämonen austreiben werden. Hier ist etwas aus den Fugen geraten, und ich befürchte, das hat System bzw. dahinter steckt eine Agenda. Und wer anderes könnte dahinterstecken als der Satan selbst? Und die katholische Kirche hat sich meiner Ansicht nach selbst entlarvt. Denn der Befreiungsdienst in den USA wächst so rasant, insbesondere auf YouTube und Facebook, dass vor circa anderthalb Jahren auf einmal ein katholischer Exorzist aus seinem Loch gekrochen kam und Interviews auf irgendwelchen YouTube Kanälen hielt, in denen er behauptete, dass in Menschen eine vermehrte dämonische Belastung zu verzeichnen sei. Ach, ja? Meiner festen Überzeugung nach ist er vom Vatikan beauftragt worden, an die Öffentlichkeit zu gehen, weil der wachsende Befreiungsdienst in den USA die Glaubwürdigkeit der katholischen Kirche in Frage stellt. Sie wollen sozusagen mit auf der Welle reiten. Ich hatte mir ein, zwei Interviews mit diesem katholischen Exorzisten angehört, dessen Äußerungen streckenweise von dem abweichen, was ich bereits gelernt hatte und was der US-Befreiungsdienst offenbart. Darüber hinaus scheint die katholische Kirche vor dem Exorzismus die Mutter Maria und auch Engel anzubeten. Das ist meines Erachtens unbiblisch. Maria hat bei Dämonenaustreibungen nichts verloren. Einzig und allein Jesus Christus ist anwesend, das fleischgewordene Wort. In meiner Bibel gibt es nicht eine Stelle, in der die Mutter Jesu Dämonen austreibt oder als Hilfe anwesend ist.

Das Werkzeug, mit dem wir Dämonen austreiben, ist, im Namen Jesu zu handeln! „Im Namen Jesu" oder „Im Namen Jesu Christi" ist sozusagen unsere Waffe oder unser Schlüssel, auf den die Dämonen allergisch reagieren. Also, als Erstes der Glaube und dann „im Namen Jesu". Nun finden wir aber nichts Näheres darüber, bei wem oder was die Dämonen ausgetrieben werden sollen. Da steht nicht „bei dem einen" oder „bei dem anderen" oder „bei anderen", sondern da steht einfach nur: *„In meinem Namen werden sie Dämonen austreiben."* Diese Aussage ist allgemeingültig und auf keine bestimmte Personengruppe beschränkt, sodass die Gläubigen sowohl bei anderen als auch *bei sich selbst* Dämonen austreiben werden. Genau das tat ich. Und es hat funktioniert!

Halten wir fest: Als Erstes müssen wir <u>gläubig</u> geworden sein. Das heißt, wir müssen gläubiger Christ sein. Das ist die unabdingbare Grundvoraussetzung für das biblische Austreiben von Dämonen. Und diese unabdingbare Grundvoraussetzung beinhaltet, zweitens, die (regelmäßige) <u>Buße</u>. Als Drittes müssen wir es <u>Im Namen Jesu</u> tun. Diese drei Grundvoraussetzungen sind zwingend notwendig.

Johannes 14,12

„Wahrlich, wahrlich, ich sage euch: Wer an mich glaubt, der wird auch die Werke tun, die ich tue, und wird größere als diese tun, weil ich zum Vater gehe."

Was für ein spektakuläres Versprechen Jesu Christi. Der Christus, der Sohn Gottes, der Messias, das Alpha und das Omega, der von den Toten Auferstandene, der alle Arten von Krankheiten auf der Stelle geheilt hat, der alle Dämonen ausgetrieben hat, der Tote zum Leben erweckt hat, sagt hier klar und deutlich, dass die, die an ihn glauben, auch die Werke tun werden, die er getan hat und sogar noch größere Werke!

Größere Werke als Jesus?! Das muss man sich auf der Zunge zergehen lassen. Das muss man wirklich sacken lassen. Diese Verheißung ist so groß, so umfangreich, so gigantisch, dass man sie beim ersten Mal Hören oder Lesen unmöglich in voller Gänze erfassen kann.

Kapitel 14 im Johannesevangelium ist seit vielen Jahren eine meiner Lieblingsbibelstellen im Neuen Testament. In Vers 8 bittet Philippus Jesus: *„Herr, zeig uns den Vater, und es genügt uns."* Daraufhin gibt Jesus die berühmte Antwort, dass er und sein Vater eins sind! Dass Jesus und unser aller Schöpfer, unser Himmlischer Vater, eins sind. *„Glaubt mir, dass ich im Vater bin und der Vater in mir ist."* Kurz darauf gibt er uns das Versprechen in Vers 12. Hierbei ist wichtig, dass Jesus in erster Linie Philippus bzw. seinen Jüngern antwortet. Er spricht sie direkt an. In 14,12 jedoch spricht er wieder allgemeingültig diejenigen an, die an ihn glauben oder die gläubig geworden sind. Jesus sagt nicht „Wenn du, Philippus, an mich glaubst" oder „Wenn ihr Jünger an mich glaubt" oder „Wenn die Juden an mich glauben", nein, er sagt ganz allgemein „Wer an mich glaubt..." Punkt.

Und seine darauffolgende Verheißung ist wieder eine zeitlich unbegrenzte. Zumindest so lange, bis Jesus wiederkommt. Er sagt, wer an ihn glaubt, wird größere Werke tun, als die, die er getan hat, weil er zum Vater geht. Logisch betrachtet, müsste diese Verheißung dann so lange Gültigkeit haben, solange Jesus im Himmel bei Gott ist. Das alles klingt zu schön, um wahr zu sein. Und dennoch steht es so in meiner Bibel.

Es gibt verschiedene Ebenen des Glaubens:
1. **Der Glaube an die Existenz einer Person.** Der Glaube an Gott; dass Gott existiert, dass Gott *ist*. Oder der Glaube an Jesus; dass Jesus der Messias ist, dass Jesus existiert, dass Jesus *ist*.
2. **Der Glaube an die Fähigkeiten dieser Person.** Zum Beispiel der Glaube, dass Jesus Dämonen nachhaltig austreibt.
3. **Der Glaube an die erhaltene Erlaubnis zur Ausübung dieser Fähigkeiten dieser Person.** Der Glaube, dass man Jesus' Fähigkeit erhalten hat, Dämonen auszutreiben.
4. **Der Glaube, diese Fähigkeiten dieser Person umsetzen zu können.** Der Glaube, dass man die verliehene Fähigkeit, Dämonen auszutreiben, umsetzen kann.

Diese Aufzählung ist ein Versuch, zu veranschaulichen, dass es verschiedene Ebenen im Glauben gibt. Hier sehen wir, dass es einen Unterschied zwischen dem Glauben in Punkt 1 und dem Glauben in Punkt 4 gibt. Der Glaube in Punkt 1 ist der rettende Glaube, der allesentscheidende Glaube. Der Glaube in Punkt 4 geht über diesen rettenden Glauben hinaus. Es ist im Prinzip der Glaube, von dem Jakobus spricht, wenn er sagt, dass der Glaube ohne Werke Tod ist.

„Was hilft es, meine Brüder, wenn jemand sagt, er habe Glauben, und hat doch keine Werke? Kann ihn denn dieser Glaube retten? Wenn nun ein Bruder oder eine Schwester ohne Kleidung ist und es ihnen an der täglichen Nahrung fehlt, und jemand von euch würde zu ihnen sagen: Geht hin in Frieden, wärmt und sättigt euch!, aber ihr würdet ihnen nicht geben, was zur Befriedigung ihrer leiblichen Bedürfnisse erforderlich ist, was würde das helfen? So ist es auch mit dem Glauben: Wenn er keine Werke hat, so ist er an und für sich tot. Da wird dann einer sagen: „Du hast Glauben, und ich habe Werke. Beweise mir doch deinen Glauben aus deinen Werken, und ich werde dir aus meinen Werken meinen Glauben beweisen! Du glaubst, dass es nur einen Gott gibt? Du tust wohl daran! Auch die Dämonen glauben es - und zittern!" Jakobus 2,14-19

Jakobus sagt hier unmissverständlich, dass es einen Unterschied zwischen Glaube und Werke gibt. Um das auf unser Thema zu übertragen: Wenn nun ein Bruder oder eine Schwester einen Dämonen hat, der sie quält, und jemand von euch, der das wüsste oder ahnte, würde zu ihnen sagen: Geht hin in Frieden, sorgt euch nicht und denkt positiv!, aber ihr würdet ihnen nicht geben, was zur Befriedigung ihrer seelischen Bedürfnisse erforderlich ist, was würde das helfen?

Es gibt die Werke Jesu und die Werke des Teufels. Es gibt nichts dazwischen. Deshalb kam Jesus in seine eigene Schöpfung hernieder, um die Werke des Teufels zu zerstören. Unterlassene Hilfeleistung ist ein Werk des Teufels und somit eine Sünde. Alle Christen sündigen, machen wir uns nichts vor. Deshalb tritt Christus vor Gott für uns ein. Wenn nun aber Jesus zuhauf Dämonen ausgetrieben hat - seine Jünger (Apostel) ebenfalls -, und wenn Jesus verspricht, dass die, die an ihn glauben, diese Werke auch tun werden und sogar noch größere, jedoch die Gläubigen das Thema „Dämonen in Menschen" ignorieren, so als hätte Markus 16,17 keine Relevanz, dann ist das unterlassene christliche Hilfeleistung. Und dafür werden wir Gläubigen uns irgendwann verantworten müssen. Der US-amerikanische Pastor Dr. Kynan Bridges spricht von einer christlichen Identitätsstörung. Mindestens jedoch ist es unterlassene Nächstenliebe. Und Nächstenliebe beruht auf der Voraussetzung, uns selbst zu lieben (siehe: 3.Mose 19,18 und Matthäus 22,39). Es heißt nicht, liebe dich selbst wie deinen Nächsten. Es heißt, liebe deinen Nächsten wie dich selbst.

Was ist mit „wie dich selbst" gemeint? Sicherlich nicht, unser Eins-Sein mit Gott und Jesus unter den Scheffel zu stellen. „Die Bibel lehrt, dass wir nach dem Ebenbild Gottes geschaffen sind. Und allein diese Tatsache verleiht uns einen großen Wert. Die ausgewogene, biblische Sichtweise ist, dass wir Gottes einzigartige Schöpfung sind, von Gott trotz unserer Sünde geliebt und von Christus erlöst. In seiner Liebe können wir andere lieben. Wir lieben andere auf Grundlage der bleibenden Liebe Gottes zu uns in Christus (Quelle: GotQuestions.org)."

Nun spricht Jesus von diesen „noch größeren Werken als seine". Was könnte damit gemeint sein? Vielleicht auch die Selbstbefreiung? Ich jedenfalls sehe es so. Weil ich nach dem Ebenbild Gottes geschaffen bin und keine Dämonen in mir haben sollte. Somit stand für mich fest, dass ich alles daransetzen werde, die Dämonen loszuwerden. Koste es, was es wolle. Und da ich hier in Deutschland niemanden hatte, der mir diesbezüglich helfen konnte, stand fest, dass ich es selbst tue.

Halten wir fest: Es gibt Glaube und Werke. Der Glaube ohne Werke ist ein toter Glaube. Werke sind Taten und deren Ergebnisse. Die Motivation ist, Werke hervorzubringen: Die Dämonen auszutreiben ohne Wenn und Aber!

Lukas 10,18-19

„Das sprach er zu ihnen: Ich sah den Satan wie einen Blitz vom Himmel fallen. Siehe, ich gebe euch die Vollmacht, auf Schlangen und Skorpione zu treten, und über alle Gewalt des Feindes, und nichts wird euch in irgendeiner Weise schaden."

Der „Feind" und die „Schlange" sind Satan und seine Dämonenarmee. Jesus antwortet hier den siebzig Jüngern, als sie mit Freuden von ihrer Mission zurückkehrten und sprachen: *„Herr, auch die Dämonen sind uns Untertan in deinem Namen."* Da ist sie wieder, die Vollmacht. Der Herr Jesus spricht hier zu den Siebzig direkt - nicht zu mir oder zu dir oder allgemeingültig -, wir sehen hier aber, dass „im Namen Jesu" die Vollmacht ist. Und diese Vollmacht haben all jene erhalten, die gläubig geworden sind und zwar bis zum heutigen Tag. Warum sollte sich daran etwas geändert haben? Warum sollte es heute keine Dämonen mehr geben? Warum sollten die damaligen Gläubigen eine Vollmacht von Jesus erhalten haben und die heutigen Gläubigen nicht? Und am Glauben hat sich nichts geändert, denn *„Jesus Christus ist derselbe gestern, heute und in Ewigkeit."*

Halten wir fest: Um die guten Werke zu tun, die uns Jesus aufgetragen hat, benötigen wir eine Vollmacht. Unsere Vollmacht ist die Willenserklärung unseres Herrn Jesus Christus. Er überträgt sein Recht und seine Fähigkeit, Dämonen auszutreiben, auf seine Jünger und uns Gläubige. Diese Vollmacht bietet einen übernatürlichen Schutz, denn nichts wird uns in irgendeiner Weise schaden.

Matthäus 12,43-45

„Wenn aber der unreine Geist von dem Menschen ausgefahren ist, so durchwandert er dürre Orte, sucht Ruhe und findet sie nicht. Dann spricht er: Ich will in mein Haus zurückkehren, aus dem ich herausgegangen bin; und wenn er kommt, findet er es leer, gekehrt und geschmückt. Dann geht er hin und nimmt sieben andere Geister mit sich, böser als er selbst,

und sie gehen hinein und wohnen dort; und es steht um je-
nen Menschen am Ende schlimmer als zuvor. So wird es
auch sein mit diesem bösen Geschlecht. "

In diesen drei Sätzen Jesu Christi finden wir eine Menge Informationen über die Welt und Typologie der Dämonen. Ich
möchte auf das Wesentliche eingehen. Zunächst einmal: Matthäus 12 ist ein wichtiges Kapitel. Darin setzt sich Jesus gegen
die verbalen Angriffe der Pharisäer erfolgreich zur Wehr. Die
Pharisäer waren eine theologische, philosophische und politische Schule im antiken Judentum, eine sehr einflussreiche religiöse Gruppe, auch die Schriftgelehrten genannt. Sie hassten
Jesus. Und Jesus lag ständig mit ihnen im Clinch. Er nennt sie
böse und bezeichnet sie u.a. als Schlangenbrut. An einer Stelle,
nachdem Jesus einen Leidenden von einem Dämon befreit hat,
äußern die Pharisäer den Verdacht, dass Jesus Beelzebul, der
Oberste der Dämonen, sei, eben weil er so gut Dämonen austreiben kann. In seiner Antwort geht Jesus auch auf das Königreich Satans ein. Der Kontext dieser Bibelstelle ist eine Auseinandersetzung Jesu mit den Pharisäern.

Dämonen betrachten unseren Körper als ihr Haus, in dem sie
wohnen. Sie suchen eine Bleibe; am liebsten die, aus der sie
rausgeschmissen wurden. In einer Bleibe (Körper) kommen sie
zur Ruhe.

Und „Ruhe" ist ein wesentlicher Punkt. Wenn Dämonen von
Gläubigen erwischt werden oder kurz davor sind, aufzufliegen,
fangen sie häufig zu zittern an. Dieses „Zittern" ist ein typisches Anzeichen für Dämonen. Entweder zittern sie vor Angst
oder weil sie sich erschrecken. Ihre größte Angst ist, erwischt
oder entblößt zu werden. Jakobus wird sich schon etwas dabei
gedacht haben, als er schrieb: *„Du glaubst, dass es nur einen*
Gott gibt? Da hast du recht! Das glauben auch die Dämonen,
und sie zittern vor Angst!"

Das „leer, gekehrt und geschmückt" kann sicherlich in ver-
schiedener Weise interpretiert werden. Ich bin mir ziemlich
sicher, dass Jesus die Pharisäer anspricht und zwar ihren religi-

ösen Geist. Was der religiöse Geist ist, darauf gehe ich näher im Unterkapitel „Unterscheidung der Geister" ein. Die Pharisäer hatten ein „adrettes" Äußeres, sie wirkten gepflegt, „gekehrt und geschmückt".

Im Folgenden beschränke ich mich auf das Wort „leer". Ich hatte es bereits an anderer Stelle geschrieben: Ein leerer Geist, so wie er in der östlichen Meditationslehre angestrebt wird, ist für einen wahren Christen, der weiß, dass der Teufel wie ein brüllender Löwe umherstreift, ein No-Go. Wahre Christen meditieren auch, und zwar auf das Wort Gottes. Sie studieren die Bibel. Das ist christliche Meditation. Sie folgen Jesus' Anweisung, zu wachen und zu beten (Markus 14,38). Wachsamkeit und Beten ist das „Gegenteil" von „leer". Wenn also ein Dämon sieht, dass in der „Bleibe" nicht die erforderlichen „Hausaufgaben" gemacht werden wie regelmäßiges Beten, die Bibel lesen, Gottes Verheißungen proklamieren, wachsam sein und eine intime Beziehung mit Jesus zu pflegen, dann ist das ein guter Nährboden für einen bösen Geist.

Das „leer" kann sich auch auf die Abwesenheit des Heiligen Geistes beziehen, ein Zustand bei Nicht-Gläubigen. Somit stellt das Austreiben von Dämonen bei Nicht-Gläubigen eine Gefahr dar, weil der ursprüngliche Dämon mit sieben weiteren, noch böseren Dämonen wieder einfahren kann.

Allerspätestens direkt nach der Dämonenaustreibung im Namen Jesu muss der Befreite Jesus als seinen Herrn und Erlöser im Glauben annehmen, um unter Gottes Schutz zu stehen oder durch den Heiligen Geist versiegelt zu werden. So wird es auch bei Maria Magdalena gewesen sein. Nachdem Jesus sie von sieben Dämonen befreit hatte, wurde sie seine Jüngerin.

Halten wir fest: <u>Dämonen treten in Gruppen auf.</u> Der eine ist böser als der andere. Sie missbrauchen unseren Körper als ihre Wohnstätte und richten Chaos in unserem Denken und Fühlen an. Sie sind das pure Böse. Auch wenn sie aufgrund unseres sündigen Lebens das legale Recht gehabt haben mögen, in uns einzudringen, sind sie nach unserer Bekehrung illegale „Hausbesetzer", die mit aller „Gewalt" gnadenlos rausgeschmissen werden müssen.

Markus 6,7 und 12-13
„Und er ruft die Zwölf herbei, und er begann, sie zu zweien auszusenden, und gab ihnen Vollmacht über die unreinen Geister. (...) Und sie zogen aus und predigten, dass sie Buße tun sollten; und sie trieben viele Dämonen aus und salbten viele Kranke mit Öl und heilten sie."

Das entscheidende Wort hier ist „Buße". Ohne Buße keine wahre Bekehrung. Ohne Buße keine wahre Dämonenaustreibung! Die allerersten Worte Jesu im Markusevangelium sind: *„Die Zeit ist erfüllt, und das Reich Gottes ist nahe gekommen. **Tut Buße** und glaubt an das Evangelium!"*

Buße bedeutet Umkehr. „Im Christentum stellt Buße das Bemühen um die Wiederherstellung eines durch menschliches Vergehen gestörten Verhältnisses zwischen Gott und dem Menschen dar (Wikipedia)", das im Garten Eden durch Eva und Adam ausgelöst wurde, weil der Satan in Form einer Schlange sie dazu verführte, das *einzige* Gebot Gottes, nicht die Früchte des Baumes der Erkenntnis von Gut und Böse zu essen, missachteten. Der Sündenfall. Dadurch wurden die Menschen von der direkten Kommunikation mit Gott getrennt. Deshalb sind alle Menschen von Natur aus Sünder, selbst die Gottlosen, die sich für ehrenwert und gut halten, weil sie ihren Maßstäben nach Gutes tun.

Falls dir das Prinzip „Sünde"nicht geläufig ist, empfehle ich dir den Film „König der Ehre" auf YouTube, der mit wunderschönen Bildern in kurzweiligen dreidreiviertel Stunden den gesamtbiblischen Zusammenhang wunderbar erklärt. Bibelunterricht vom Feinsten - für Einsteiger und Fortgeschrittene.

Teil der Buße ist die Reue. Buße ist die Umkehr zu Gott - das Achten seiner Gesetze, Richtlinien und Vorschriften -, wohingegen Reue das Bedauern des eigenen Fehlverhaltens ist. Das wesentliche Ziel Satans und seiner Dämonenarmee ist es, uns zur Sünde zu verleiten und uns Jesus bzw. Gottes Gnade vorzuenthalten, damit wir keinen Eintritt in den Himmel haben.

„Gott ist heilig und perfekt. Der Himmel - sein Aufenthaltsort - ist auch heilig und perfekt. Gemäß Römer 3,10 ist kein Mensch heilig und perfekt genug für den Himmel. Die Leute, die wir als „gut" ansehen, sind für die sündenfreie Perfektion Gottes überhaupt nicht gut. Wenn Gott sündigen Menschen Eintritt in den perfekten Himmel gewähren würde, wäre er nicht mehr perfekt (GotQuestions.org)." Sünde muss bestraft werden, ansonsten wäre Gott nicht gerecht. Deshalb kam Gott als Mensch - als Jesus - in seine eigene Schöpfung hinab, um unsere Strafe auf sich zu nehmen, obwohl er ein perfektes, sündenfreies Leben geführt hatte. Das war ein Akt reiner Gnade, weil wir Menschen es nicht verdient haben, und wir können es uns auch nicht verdienen. Durch das vergossene Blut Jesu sind uns alle Sünden vergeben, vorausgesetzt wir glauben, kehren um (tun Buße) und bereuen unser Fehlverhalten. Und genau das hassen die Dämonen wie die Pest; sie können es nicht ertragen, wenn wir Buße tun und Jesus verherrlichen.

Halten wir fest: Eine effiziente Dämonenaustreibung setzt anfänglich <u>Buße</u> und die <u>Anbetung und Verherrlichung Jesu</u> voraus. Dämonen hassen das wie die Pest, es macht sie nervös!

Epheser 6,12
„Denn wir kämpfen nicht gegen Menschen aus Fleisch und Blut, sondern gegen Personen ohne Körper - die bösen Herrscher der unsichtbaren Welt, jenen mächtigen satanischen Wesen und großen bösen Fürsten der Finsternis, die diese Welt regieren; und gegen eine große Zahl an boshaften Geistern in der geistlichen Welt."

Diese Übersetzung des Verses ist aus der englischen „Living Bible" und gewährt einen hilfreichen Einblick in das Ausmaß der geistlichen Kampfführung.

Halten wir fest: Da wir gegen <u>Personen ohne Körper</u> kämpfen, also gegen etwas Unsichtbares, sind Befreiungen im Anfang grundsätzlich befremdlich und unheimlich. Davon dürfen wir uns nicht abschrecken lassen. Im Gegenteil! Sobald die Dämonen mit dem Rücken zur Wand stehen, <u>fangen sie an, sich zu manifestieren</u>, beispielsweise durch Zittern. Dadurch werden sie „sichtbar" beziehungsweise körperlich erlebbar. Letzteres ist der Beweis für ihre Gegenwart im Menschen.

Matthäus 7,21-23
„Nicht alle Menschen, die sich fromm gebärden, glauben an Gott. Auch wenn sie ‚Herr' zu mir sagen, heißt das noch lange nicht, dass sie ins Himmelreich kommen. Entscheidend ist, ob sie meinem Vater im Himmel gehorchen. Am Tag des Gerichts werden viele zu mir kommen und sagen: ‚Herr, Herr, wir haben in deinem Namen prophezeit und in deinem Namen Dämonen ausgetrieben und viele Wunder vollbracht.' Doch ich werde ihnen antworten: ‚Ich habe euch nie gekannt. Fort mit euch. Ihr lebt nicht nach Gottes Gebot.'"

Das ist eine erschreckende Aussage Jesu, wahrscheinlich die erschreckendste. Der wahre Jesus ist nicht der falsche Hippie-Jesus der Esoterik oder der modernen Spiritualität, der alle Sünder einfach akzeptiert und deren Sünden gutheißt. Ganz und gar nicht. Ja, der wahre Jesus liebt alle Sünder. Aber er hasst ihre Sünden. Deshalb sagt er in Lukas 5, als er gefragt wird, warum er sich mit Sündern abgibt: *„Die Gesunden brauchen keinen Arzt, sondern die Kranken! Ich bin gekommen, um Sünder zu Umkehr zu Gott zu rufen, und nicht solche, die sich sowieso für gut genug halten."* Jesus betrachtet Sünder als Kranke. Lass das mal sacken.

Hier sehen wir deutlich, dass der wahre Jesus weitaus strenger und unbeugsamer ist, als uns die Welt glauben macht. Gott ist Liebe! Liebe bedeutet auch, die Dinge so zu benennen, wie sie sind, auch wenn es die Gefühle anderer verletzt. Es geht nicht um Gefühle, es geht um Gehorsam. Mein Lieblingspastor, der US-amerikanische Troy Brewer, hat die Aussage geprägt: „Jesus is not nice, he is kind." Auf Deutsch: Jesus ist nicht nett, er ist freundlich.

Nur weil jemand sich als Christ bezeichnet, heißt das noch lange nicht, dass er auch ein wahrer Christ oder Gläubiger ist. Es gibt moderne Pastoren, die predigen: Einmal gerettet, immer gerettet. Das halte ich für gefährlich. Was bringt es mir, Jesus als meinen Herrn und Erlöser anzuerkennen und so weiterzuleben wie zuvor? Jesus beantwortet das klar und deutlich: „Ich habe euch nie gekannt. Fort mit euch!" Das sollte jedem, der sich Christ nennt, zu denken geben. Der Gedanke, dass ich irgendwann vor Christus stehe und er mir sagt, er kenne mich nicht, fort mit mir, ist beängstigend. Worum geht es also?

Jesus sagt in Matthäus 5,17: „*Versteht nicht falsch, warum ich gekommen bin. Ich bin nicht gekommen, um das Gesetz oder die Schriften der Propheten abzuschaffen. Im Gegenteil, ich bin gekommen, um sie zu erfüllen.*" Die zehn Gebote Gottes besitzen demnach nach wie vor Gültigkeit. Als Jesus gefragt wird, was das wichtigste Gebot im Gesetz sei, antwortet er in Matthäus 22: „*Du sollt den Herrn, deinen Gott, lieben mit deinem ganzen Herzen und mit deiner ganzen Seele und mit deinem ganzen Denken. Das ist das erste und größte Gebot. Und das zweite ist ihm vergleichbar: Du sollst deinen Nächsten lieben wie dich selbst.*" Im Prinzip sind diese beiden Gebote eine Zusammenfassung der zehn Gebote.

Es muss zu einer wahren Umkehr kommen (Buße) und das beinhaltet, dass ich mit dem Lebensstil, den ich geführt habe, aufhöre und zwar ein für allemal. Denken wir immer daran: Gott lässt nicht mit sich spaßen. Unsere sündige Welt ist das Ergebnis der Werke Satans und nicht das Ergebnis der Werke Gottes. Gott ist als Jesus gekommen, um die Werke des Teufels zu zerstören. Niemand, der die Welt mehr liebt als Gott, kann in den Himmel kommen. Das ist die bittere Wahrheit beziehungsweise die wunderbarste aller Offenbarungen, wenn man sie anzunehmen weiß. „*Lebt so, wie es eurem neuen Leben im Heiligen Geist entspricht. Dann werdet ihr auch nicht tun, wozu eure sündigen Neigungen euch drängen. Die alte sündige*

Natur liebt es, Böses zu tun - genau das Gegenteil von dem, was der Heilige Geist will. " (Galater 5,16-17)

Der Schöpfer, der dir Augen zum Sehen gegeben hat, sieht, was du tust. Der Gott, der dir Ohren zum Hören gegeben hat, hört, was du sagst. Und der Gott, der dir einen Mund zum Sprechen gegeben hat, spricht zu dir. Hörst du ihm zu?

Selbstverständlich geht das alles nicht auf einmal. Es ist ein Prozess, der auch Charakterbildung genannt wird, und erst mit unserem Tod aufhört. Jeden Morgen erhalten wir aufs Neue Gottes Gnade. Gott ist geduldig und gütig. Er weiß, wie schwer es hier unten in der von Satan verseuchten Materie ist. Jesus selbst hat es zu spüren bekommen. Wenn wir es aber wirklich ernst meinen, fängt der Heilige Geist in uns zu wirken an. Der Heilungsprozess geht dann von Innen nach Außen. Eine Eigenschaft des Heiligen Geistes ist es, uns in die Wahrheit zu führen und den Charakter zu verändern (siehe: Johannes 16,13 und Galater 5,22). Wenn wir es wirklich ernst meinen beziehungsweise wenn wir den Ernst der Lage erkannt haben, dann erhalten wir automatisch einen Frieden oder Ruhe, die wir nicht für möglich gehalten hätten. Darüber hinaus erkennen wir auf einmal unsere sündige und schlechte Natur; wir können sie auf einmal sehen. Und das große Geschenk ist, dass, wenn wir rückfällig werden und es dann bereuen und Buße tun, uns Gott vergibt!

„...und ihr werdet die Wahrheit erkennen, und die Wahrheit wird euch frei machen. " Johannes 8,32

„Kommt alle her zu mir, die ihr müde seid und schwere Lasten tragt, ich will euch Ruhe schenken. Nehmt mein Joch auf euch. Ich will euch lehren, denn ich bin demütig und freundlich, und eure Seele wird bei mir zur Ruhe kommen" Matthäus 11,28-29

Halten wir fest: Christsein ist kein Kaffeeklatsch. Wahres Christsein beinhaltet Charakterbildung, also Christus immer ähnlicher zu werden und seinen Geboten zu folgen. Das ist wahrer Glaube. Und da Christus am laufenden Band Dämonen ausgetrieben hat und sagt, dass die, die an ihn glauben, Dämonen austreiben werden, sollte dieses Gebot ernst genommen werden. Allerdings ist es keine Freikarte in den Himmel. Dämonen werden nicht ausgetrieben, damit wir in den Himmel kommen, sondern um die Leidenden zu befreien. Es geht um <u>Mitgefühl und Barmherzigkeit</u> und nicht um den eigenen Vorteil.

Markus 6,4-6
„Jesus aber sprach zu ihnen: Ein Prophet ist nirgends verachtet außer in seiner Vaterstadt und bei seinen Verwandten und in seinem Haus! Und er konnte dort kein Wunder tun, außer dass er wenigen Kranken die Hände auflegte und sie heilte. Und er verwunderte sich wegen ihres Unglaubens."

Diese Bibelstelle ist von kolossaler Tragweite, sobald man ihr Ausmaß mit Geist, Seele und Leib erfasst hat. Es geht um den Unglauben der Einwohner von Nazareth, die Vaterstadt Jesu. Genaugenommen geht es um Glaubensverweigerung, Realitätsverweigerung und Kommunikationsverweigerung.

Jesus Christus, der die größten Wunder vollbrachte, der alle Kranken *sofort* heilte, der alle Dämonen *sofort* austrieb, der Tote *sofort* auferstehen ließ, der *mühelos* auf dem Wasser wandelte, der selbst von den Toten auferstanden ist, dieser Jesus konnte also keine oder kaum Wunder in seiner Heimatstadt tun. Warum nicht? Wegen dem Unglauben der Menschen! Sie wollten nicht glauben, dass der einfache Zimmermann solche Wunder vollbringen kann. Kennen wir das nicht irgendwoher, dass, sobald wir aus den beschränkten Glaubens- oder Verhaltensmustern unserer Familie ausbrechen, wir genau dort an unsere Grenzen stoßen?

176

Es geht hier wieder um den Glauben. Besser gesagt: Um die Macht des Glaubens und um die Macht des Unglaubens. Jesus nicht zu glauben, ist Kommunikationsverweigerung! Und da es in der Bibel ausschließlich um Kommunikation geht, ist Kommunikationsverweigerung auch die rote Linie, hinter der wir uns von Gottes übernatürlichem Wirken ausgegrenzt haben.

Bei allen Heilungen spielt der Glaube der Kranken eine entscheidende Rolle. Jesus betont immer wieder, dass der Glaube der Kranken oder Hilfesuchenden Ergebnisse bewirkt. Hier ein paar Beispiele:

Zum Blinden in Jericho sagt Jesus: *„Geh hin, dein Glaube hat dir geholfen. Und sogleich wurde er sehend und folgte ihm nach auf dem Wege."* Markus 10,52

Zum aussätzigen Samariter sagt Jesus: *„Steh auf, geh hin; dein Glaube hat dir geholfen."* Lukas 17,19

Zu der blutflüssigen Frau sagt Jesus: *„Sei guten Mutes, Tochter! Dein Glaube hat dich geheilt."* Matthäus 9,22

„Da antwortete Jesus und sprach zu ihr: Frau, dein Glaube ist groß. Dir geschehe, wie du willst! Und ihre Tochter war geheilt von jener Stunde an." Matthäus 15,28

Der Kontext im letzten Beispiel ist gigantisch. Die Tochter hat einen Dämon. Ihre Mutter ist bei Jesus. Die Tochter ist nicht anwesend, sie ist zuhause. Weil ihre Mutter aber glaubt, dass Jesus die Tochter befreien kann, wird sie befreit, obwohl Jesus und ihre Mutter körperlich nicht anwesend sind. Man könnte dieses Wunder auch „Fern-Befreiung" nennen. Das Mädchen wurde von einem Dämon befreit, nur weil ihre nicht anwesende Mutter glaubte! Diese Mutter ist keine Jüdin und Jesus weigerte sich anfänglich, ihr zu helfen. Aber, weil ihr Glaube so groß ist, hilft er ihr, weil ihr Glaube ihn beeindruckt.

Jesus muss bei Dämonenaustreibungen nicht körperlich anwesend sein. Das hatte er bereits damals, als er noch unter uns weilte, bewiesen. Der Glaube ist das Entscheidende. Und der Glaube ist unabhängig von Raum und Zeit.

Aber, es geht noch weiter. Jesus sagt hier nicht: „Dir geschehe nach deinem Glauben", sondern hier sagt er: *„Dein Glaube ist groß! Dir geschehe, wie du willst."* Er spricht den „Willen" an.

Christsein bedeutet, den Willen Gottes an allererste Stelle zu setzen. *„Dein Wille geschehe wie im Himmel so auf Erden."* Gottes Wille steht in der Bibel. Jesus war 100% Mensch und 100% Gott. Jesus hat uns vorgelebt, wie wir leben und handeln sollen. Es ist sein Wille, dass wir auch so leben oder uns zumindest bemühen.

Jesus hat alle geheilt und befreit - ausnahmslos. Wenn manche Christen für Heilung beten, neigen sie dazu, am Ende des Gebets zu sagen: „Wenn es dein Wille ist...". Sie meinen damit: „Wenn es dein Wille ist, Gott, dann heile ihn, (sie, mich) bitte." Diese Form des Betens suggeriert, dass es Gottes Wille sein könnte, dass jemand nicht geheilt werden soll. In meinen Bibeln habe ich bis dato nicht eine einzige Bibelstelle gefunden, die besagt, dass es Gottes oder Jesu Wille sei, nicht zu heilen. Bereits in den Büchern Mose stellt sich Gott als der HERR vor, der unser Arzt ist (siehe: 2.Mose 15,26). Es ist aber durchaus möglich, dass Gott zulässt, dass jemand krank wird, um ihn zu erziehen, zu züchtigen oder zu prüfen, so wie es bei Hiob der Fall war.

Ich bin Christ. Ich folge Christus. Und Christus hat alle geheilt - ausnahmslos und auf der Stelle. Jesus hat alle von Dämonen befreit - ausnahmslos, auf der Stelle. Er hat niemandem Heilung verwehrt. Er hatte alle von allen möglichen Krankheiten und Dämonen geheilt. Für mich ist vollkommen klar, dass es Jesus Wille sein muss, dass wir Menschen Heilung und Befreiung erfahren. Deshalb bete ich im Zusammenhang mit Heilung und Befreiung nicht: „Wenn es dein Wille ist..." Ich bete: „Weil es dein Wille ist!"

Gelebter Glaube beinhaltet, der Anweisung, nicht mehr zu sündigen, Folge zu leisten. Gott weiß, dass das schwer beziehungsweise kaum möglich ist. Deshalb haben wir Jesus, der vor Gott für uns eintritt. Nachdem Jesus den Kranken am Teich Bethesda, der achtunddreißig Jahre gelähmt war, geheilt hat, sagt er zu ihm, er solle nicht mehr sündigen, *„dass ihm nicht etwas Schlimmeres wiederfahre.“* Krankheit kann also die Folge der Sünde sein. Diese Anweisung Jesu erinnert mich an den unreinen Geist in Matthäus 12,43-45, der mit sieben anderen noch böseren Geistern zurück in den Menschen einfährt, *„und es steht um jenen Menschen am Ende schlimmer als zuvor.“*

Kannst du auch erkennen, dass alles miteinander verwoben ist, dass Krankheiten mit Dämonen im Zusammenhang stehen können und umgekehrt? Interessant ist hier auch, dass Jesus auch den Kranken am Teich Bethesda nach seinem Willen fragt: *„Willst du gesund werden?“* Er fragt nicht, ob er es glaubt, gesund zu werden. Er fragt ihn nach seinem Willen.

Wenn wir hingegen nicht glauben oder wenn wir den Glauben an Jesus' Fähigkeiten verweigern, dann kann selbst Jesus keine Wunder tun. Dann ist uns nicht mehr zu helfen. So einfach ist das. Und Verweigerung ist ein Willensakt. Die Überschrift dieses Unterkapitels lautet „Markus 16,17 & Co.“, weil ich Markus 16,17 nach wie vor für relevant halte. Wenn man diesen Abschnitt der Bibel nicht lehrt oder ihn unter den Teppich kehrt, ihn also einfach auslässt, dann ist das ein Akt des Willens. Die Frage ist nur, ob er im Sinne Jesu Christi ist.

Wenn wir aber glauben und Gottes Wille kennen, dann dürfen wir in diesem Rahmen sogar etwas wollen. Jesus sagt zu der Mutter: „Dir geschehe, wie du willst.“

Noch einmal, weil es meines Erachtens so wichtig ist: Ich habe in den Evangelien bis dato nicht eine einzige Stelle gefunden, die suggeriert, dass es Jesus Wille ist, einen Menschen nicht zu heilen. Im Gegenteil, er heilt alle von allen körperlichen Krankheiten und Dämonen sofort. Er repräsentiert sich in Lukas 5 als Arzt, der gekommen ist, die Kranken (die Sünder) zu heilen. Ein Name Gottes ist Jahwe Rapha, was bedeutet: Der HERR ist Heilung bzw. „Denn ich Jahwe bin es, der dich heilt." Gott kann aber Krankheit vorübergehend zulassen, um einen Menschen in der Gerechtigkeit zu erziehen, so wie er es bei Hiob getan hat.

Halten wir fest: Wenn du nicht an Jesus Existenz, seine Fähigkeiten und an deine von ihm erhaltene Vollmacht glaubst, dann nehmen dich die Dämonen auch nicht ernst. Sie lachen dich aus. Sie spielen mit dir und kommen nicht raus. Wenn du aber glaubst, dann musst du es auch wollen. Du musst den eisernen Willen haben, sie mit Haut und Haaren rauszuschmeißen. Die Motivation muss sein: Wenn du mich töten willst, töte ich dich zuerst.

Vorbereitungen

Am 02.06.2022 servierte mir Gott die Antwort auf mein Gebet „Bitte, hol alle Leichen aus meinem Keller!" auf dem Silbertablett. Gott hatte mich beim Wort genommen, und der Kreis schloss sich ein für allemal. Das Schattenwesen am Fenster meines Zimmers, als ich ein Baby war, und der Fortsetzungstraum in meiner Kindheit, und noch mehr, all das ergab auf einmal Sinn. Und während ich die beiden Bücher von Derek Prince las - „Segen oder Fluch?" und „Sie werden Dämonen austreiben" - stieß ich auf YouTube zufällig auf den wachsenden Befreiungsdienst in den USA, und auf andere christliche YouTuber, die ich regelmäßig anschaute und zum Teil heute noch anschaue.

All das hat Gott mir serviert, obwohl ich nicht direkt danach gefragt hatte. Ich wusste ja nichts von Dämonen, über Befreiungsdienst, über die YouTuber, ich hatte von all dem keine Ahnung. Es war überhaupt nicht in meinem Bewusstsein! Somit konnte ich es auch nicht erfragen oder erbitten. Meine Formulierung „Leichen im Keller" hatte Gott wörtlich genommen. Wenn ich heute darüber nachdenke, muss ich immer an meinen Fortsetzungstraum in meiner Kindheit denken, in dem ich im Keller meines Elternhauses die Anwesenheit von fremden Personen spürte. Ich werde das Gefühl nicht los, dass mir Gott bereits damals in den Träumen sagen wollte, dass ich Dämonen in mir habe.

Alles Positive, was nach dem zweiten Gebet passiert ist, kam zu mir, weil Gott es so arrangiert hat. Er führte mich zu Derek Prince, von dem ich noch nie etwas gehört hatte. Und Derek Princes Buch „Sie werden Dämonen austreiben" ist der Klassiker schlechthin auf diesem Gebiet, den man gelesen haben muss, wenn man sich mit diesem Thema beschäftigt. Ich habe es einzig und allein diesem Buch zu verdanken, dass ich so kühn und mutig an die Sache herangegangen bin, obwohl das Buch das Thema „Selbstbefreiung" nicht behandelt. Es ist nach wie vor weltweit das Standardwerk auf diesem Gebiet.

Darüber hinaus haben mir die anderen Themen von Derek Prince sehr dabei geholfen, den Kontext der Bibel zu verstehen, insbesondere was Jesus am Kreuz durch sein vergossenes Blut für uns Menschen getan hat. Ich saugte alles auf wie ein trockener Schwamm, nicht nur Derek Prince, einfach alles, was Gott mir servierte. Seitdem lese ich täglich in meiner Bibel.

Jagd auf Dämonen
Ich stand also mit dem Rücken zur Wand, weil ich nicht wusste, an wen ich mich wenden sollte. An die katholische Kirche hätte ich mich nicht gewandt, weil ich vor zwanzig Jahren aus Überzeugung aus ihr ausgetreten war, und das bleibt auch so. Darüber hinaus ist dieses Thema in Deutschland ein Tabuthema. Man wird für verrückt erklärt, wenn man darüber spricht, worüber ich hier schreibe. Somit blieben mir nur die Literatur, Videos und Podcasts übrig.

Es kam aber noch etwas anderes hinzu, das mich veranlasste, es selbst in die Hand zu nehmen: meine **unbändige Wut**! Ich wurde richtig wütend auf die Dämonen, weil sie meine Eltern und mich zerstört hatten, diese Schlangenbrut! Sie hatten es gnadenlos durchgezogen. Ich sann auf **Rache**. Ich wollte das selbst erledigen. Es wurde zu einer persönlichen Angelegenheit zwischen mir und den Dämonen. Ich war rasend vor Wut. Und dennoch hatte ich mich unter **Kontrolle**, weil der Heilige Geist mich führte und meine Wut eine natürliche Wut war. Und ich hatte schnell gelernt, dass der Kampf gegen diese bösen Personen ohne Körper ein **Ringkampf** ist. Die englische Übersetzung von Epheser 6,12 in der King James Version lautet: „For we wrestle not against flesh and blood..." Auf Deutsch: „Wir ringen nicht mit Fleisch und Blut..." Und da ich ein bisschen Kampfsporterfahrungen besitze, war mir sofort klar, dass in dieser Angelegenheit ein **Killerinstinkt** von Nöten ist. Und da das Ganze auf geistlicher Ebene stattfindet, fühlte ich mich umgehend gewappnet. Ich zog die Waffenrüstung Gottes an.

Des Weiteren hatte ich glücklicherweise Erfahrungen in der Selbsttherapie. Ich weiß, was es heißt, gleichzeitig Therapeut und Klient zu sein. Somit hatte mich meine Innere-Kind-Arbeit in 2019 auf das, was kommen sollte, vorbereitet - auf meine Selbstbefreiung.

Mir war auf der Stelle bewusst, dass ich es hier mit absolut feigen, hinterhältigen und bösen Personen ohne Körper zu tun hatte, die durch und durch ängstlich sind. Jakobus' „sie zittern vor Angst" half mir sehr dabei. Und Dereks Rat, während des „Ringkampfes" **hartnäckig** zu bleiben, bis sie rauskommen müssen, leuchtete mir sofort ein. Und da ich einen großen **Kampfgeist** besitze, beschloss ich, die Sache selbst in die Hand zu nehmen. Die Angelegenheit wurde zu meinem persönlichen Rachefeldzug.

Für diesen Rachefeldzug musste ich meine Ressourcen aktivieren, was wie von selbst ging. Die beiden wichtigsten Ressourcen waren meine **Abgezocktheit** aus meiner Jugend und meine **Aggressivität**. Zum ersten Mal in meinem Leben konnte ich sie sinnbringend einsetzen. Wir Christen sind aufgefordert, nicht zu hassen. Das einzige, was ich jedoch hasse, sind die Dämonen. Ich hasse sie abgrundtief.

Alles passte zusammen. Als wäre ich ein Leben lang darauf vorbereitet worden, den Teufel und seine Dämonen zu durchschauen und sie selbst im Namen Jesu aus mir auszutreiben. Eine weitere wichtige Fähigkeit, die ich im Laufe der Jahre erworben hatte, kam mir dabei zur Hilfe: **Die Introspektion. Die Fähigkeit, sich selbst zu beobachten!** Was in meinem Denken und Fühlen waren nun die Dämonen und was nicht? Ich beobachtete mein Denken und Fühlen wie eine Katze ein Mauseloch - und das 24/7! Ich spürte, dass sie in mir drinnen sind. Ich wusste, dass sie das wissen. Und sie wussten, dass ich weiß, dass sie wissen, dass ich es weiß. Ich konnte ihre Gegenwart in mir spüren, wie sie sich verstecken. Das tun sie nämlich immer, wenn sie entlarvt werden: Sie ziehen sich zurück, in der Hoffnung, nicht erwischt zu werden. Zuerst aber erschrecken sie sich. Denn sie fürchten nichts mehr, als dass man andere über sie aufklärt. Das erlebe ich immer wieder, wenn ich anderen von Dämonen erzähle und dabei beobachte, wie sie reagieren oder was in ihnen vorgeht.

Die Dämonen in mir spürten also, wie ich sie spürte. Und ich spürte, wie sie es spürten. Ihre Zeit war abgelaufen, denn sie hatten die Rechnung ohne den Wirt gemacht. Game over. Meine Entscheidung war in Stein gemeißelt.

Es war meine letzte Chance, vielleicht doch noch psychisch gesund zu werden. Ich setzte alles auf eine Karte. Ich wusste nur nicht, was in mir Dämonen und was in mir psychologische Gedanken waren. Und mein endgültiges Ziel war, das herauszufinden. Nichts und niemand konnte das aufhalten. Entweder alles, oder nichts. Es gab keine Alternative.

Mir war bewusst, dass ich den Feind mit seinen eigenen Waffen ausrotten musste, genauso wie der kleine David den Riesen Goliath besiegte (1.Samuel 17). Er hatte ihn nicht nur mit der Steinschleuder getötet, sondern *„David lief und trat zu dem Philister und nahm dessen Schwert, zog es aus seiner Scheide und tötete ihn (vollends) und hieb ihm den Kopf damit ab."* Diese Bibelstelle wurde zu meinem Blueprint im Kampf gegen die Dämonen. Die Waffen der Dämonen sind Hinterhältigkeit, Heimtücke, Gnadenlosigkeit und Unsichtbarkeit. Meine Devise war: Ich bin **hinterhältiger**, **heimtückischer**, **gnadenloser** und unsichtbarer, als ihr es seid. Ich werde jeden einzelnen von euch „ausrotten". Mit „unsichtbar" war gemeint, dass ich so tat, als ob ich mich zurückgezogen hätte; ich tat so, als ob ich sie vergessen hätte, als ob ich nicht mehr daran glaubte, dass sie in mir drinnen waren. Gleichzeitig beobachtete ich mein Denken und Fühlen wie eine Katze ein Mauseloch. Ich lag 24/7 auf der Lauer. Ich musste unbedingt herausfinden, was in mir Dämonen und was in mir mein normales Denken war. Die Jagd war eröffnet.

Unterscheidung der Geister

„Geliebte, glaubt nicht jedem Geist, sondern **prüft die Geister, ob sie aus Gott sind!** *Denn es sind viele falsche Propheten in die Welt ausgegangen. Daran erkennt ihr den Geist Gottes: Jeder Geist, der bekennt, dass Jesus Christus im Fleisch gekommen ist, der ist aus Gott; und jeder Geist, der nicht bekennt, dass Jesus Christus im Fleisch gekommen ist, der ist nicht aus Gott. Und das ist der Geist des Antichristen, von dem ihr gehört habt, dass er kommt; und jetzt schon in der Welt ist."* 1.Johannes 4,1-3

„Über die **Geisteswirkungen** *aber, ihr Brüder, will ich euch nicht in Unwissenheit lassen. (...) Es bestehen aber Unterschiede in den Gnadengaben, doch es ist derselbe Geist; auch gibt es unterschiedliche Dienste, doch es ist derselbe Herr; und auch die Kraftwirkungen sind unterschiedlich, doch ist es derselbe Gott, der alles in allen wirkt. Jedem wird aber das offensichtliche Wirken des Geistes zum allgemeinen Nutzen verliehen. Dem einen nämlich wird durch den Geist ein Wort der Weisheit gegeben, (...) einem anderen* **Geister zu unterscheiden...** *"* 1.Korinther 12,1-10

„Und ich sage euch: Bittet, so wird euch gegeben; sucht, so werdet ihr finden; klopft an, so wird euch aufgetan! (...) Wenn

nun ihr, die ihr böse seid, euren Kindern gute Gaben zu geben versteht, wie viel mehr **wird der Vater im Himmel den Heiligen Geist denen geben, die ihn bitten!** *"* Lukas 11,9-13

Ohne den Heiligen Geist können wir die Geister nicht unterscheiden. Das ist schlichtweg unmöglich. Wir sind dann nicht in der Lage, zu erkennen, zu erspüren, zu erfühlen, welcher Geist in einem Menschen operiert bzw. welcher Geist in uns anwesend ist, welcher Geist einen Ort beherrscht oder welcher Geist in einer Kirche ist. Schau dir doch einfach nur unsere Welt an. Wie oft sind ein böser Mensch oder eine böse Gruppe unerkannt geblieben und konnten somit großen Schaden anrichten? Unzählige Male! Das ist doch der Hauptgrund, warum unsere Welt so ist, wie sie ist. Der Satan, der sich als Engel des Lichts verstellt; der Dämon, der einem Medium vorgaukelt, er sei die verstorbene Verwandte seines Klienten; der Dämon, der einem Hobby-Wahrsager Lügen als Wahrheit zuflüstert; der Dämon, der einem Medium vorgaukelt, er sei ein Lichtwesen; der Kinderschänder, der einem Kind freundlich lächelnd ein Bonbon anbietet; der ehrenwerte Familienvater, der regelmäßig heimlich Freier auf dem Schwulen-Strich ist; sie alle haben eins gemeinsam: Es sind Wölfe im Schafspelz! Die Redewendung „Wolf im Schafspelz" geht auf Jesus zurück: *„Hütet euch aber vor den falschen Propheten, die in Schafskleidern zu euch kommen, inwendig aber reißende Wölfe sind! An ihren Früchten werdet ihr sie erkennen."*

Und derselbe Jesus sagt uns auch, dass jene den Heiligen Geist empfangen werden, die Gott darum bitten. Der Heilige Geist will erbeten werden. Auf der einen Seite sind alle Gläubige im Heiligen Geist versiegelt (Epheser 1,13), und auf der anderen Seite animiert uns Jesus, den Heiligen Geist zu erbitten. Nun könnte man ironisch fragen: Ja, was denn jetzt? Ist der Heilige Geist in mir drinnen oder will er erbeten werden? Eine mögliche Antwort könnte lauten, dass die Aussage Jesu keine Gültigkeit mehr habe, weil Jesus die Aussage gemacht hatte, bevor Paulus die andere machte, als Jesus nicht mehr unter uns weilte. Wenn dem so wäre, was hat dann in der Bibel Gültigkeit und was nicht?

Die Anti-Befreiungsdienst-Christen gehen davon aus, insofern ich sie richtig verstanden habe, dass ein Christ deshalb keinen Dämon in sich haben kann, weil der Heilige Geist den Körper des Christen als seinen Tempel übernommen hat und in ihm wohnt und es deshalb ein böser Geist darin nicht aushalten kann. Als Grundlage ziehen sie u.a. 2.Korinther 5,17 heran: *„Daher, wenn jemand in Christus ist, da ist eine neue Schöpfung, das Alte ist vergangen, alles ist neu geworden."* Und 1.Korinther 3,16: *„Wisst ihr nicht, dass ihr Gottes Tempel seid und der Geist Gottes in euch wohnt?"* Des Weiteren argumentieren sie, dass in allen Abschnitten zum geistlichen Kampf (in den neutestamentlichen Briefen) nie dazu aufgerufen wird, Dämonen auszutreiben. Gläubige werden in Jakobus 4,7 dazu aufgefordert, den Teufel zu widerstehen. *„Unterwerft euch nun Gott. Widersteht dem Teufel, und er wird von euch fliehen."* Das ist knapp zusammengefasst ihre Argumentationsgrundlage.

Auf mich wirkt die Argumentation, als würden sie den Teufel und die Dämonen in einen Topf werfen, als wäre beides ein und dasselbe. Warum sollte in den neutestamentlichen Briefen zur Dämonenaustreibung aufgerufen werden, wenn doch unser Herr Jesus Christus dazu deutlich Stellung genommen hat, und darüber hinaus die Apostel in der Apostelgeschichte ganz selbstverständlich Dämonen austrieben? In den neutestamentlichen Briefen sind wir auch nicht aufgerufen, keine Dämonen auszutreiben.

Ich bin gläubiger Christ. Meine Bibel ist das Wort Gottes. Alles, was in ihr enthalten ist, kommt von Gott bzw. dem Heiligen Geist. Als Christen ist es unser Bestreben, Jesus ähnlicher zu werden. Auch Paulus untermauert das in Römer 8,29. Deshalb möchte ich an dieser Stelle noch einmal in dieses Thema reingehen, weil es einfach wichtig ist. Hierzu wähle ich zwei wahre Beispiele:

Zum einen haben wir einen Pastor einer großen Gemeinde in den USA. Sein Erscheinungsbild ist charismatisch, er führt ein vorbildliches Leben, hat eine glückliche Familie, und er bringt viele Menschen zu Christus. Eines Tages gesteht er, sexsüchtig zu sein, regelmäßig Pornographie zu konsumieren und zu Prostituierten zu gehen. Wie ist das möglich gewesen, wenn er *nur* den Heiligen Geist in sich hatte? Eine Umfrage in den USA aus 2014 ergab, dass 63% der befragten Pfarrer bestätigten, dass sie mit sexueller Sucht oder sexuellen Zwang zu kämpfen haben. Pornographie ist häufig der Ausgangspunkt bei sexueller Sucht (Quelle: The Christian Century / baptistboard.com).

Zum anderen haben wir einen weiblichen US-Ex-Pornostar, die heute evangelisierende Christin ist und sich u.a. für Enthaltsamkeit vor der Ehe einsetzt. Sie sagt, dass Pornographie die Schöpfung entmenschlicht. Früher hatte sie in einem Zeitraum von über sieben Jahren in dutzenden Filmen mit dutzenden Darstellern vor laufender Kamera Sex in allen Varianten hemmungslos ausgelebt. Ihr Zeugnis ist krass. Sie war drogen-, tabletten- und alkoholabhängig, regelmäßig suizidgefährdet, manisch-depressiv - sie war eine verlorene Seele. Sie fand zu Jesus und wurde Gläubige. Trotzdem wurde sie rückfällig und drehte erneut Pornos. Daraufhin stürzte sie total ab. Auf Umwegen kam sie zurück zu Jesus und ließ sich taufen. Danach ging sie durch einen langen Reinigungsprozess, inkl. Austreiben der Dämonen. Laut ihren Aussagen war sie voller Dämonen. Sie hatte eine längere Zeit damit zu tun, obwohl sie sich hundertprozentig für Jesus entschieden hatte, also Gläubige war. Wie ist das möglich, wenn sie *nur* den Heiligen Geist in sich hatte? (google: Brittni De La Mora)

„Deshalb haltet euch fern von aller Unzucht! Keine andere Sünde hat so große Auswirkungen auf den Körper wie diese, denn Unzucht ist eine Sünde gegen den eigenen Körper (1.Korinther 6,18).“ Zur Unzucht gehört auch Ehebruch und Konsum von Pornographie.

Noch einmal: Ich brauche die Diskussion nicht, ob es Dämonen gibt, oder nicht, ob sie in Christen sein können, oder nicht, denn ich war bereits gläubiger Christ und dennoch dämonisiert und zwar über einen Zeitraum von circa sieben Monaten nach meiner Bekehrung.

Abschließend möchte ich ergänzen, dass ich den Befreiungs-dienst nicht forciere im Sinne von, ohne Befreiungsdienst keine Befreiung. Ich bin sehr wohl davon überzeugt, dass, nachdem ein Mensch bekehrt ist, er durch seine täglichen engagierten Hausaufgaben - Lesen in der Bibel, Beten, Gottes Wort pro-klamieren, Gutes tun, regelmäßig Buße tun, etc. - von Dämo-nen befreit wird. Mir kann aber niemand weismachen, dass das von heute auf morgen geht, insbesondere wenn man ein sehr sündiges Leben geführt hat. Ich war schon immer für den di-rekten Weg. Was weg ist, ist weg. In meinem Falle war es auch so, dass ich herausfinden wollte, ob das, was die Pro-Befreiungsdienst-Christen behaupten, stimmt. Das war schon immer meine Natur: Behauptungen selbst zu überprüfen.

Hexenmeister, Satanisten & Co.
Von hier an gehen wir ans Eingemachte! Zuerst müssen wir verstehen, dass Hexerei, Satanismus, etc. sehr real und weit verbreitet sind auf dieser Welt. Hinter allem steckt der Satan, unser Widersacher. Hier eine knackige Zusammenfassung, wie aus Luzifer Satan wurde, von Derek Prince:

„Wo kam unser Widersacher her und wann begann dieser Kampf? Obwohl die Frage nach seinem Ursprung umfassend ist, zeigt uns das Wort Gottes, dass Satan bei seiner Erschaf-fung nicht der Satan war, den wir heute kennen. Er war Luzi-fer, einer der bedeutendsten Erzengel Gottes, und sowohl seine Schönheit als auch seine Weisheit waren überragend. Offenbar hatte er das Kommando über ein Drittel aller erschaffenen En-gel. Aufgrund seiner großen Schönheit und Weisheit jedoch überhob sich Luzifers Herz und er beschloss, eine Gleichstel-lung mit Gott anzustreben (Die meisten Bibelschüler gründen diese Aussage auf Jesaja 14,12-15 und Hesekiel 28,13-17). Aufgrund dieses Entschlusses, sich selbst zu erhöhen, rebellier-te Luzifer und führte die Engel unter seinem Kommando in einer Rebellion gegen Gott, den Allmächtigen, an. Als Strafe für diesen Aufstand wurden Luzifer und jene Engel aus dem Himmel, wo Gott wohnt, hinabgeworfen. Als Folge seiner Ver-treibung aus dem Himmel gründete Luzifer (nun Satan, der Widersacher) sein eigenes, rivalisierendes Reich in einem anderen Teil des Universum - welches in der Bibel mit „Himmel", „Himmelswelt" oder manchmal auch als „der mittlere Himmel" beschrieben wird. Die Himmelswelt befindet sich irgendwo zwischen der Erde und dem Himmel, wo Gott thront - es ist der Ort, wo Satan in diesem Zeitalter sein Hauptquartier eingerichtet hat. In der Himmelswelt regiert er über eine große Anzahl rebellischer Engel. Sein oberstes Ziel ist es, Gottes Plänen entgegenzuwirken und Gottes Volk auszubremsen, und zwar in erster Linie durch Verleumdung und Anklage. " (Buch: "Geistliche Kampfführung für die Endzeit - Wie man den Feind besiegt")

Satan ist genauso real wie Jesus. Beide leben! Auf der unsichtbaren Ebene, in der spirituellen Welt. Und beide kämpfen um deine Seele! Jesus reicht dir seine Hand, während der Satan an deinen Beinen zieht, um dich zu behalten. Der Kampf zwischen Gut und Böse, der ausgelöst wurde, als Eva und Adam die verbotene Frucht vom Baum der Erkenntnis von Gut und Böse aßen, ist die wahre Dualität.

Die esoterische Dualität bezeichnet die Zweiheit der sichtbaren und unsichtbaren Welt mit ihren Polaritäten hell und dunkel, männlich und weiblich, etc. Sie strebt eine Auflösung der Polarität an, um beide Seiten miteinander zu verbünden oder darüber hinauszuwachsen, was letztendlich zur Erleuchtung führen soll. Und das ist nicht möglich. Entweder, oder. Hier bleiben die Esoteriker, die modernen Spirituellen in einem Hamsterrad gefangen. Sie drehen sich immer wieder im Kreise und fragen sich irgendwann, wieso sie den angestrebten Seelenfrieden nicht erreichen. Weil er so nicht erreicht werden kann, deshalb. Ich gehe sogar so weit zu behaupten, dass das in den Wahnsinn führen kann.

Gott und Satan lassen sich nicht verbünden oder als Ganzes überwinden. Wir müssen uns entscheiden. Haben wir uns für Jesus entschieden, dann haben wir auf der geistigen Ebene die Dualität überwunden. Wir sind dann nicht mehr *von* der Welt, aber nach wie vor *in* der Welt (Johannes 15,19). Wir stehen dann unter dem Schutz des Allmächtigen (Psalm 91), werden aber nach wie vor vom Feind angegriffen, in der Regel durch dessen giftigen Pfeile - Alpträume, destruktive Gedanken, plötzliche Triebe und Gelüste, menschliche Agenten - die wir mit der Waffenrüstung Gottes (Epheser 6,11-18) abwehren können. Die Hauptwaffe Satans und seiner Dämonenarmee gegen wahre Christen sind Anschuldigungen, Anklagen, Verleumdungen, Verfolgungen, Rufmord und dergleichen. Die *bewusst* handelnden Feinde der Christen bzw. der Kirche sind Satanisten, Hexenmeister, Schwarzmagier und generell Atheisten, inkl. Humanisten. Insbesondere die professionellen Hexenmeister oder Hexen stellen für den Leib Christi eine große Bedrohung dar, weil sie sich in der spirituellen Welt, in der spirituellen Kampfführung, auskennen. Sie arbeiten bewusst mit Dämonen zusammen und beten gegen den Leib Christi.

Was alle Feinde Gottes verbindet, ist die **Rebellion** gegen Gott. Ihre Maxime lautet: „Mein Wille geschehe". Die der Christen lautet: „Dein Wille geschehe."

In der geistlichen Kampführung ungeschulte Christen und Geistliche kehren das Thema gerne unter den Teppich und argumentieren, dass die Dämonologie, insbesondere die *Typologie der Dämonen*, an den Haaren herbeigezogen sei. Viele darunter sind sich nicht einmal bewusst, dass Hexerei, Zauberei, Verwünschungen, etc. bittere Realitäten sind, die überall auf der Welt erfolgreich praktiziert werden, insbesondere in Afrika, Mittel- und Südamerika. Das ist mir äußerst schleierhaft, weil Gott in seinem Wort klare Aussagen dazu macht und zwar gleich zu Anfang in den Büchern Mose. Jegliche Beteiligung an okkulten spiritistischen Praktiken ist von Gott ausdrücklich verboten. Wenn er das also verbietet, dann muss es doch auch existieren, nicht wahr?

„Bei dir soll keiner gefunden werden, der seinen Sohn oder seine Tochter durchs Feuer gehen lässt, kein Magier, Zeichendeuter, Wahrsager oder Zauberer, kein Beschwörer und keiner, der einen Totengeist oder einen Wahrsager befragt. Denn der HERR verabscheut jeden, der derartiges tut,..."
5.Mose 18,10-12

„Ihr sollt nichts mit Blut essen. Ihr sollt nicht Wahrsagerei noch Zauberei treiben." 3.Mose 19,26

Der verhexte Afrikaner
Ich kenne einen jungen Afrikaner, der wegen schwerer Schlafprobleme zu mir in die Beratung kam. Schnell kamen wir dem Problem auf die Spur: Ein Hexenmeister aus seinem afrikanischen Dorf hatte ihn verflucht. Sein Vater ist Muslim mit mehreren Ehefrauen. Eine der Ehefrauen ist neidisch auf den jungen Afrikaner, weil er hier in Deutschland eine Fußballkarriere anstrebt. Sie hatte einen einflussreichen Hexenmeister der Gegend beauftragt, die Wünsche des jungen Afrikaners durch Flüche und Verwünschungen zu durchkreuzen; bis dato offensichtlich erfolgreich.

Pastor Troy und der Hexenmeister
Mein Lieblingspastor, der US-Amerikaner Troy Brewer, leitet in Texas eine große Gemeinde - Troy Brewer Ministries - und ist auf Facebook und YouTube aktiv. Seit über zwanzig Jahren rettet sein Ministry Kleinkinder, Schulkinder und Jugendliche aus dem internationalen Kindersexhandel. Bis dato haben er und sein Team über 11.000 Kindersexsklaven gerettet! Pastor Troy spricht regelmäßig über seine Erfahrungen. Seine Mission ist gefährlich und hat bereits ein Todesopfer gefordert. Die meisten Kindersexsklaven rettet er in Mexiko. Dort steckt das Kartell hinter dem Kindersexhandel und geht noch brutaler vor, als das klassische Drogenkartell. Es arbeitet eng mit Hexenmeistern oder Schwarzmagiern zusammen. Die Hexenmeister „beten" für das Kartell - für übernatürlichen Schutz und gegen feindliche Gruppierungen wie Christen. Ein bestimmter Hexenmeister hatte gegen Pastor Troy gebetet und erschien ihm als übernatürliche Erscheinung (Astralleib?) in Pastor Troys Hotelzimmer, was eine kurzfristige Schlafparalyse auslöste. (Anmerkung: Ich bin überzeugt, dass hinter Schlafparalysen fast immer dämonische Angriffe stehen.) Durch Gebet konnte er sich schnell davon befreien. Danach betete er mit seinem gesamten Team erneut für Gottes Schutz. Kurze Zeit später begegnete Pastor Troy mitsamt seinem Team „zufällig" dem Hexenmeister in der Realität. Troy erkannte ihn sofort wieder.

Der Hexenmeister feuerte umgehend Zaubersprüche gegen Troy und sein Team, die mit Gegengebeten „zurückschossen"; ich meine insbesondere mit Psalm 91. Es kam zu einem schweren geistlichen Schlagabtausch. Der Hexenmeister wurde immer aggressiver und als er angriffslustig Richtung Troy rennen wollte, blockierte sein Bein und er stürzte und konnte sich nicht mehr weiterbewegen. Da wusste der Hexenmeister, das war das Eingreifen Gottes. Er wusste sofort, dass das eine übernatürliche Blockade war. Troy und sein Team kamen ihm entgegen und halfen ihm auf. Wenig später evangelisierten sie den Hexenmeister, welcher sich bekehren ließ und rüber auf die andere Seite kam. Heute ist er gläubiger Christ.

John Ramirez - Ex-Satanist, jetzt Evangelist
„In jeder Generation zeigt Gott seine Majestät und seine Macht, wenn er ein Leben verwandelt. John Ramirez ist eines dieser Wunder mit einem durch das vollendete Werk des Kreuzes verwandelten Leben. Er erzählt von seinem früheren Leben, in dem er 25 Jahre lang zu einem hochrangigen Teufelsanbeter und Hexenmeister ausgebildet wurde. Er lebte auf der dunklen Seite in den höchsten Bereichen des Dämonischen, insbesondere Santeria, Spiritualismus und Palo Mayombe. Im Jahr 1999 starb John in seiner Wohnung in der Bronx, kam in die Hölle und begegnete dem Teufel und dem Kreuz von Jesus Christus. Noch in derselben Nacht wurde er in seinen Körper zurückversetzt und wurde ein wiedergeborener Gläubiger. Er überwand das Reich der Finsternis und verbrachte den letzten Teil seines Lebens damit, ein leidenschaftlicher Kämpfer für Jesus zu sein, kompromisslos das Evangelium den Nationen zu predigen und die Gefangenen zu befreien." (Quelle: johnramirez.org)

Der US-Autor und Evangelist John Ramirez ist nicht der einzige, der es aus den Fängen der Hexerei und des Okkultismus geschafft hat. Es gibt weitere Aussteiger, die das öffentlich machen, insbesondere in den USA: U.a. Pastor Richard Lorenzo Jr., Evangelistin Jenny Weaver, Evangelistin Angela Scafidi, Evangelistin Naela Rose, Evangelistin Julie Lopez, Evangelist Riaan Swiegelaar. Sie und viele mehr haben eines gemeinsam: Sie wissen, dass der spirituelle Krieg zwischen den Handlangern Satans und den Kindern Gottes Wirklichkeit ist. Sie wissen um die Existenz der Dämonen und den hierarchischen Strukturen in Satans Königreich; dass Dämonen heute genauso real sind wie vor 2.000 Jahren. Sie wissen, dass man Dämonen beschwören kann, dass man mit der bösen dämonischen Welt um uns herum bewusst Kontakt aufnehmen und kommunizieren kann; dass man sie bewusst in sich einfahren lassen kann. Sie wissen, dass wir Menschen keine guten Engel beschwören können, sondern immer und nur Dämonen verstellt als Engel des Lichts.

John Ramirez war nicht dämonisiert, er war besessen. Sein Leib und seine Seele gehörten dem Teufel. Bereits als Kind wurde seine Seele bewusst an den Teufel verkauft; der Vertrag mit Blut unterzeichnet. Als satanischer Hohepriester, Hexenmeister und Voodoo-Priester nahm er Auftrags-Verwünschungen an, indem er zum Beispiel bestimmte Personen oder Gruppen mit gezielten Zaubersprüchen verfluchte. Er herrschte in der Bronx, New York City, und war gefürchtet. Heute hält er im Leib Christi weltweit Vorträge und klärt die „ahnungslosen" Christen auf, was auf spiritueller Ebene wirklich abgeht. Es sind Menschen wie er, die die Brücke zur Bibel schlagen, wenn es um Hexerei, Zauberei und Dämonen geht.

Die Aussteiger aus dem Reich der Finsternis, die Ex-Teufelsanbeter und Ex-Hexenmeister, die zu Christus gekommen sind, prägen die Lehre der christlichen Dämonologie mit.

Ich habe es bereits an anderer Stelle geschrieben: Satan muss seine Anbeter noch mehr hassen, als die wahren Christen, eben weil sie sich von ihm so täuschen und an der Nase herumführen lassen. Er muss sie auslachen. Satanist Anton Szandor LaVey war Gründer und Hohepriester der Church of Satan (die Kirche Satans) und Verfasser der 1969 erschienenen Satanischen Bibel. Als er im Alter von 67 Jahren auf seinem Sterbebett lag und sich auf seinen Tod freute - Satanisten feiern den Tod, er bedeutet Sieg für sie -, und als er bereit war, zu sterben und seine satanische Macht weiterzugeben, hatte er urplötzlich eine Erkenntnis, eine Offenbarung oder eine engelhafte Erscheinung. Unter großem Schock soll er gesagt haben: „Oh nein! Oh nein! Was habe ich getan? Da stimmt etwas ganz und gar nicht. Da stimmt etwas ganz und gar nicht." Höchstwahrscheinlich hatte er erkannt, dass er bei allem, was er in seinem Leben aufgebaut hatte, falsch lag (Quelle: YouTube).

Familiäre Dämonen und Wahrsager
Die Täuschung ist gigantisch! Während ich diese Zeilen schreibe, erlebt unsere Gesellschaft einen Hexen-Boom bzw. einen Boom des Okkultismus. Die Bücherregale der Esoterikabteilungen sind voll mit Büchern über Hexerei, Wahrsagerei, Tarot, etc. Selbstverständlich wird das von oben gesteuert. Wenn die ahnungslosen Kiddies wüssten, auf was sie sich hier einlassen, auweia. Es gibt einen Unterschied zwischen den ahnungslosen Hobby-Hexen und Hobby-Wahrsagern und den professionellen Hexen und Wahrsagern, den Handlangern Satans. Letztere wissen, was sie tun, erstere nicht.

In der *Typologie der Dämonen* gibt es die sogenannten **familiären Dämonen** oder familiären Geister. Das sind die Dämonen, die einem Menschen am längsten anhaften und oft von Generation zu Generation übertragen werden. Es sind die Dämonen, die uns am besten kennen. Sie sind nicht in uns, sondern sie begleiten uns, sie beobachten uns. Sie stehen wie alle anderen Dämonen unter Satans Herrschaft. Sie berichten an ihre Vorgesetzten, welche wiederum an ihre Vorgesetzten (Fürsten, etc.) berichten. Insbesondere die Wahrsager unter den Handlangern Satans arbeiten mit familiären Dämonen eng zusammen.

Hierzu ein einprägsames Praxis-Beispiel von John Ramirez, was in eingeweihten Wahrsager-Kreisen gang und gäbe ist und er selbst praktiziert hat: Wir haben Wahrsager W und Kunde K. K hat ein Lebensproblem und keine Ahnung, was auf spiritueller Ebene vor sich geht. K sucht Hilfe bei W. Zusammen mit seinem familiären Dämon kommt K zu W in die Beratung. W und sein Dämon empfangen ihn. Während K sein Anliegen dem W schildert, tauschen sich die Dämonen von K und W aus. Ws Dämon flüstert dann W Ereignisse aus Ks Leben zu. W erzählt das dem K, als sei es eine außersinnliche Wahrnehmung (Retrokognition). K ist sichtlich beeindruckt, weil W das nicht hätte wissen können. Jetzt vertraut K dem W und schüttet sein Herz aus. Er öffnet sein Herz und macht sich dadurch angreifbar. Daraufhin sagt W dem K nichts Gutes voraus und dass er auf entsprechende Anzeichen achten solle. Ws Dämon begleitet K mit nach Hause. In den kommenden Tagen terrorisiert Ws Dämon zusammen mit Ks familiären Dämon K, sodass K glaubt, die Wahrsagungen von W erfüllen sich. Der jetzt ängstliche K vereinbart einen neuen Termin bei W, um Tipps und Hilfe zu erhalten. Der Teufelskreis beginnt.

Du magst jetzt denken, das Beispiel sei irrsinnig. Ist es aber nicht. Anstatt bei unserem Schöpfer Hilfe zu erbitten, macht K den W zum Götzen und verstößt damit gegen die ersten beiden Gebote und disqualifiziert sich für den Himmel. Darüber hinaus sagt Gottes Wort in 3.Mose 19,31: *„Ihr sollt euch nicht an die Geisterbefrager wenden, noch an die Wahrsager; ihr sollt sie nicht aufsuchen, um euch an ihnen zu verunreinigen; denn ich, der HERR, bin euer Gott."* Es geht also um Unreinheit, die über Menschen kommt, die zu Wahrsagern gehen. Dämonen heißen nicht umsonst Unreine Geister. Und in Jesaja 8,19-20 wird Gottes Wort noch deutlicher: *„Und wenn sie euch raten, die Totenbeschwörer und Zauberer, die geheimnisvoll flüstern und murmeln. zu befragen, so antwortet: ,Soll ein Volk nicht lieber seinen Gott befragen? Soll man die Toten über die Lebenden befragen?'"*

Wir müssen uns von dem trügerischen Glaubenssatz befreien, dass Gott in allen Menschen gegenwärtig ist beziehungsweise dass es das Pure Böse nicht gibt. Genaugenommen gibt es zwei Arten von Bosheit; einmal die Bosheit, die durch kranke Lebensumstände verursacht wird und einmal das Pure Böse, die vollkommene Abwesenheit von Empathie und Gewissen, das sich als Engel des Lichts verstellt. Dämonen sind das pure Böse! Ihr Ziel ist es, die Seele des Menschen mit in die ewige Verdammnis zu reißen. Und der Okkultismus - die Hexerei,

Zauberei, Medien, Totenbeschwörer und Satanisten - arbeitet bewusst, extra und gezielt mit den spirituellen Wesen der Bosheit zusammen, um ihre Ziele zu erreichen. Die Maxime des Satanismus lautet: „Tue, was immer du willst." Und das steht in Opposition zu „Gottes Wille geschehe" und zieht sich wie ein roter Faden durch die gesamte Esoterik, moderne Spiritualität, den Okkultismus und die Persönlichkeitsentwicklung.

Hexerei definiert

„Hexerei (oder Zauberei) ist im Wesentlichen der Versuch, Menschen zu kontrollieren und sie dazu zu bringen, das zu tun, was du willst, indem du einen Geist einsetzt, der nicht der Heilige Geist ist. Wenn irgendeine Person einen anderen Geist benutzt, dann ist es nicht der Heilige Geist, denn der Heilige Geist ist Gott und keine Person kann Gott benutzen. Diese Art von Praktiken hat drei Schlüsselwörter und wo immer du diesen Praktiken begegnest, hast du es mit Hexerei zu tun. Die drei Schlüsselwörter sind **manipulieren**, **einschüchtern** und **beherrschen**. Das Endziel ist die Beherrschung, **die Kontrolle der Menschen**, sie dazu zu bringen, das zu tun, was du willst. (…) Einer der häufigsten Tricks der Hexerei besteht darin, dir **Schuldgefühle** zu machen. Wenn ich merke, dass eine Person mir Schuldgefühle einflößt halte ich inne und frage mich: ‚Was wirkt durch sie?' So wie ich die Heilige Schrift verstehe, macht der Heilige Geist den Menschen keine Schuldgefühle."
(Quelle: Vortrag von Derek Prince „The Nature of Witchcraft | Derek Prince The Enemies We Face 2" - YouTube)

Während sich die eingeweihten Okkultisten der parallel existierenden unsichtbaren Welt der Dämonen bewusst sind, gehen die "Hobby-Hexen" und "Hobby-Wahrsager" dem Teufel voll auf den Leim. Sie denken fälschlicherweise, es sei deren mentale oder geistige Gabe, die Materie zu beeinflussen oder hellseherische Eingebungen zu haben. Stattdessen ist es in Wahrheit das Reich der Finsternis, die dämonische Welt, das ihnen diese "Erfolge" zuteilwerden lässt. Ähnlich war es bei mir mit dem positiven Denken der Neugeist-Bewegung und mit dem Gesetz der Anziehung der New Age Bewegung. Wenn wir Gott und sein Wort missachten, sind die Affirmationen, die in der modernen Spiritualität zur Erreichung der persönlichen Ziele eingesetzt werden, genau genommen Zaubersprüche. Es ist Hexerei! Und das lädt alle Arten von Dämonen in unser Leben ein. Besonders gefährlich ist hierbei die Totenbeschwörung, die durch Ouija-Bretter praktiziert wird, die den ahnungslosen Kiddies als harmloses Spielzeug verkauft werden. 2023 sind dutzende von Mädchen ins Krankenhaus eingeliefert worden, nachdem sie beim Spielen mit Ouija-Brettern in einer Schule in Kolumbien zusammengebrochen waren (Quelle: DailyMail Online).

Wir dürfen bei allem hier Beschriebenen - und das ist nur die Spitze des Eisbergs - nicht vergessen, dass sich die Dämonen bei den „Hobby-Hexen" und „Hobby-Wahrsagern" anfänglich als nicht anwesend ausgeben, sich verstecken und erst zu gegebener Zeit anfangen, sie mit Alpträumen, bösen Vorahnungen, unerklärlichen Ängsten und innerer Unruhe zu quälen. Die „Hobby-Hexen" bringen das dann nicht mit den Dämonen in Verbindung und schlagen ihre Hexenbücher auf, um Zaubersprüche gegen Alpträume, etc. anzuwenden. Dadurch sinken sie immer tiefer in den Kaninchenbau - ein wahrer Teufelskreis. Mir tun diese Menschen leid. Weil sie glauben, sie hätten die Kontrolle, aber in Wirklichkeit von Dämonen kontrolliert und terrorisiert werden. Wir haben es hier mit bösen, unreinen Geistern zu tun, die uns hassen. Was ist daran so schwer zu verstehen?

Typologie der Dämonen - Es gibt keine guten Dämonen
Dämonen können psychische Krankheiten verursachen. Und psychische Krankheiten können zu körperlichen Krankheiten führen; das ist wissenschaftlicher Fakt. Deshalb ist es wichtig, die Menschen über die Realität und Anwesenheit von unreinen Geistern aufzuklären. Aber noch viel wichtiger ist es, sie über Gottes Plan zur Errettung ihrer Seelen durch den Glauben an Jesus Christus aufzuklären, der den Teufel am Kreuz ein für alle Mal besiegt hat.

Wenn wir auf das Thema „Dämonen" stoßen, neigen wir anfänglich dazu, zu denken, alle Dämonen seien durchweg gleich böse. Beispielsweise bringen wir sie nur mit Mord und Totschlag, Vergewaltigung, Kriegstreiberei oder schlimmster Perversion in Verbindung. Nichts könnte trügerischer sein als diese Annahme.

Bei genauer Betrachtung gibt es so viele Typen von Dämonen wie es menschliche Probleme und Persönlichkeiten gibt. Der Prüfstein für die Anwesenheit eines Dämons ist die Hartnäckigkeit des Problems. Die Abstufungen von „weniger böse" bis hin zu „schrecklich böse" machen die unreinen Geister nicht reiner oder unreiner. Die unreinen Geister sind und bleiben das pure Böse, egal wie „böse" oder „gut" sie zu sein erscheinen. Oft sind *die* Geister am gefährlichsten, die sich in unserer Welt als erstrebenswerte Erfolgseigenschaften oder als humanistisches Grundrecht präsentieren.

Der hinterhältigste unreine Geist ist der **Geist des Stolzes** mit all seinen Sprösslingen wie: der Geist der Rebellion, der Ablehnung, der Ignoranz, Sturheit, Selbstverliebtheit, Besserwisserei, Selbstverherrlichung, Eigenliebe, Selbstsucht, Unachtsamkeit, Überheblichkeit, etc. Denken wir immer daran: Die erste Sünde im Universum war mit höchster Wahrscheinlichkeit der Stolz. Es war Luzifers große Schönheit und Weisheit, die sein Herz überheben ließ und eine Gleichstellung mit Gott anstrebte und den Entschluss fasste, sich selbst zu erhöhen und gegen Gott zu rebellieren. Mit anderen Worten: Es war ein Geschöpf des Schöpfers, das sich gegen den Schöpfer auflehnte. Kannst du den Wahnsinn erkennen? Und Stolz mit all seinen Trieben wird in unserer Gesellschaft als erstrebenswert verkauft, oder etwa nicht?

Ein weiterer böser Geist, der gerne unterschätzt wird und in unserer Gesellschaft hohe Anerkennung genießt, ist der **Geist der Lüge**, dessen zerstörerische Wirkung katastrophal ist. Das beinhaltet auch den **Geist des Selbstbetrugs**. Denken wir immer daran: Der Vater der Lüge ist Satan höchstpersönlich!

Ein weiterer böser Geist, der sich gerne im Schafspelz versteckt und in religiösen Kreisen angetroffen wird, ist der **religiöse Geist**. Insbesondere Gerettete, die noch jung im Glauben sind, können auf den religiösen Geist reinfallen.

Zehn Anzeichen für einen religiösen Geist
1. Man beurteilt andere Menschen nach ihrem Aussehen.
2. Man versucht, sich Gottes Liebe und Erlösung zu verdienen.
3. Man versucht, sich an die äußere Heiligkeit anzupassen, ohne sich innerlich zu verändern.
4. Man ist immer kritisch gegenüber dem Weg anderer Menschen mit Gott.
5. Engste christliche Beziehungen basieren nur auf dienstlichen Aktivitäten.
6. Man erfüllt christliche Pflichten, hat aber keine Leidenschaft oder keinen Hunger nach Gott.
7. Man wünscht sich Position und Ehre in der Gemeinde mehr als Ehre von Gott.
8. Die Identität ist in einem christlichen Lebensstil verwurzelt und nicht in Christus.
9. Man kennt die Wahrheit von Jesus, aber nicht den Weg von Jesus.
10. Man projiziert Rechtschaffenheit, ist aber innerlich voller Zorn und Groll.
(Quelle: josephmattera.org)

Wir erkennen hier also, dass bestimmte unreine Geister vom System, in dem wir leben, als Engel des Lichts verkauft werden und in unserer Gesellschaft fest integriert sind und sich als anstrebenswerte „Softskills" ausgeben.

Das Heimtückische an diesen weniger gefährlich wirkenden Dämonen ist die resultierende Selbsttäuschung. Der **Geist der Selbsttäuschung** und der Geist des Selbstbetrugs gehen Hand in Hand. Man wähnt sich in Sicherheit. Man ahnt nichts Böses und denkt, man sei auf der richtigen Spur im Leben. Beispielsweise ist man ein ehrenwerter Erfolgsunternehmer, führt ein weitestgehend gutes Leben und spendet hier und da an Wohltätigkeitsorganisationen und glaubt deshalb, man käme in den Himmel. Leider hat Jesus dazu nichts Hoffnungsvolles zu sagen. Sein Gleichnis vom reichen Mann und dem armen Lazarus spricht eine kompromisslose Sprache.

Das Problem ist aber nicht das Geld selbst, sondern die Liebe zum Geld. Das Problem ist, wenn Geld zum Götzen wird. Dann wird uns die Aufnahme in den Himmel verwehrt. Deshalb sagt Jesus in Matthäus 6,24: *„Niemand kann zwei Herren dienen; denn entweder wird er den einen hassen und den anderen lieben, oder er wird einem anhängen und den anderen verachten. Ihr könnt nicht Gott dienen und dem Mammon."* Mammon bedeutet „Besitz" oder „Vermögen". Und der **Mammon ist ein Geist** bzw. eine Macht der Finsternis. Warum sonst sollte Jesus ihn als Herrn bezeichnen?

Es gibt zwei Quellen, die uns Reichtum verschaffen können: Satan oder Gott. Da aber Satan der Fürst dieser Welt ist, ist die Hauptquelle für Erfolg und Reichtum der Satan und nicht Gott. Wenn wir gerettet werden und Gott uns mit Reichtum segnen sollte, insofern wir das anstreben, dann ermahnt uns Gott in 5.Mose 8,18: *„Du sollst an den HERRN, deinen Gott, denken, dass er es ist, der dir Kraft gibt, Reichtum zu schaffen."*

Kannst du jetzt erkennen, wie heimtückisch, hinterhältig und bösartig das Reich der Finsternis ist? Es lässt Seelen ein erfolgreiches Leben führen, in dem Wissen, dass sie in der Hölle landen. Das ist starker Tobak beziehungsweise ein perfides Spiel. Ein enger Verbündeter dieses falschen Erfolgreich-Seins ist der Geist des Stolzes mit all seinen Facetten mitsamt all seinen Sprösslingen. Ich kann mir kaum etwas Schlimmeres vorstellen, als das Schicksal des reichen Mannes in Jesus' Gleichnis „Der reiche Mann und der arme Lazarus" in Lukas 16.

In der christlichen Dämonologie, die, wie gesagt, nicht von allen christlichen Gruppierungen unterstützt wird, gibt es noch reichlich andere Dämonen bzw. böse Geister und dämonische Gruppierungen, was an dieser Stelle zu weit führen würde, zu erläutern. Einen meines Erachtens wichtigen bösen Geist möchte ich dennoch erwähnen: der **Isebel-Geist**! Er steht unter anderem für die sexuelle Freizügigkeit und die Dominanz von Frauen, kann aber auch in Männern gegenwärtig sein. Er geht auf die in den alttestamentlichen Büchern „Könige" erwähnte biblische Figur Isebel zurück. Dieser böse Geist der Isebel ist oft bei herrschsüchtigen Frauen in Machtpositionen vorzufinden oder auch bei rebellischen Frauen im extremen Feminismus. Der Isebel-Geist hasst Jesus wie alle anderen bösen Geister und propagiert die Anbetung falscher Götter.

Eigenschaften der Dämonen

Eine der wichtigsten Eigenschaften von Dämonen, die ich im Laufe der Zeit kennenlernen und erfahren durfte, insbesondere der Dämonen, die in uns eingefahren sind, ist Ängstlichkeit! Sie haben Angst. Wovor? Vor einem wahren Gläubigen. Von ihm entdeckt und rausgeschmissen zu werden, davor fürchten sie sich am meisten, solange sie im Menschen hausen.

1. Dämonen haben Angst!

Das ist meines Erachtens die wichtigste Erkenntnis, wenn du dich auf das Thema einlässt. Das erste, was ich Interessierten, die sich noch nie mit dem Thema beschäftigt haben, mitteile, ist: „Du darfst keine Angst vor Dämonen haben. Denn die Wahrheit ist: Sie haben Angst vor dir." Deine Angst vor Dämonen erzeugen immer und grundsätzlich die Dämonen selbst. Ich wiederhole, weil das wichtig ist:

Deine Angst vor Dämonen kommt von den Dämonen selbst!

Es ist *nicht deine* Angst! Behalte diese Wahrheit immer im Blick. Sie ist wichtig, sowohl bei der Befreiung, als auch im geistlichen Kampf. Und der einzige strategische Vorteil, den diese feigen und ängstlichen Personen ohne Körper haben, ist ihre Unsichtbarkeit. Wären sie nämlich sichtbar, wären auch Gottes Engel sichtbar.

Nichtsdestotrotz sind Dämonen böse und gefährlich, deshalb sind Bagatellisierung, Überheblichkeit und Selbstüberschätzung fehl am Platze. Respektiere sie als das, was sie sind: real existierende böse Personen ohne Körper. Dämonen sind nicht dumm oder blöd. Es sind intelligente böse Kreaturen. Wir fordern sie niemals heraus. Wir wenden einzig und allein unsere verliehene Vollmacht Jesu Christi an und gebieten ihnen, zu gehen im Namen Jesu.

2. Dämonen können nicht Gedanken lesen!

Das ist eine sehr wichtige Erkenntnis. Viele neigen zu der Annahme, dass Dämonen in uns unsere Gedanken kennen. Das ist offensichtlich falsch, denn laut Bibel scheint nur Gott deine Gedanken zu kennen. In 1.Könige 8,39 lesen wir dazu: *„Dann höre es im Himmel, wo du wohnst, vergib ihm und hilf. Gib jedem, was er verdient, denn du allein kennst das menschliche Herz."*

Dämonen studieren uns! Sie hören uns zu, was wir wie sagen. Sie achten genau auf unser Verhalten und unsere verbalen und nonverbalen Reaktionen. Aber sie können nicht unsere Gedanken lesen. Nur Gott kann das.

3. Dämonen sind nicht allgegenwärtig!

Dämonen können immer nur an einem Platz zu einer bestimmten Zeit sein. Wir erinnern uns an Jesu Aussage in Matthäus 12,43: *„Wenn aber der unreine Geist von dem Menschen ausgefahren ist, so durchzieht er wasserlose Stätten und sucht Ruhe und findet sie nicht."*

4. Dämonen können nicht in die Zukunft schauen!

Nur Gott bzw. Jesus ist das Alpha und das Omega, der Anfang und das Ende. In Jesaja 46,9-10 sagt Gottes Wort: *„Denkt zurück an das, was von Anfang an, von der Urzeit her, galt: Ich bin Gott - sonst gibt es keinen! Es gibt keinen wie mich. Ich habe von Anfang an das, was kommen wird, vorausgesagt, schon lange, bevor es Wirklichkeit wurde. Ich sage: ,Was ich plane, steht fest. Alles, was mir gefällt, führe ich auch aus."*

5. Dämonen sind stur!

Niemand lässt sich gerne aus seiner Behausung rauswerfen, schon gar nicht, wenn man außerhalb des Hauses keine Ruhe findet. Deshalb können Dämonen hartnäckig bleiben, während man ihnen befiehlt, rauszukommen. Der Schlüssel liegt in der Erkenntnis des Umfangs der Vollmacht bzw. Autorität, die wir von Christus erhalten haben. Mit je mehr Autorität wir den Dämonen befehlen, umso gehorsamer sind sie. Sie müssen gehorchen! Darüber hinaus muss es der Dämonisierte wirklich wollen; das ist sehr wichtig.

6. Dämonen sind rachsüchtig!

„Dann spricht er: Ich will in mein Haus zurückkehren, aus dem ich gegangen bin. Und wenn er kommt, findet er es leer, gesäubert und geschmückt. Dann geht er hin und nimmt sieben andere Geister mit sich, die bösartiger sind als er; und sie ziehen ein und wohnen dort." Matthäus 12,44-45

Das Reich der Finsternis ist in höchster Alarmbereitschaft, sobald ein wahrer Gläubiger Dämonen rausgeworfen hat. Es wird das nicht einfach so auf sich sitzen lassen, und es wird zu spirituellen Attacken kommen, beispielsweise während wir schlafen. Das habe ich in den sieben Monaten nach meiner Bekehrung öfter erlebt. Deshalb ist es so wichtig, dass wir ständig die Waffenrüstung Gottes aus Epheser 6 anbehalten und gedanklich immer wieder neu anziehen, denn der Feind lauert wie ein brüllender Löwe und sucht, wen er verschlingen kann. Im Kapitel „Geistliche Kampfführung" gehe ich etwas genauer darauf ein.

Der innere Dialog mit meinem irdischen Vater

Im Laufe meines Lebens hatte sich in mir ein innerer Dialog - eine innere Auseinandersetzung - mit meinem irdischen Vater manifestiert, der über mehrere Jahrzehnte in einer Endlosschleife gefangen war. Grund waren meine häufigen „Argumentationen" mit meinem Vater und meine Unfähigkeit, ihm Paroli zu bieten. Mein Vater hatte eine gute Allgemeinbildung, war belesen und neigte zu einer krankhaften Besserwisserei. Selbst, wenn er nicht recht hatte, bestand er anfänglich auf seinen Standpunkt. Mit anderen Worten, mein Vater war stur. Während meiner Kindheit und Jugend hatte er mir des Öfteren gesagt, dass es zwei Regeln gäbe. Regel Nummer 1: Er hat immer recht. Regel Nummer 2: Falls er mal nicht recht hat, tritt automatisch Regel Nummer 1 in Kraft. Er meinte das lustig, allerdings glaube ich heute, dass er das auch wirklich so meinte. Warum sonst sollte man so einen Blödsinn von sich geben? Seine Sturheit machte mich wütend, fast schon verrückt, weil ich so gut wie nie in der Lage war, ihm etwas entgegenzusetzen. Er war mir rhetorisch überlegen und duldete keine Widerworte. Letzteres war eigentlich das Hauptproblem. Somit führte ich unsere äußeren Argumentationen im Inneren weiter. Das führte zu inneren Selbstgesprächen bzw. Auseinandersetzungen mit ihm. Irgendwann wurden diese inneren Dialoge automatisch. Ich befand mich in einer ständigen inneren Auseinandersetzung mit meinem Vater. Anfänglich war ich mir darüber nicht bewusst. Erst im weiteren Verlauf meines Lebens erkannte ich es. Diese inneren Streitereien belasteten mich sehr. Zeitweise wurden sie sogar hörbar. Ich sprach dann mit mir selbst und wurde hin und wieder dabei erwischt.

2009 verstarb mein Vater plötzlich und unerwartet. Circa drei Wochen später fiel mir auf, dass sich die inneren Streitgespräche vollständig aufgelöst hatten. Sie waren spurlos verschwunden, und ich habe sie seitdem nicht mehr gehabt. Ich hatte auch kein Bedürfnis mehr, mich mit ihm innerlich zu streiten. Dieser Zwang, Drang oder Hartnäckigkeit war wie weggeblasen. Nun frage ich dich: Wie ist das möglich?

Mit meinem heutigen Wissen neige ich zu der Schlussfolgerung, dass meine inneren Streitgespräche dämonischer Natur waren. Meine familiären Dämonen führten Streit mit seinen. Und als er starb, lösten sich die Dämonen von ihm ab, weil sie kein Zuhause oder keinen „Wirt" mehr hatten. Es könnte aber auch an dem Schock über seinen plötzlichen Tod gelegen haben. Dass mein Vater wie alle in meiner Familie dämonisiert war, ist vollkommen klar.

Aufgrund meiner therapeutischen Tätigkeit weiß ich, dass solche destruktiven inneren Dialoge über den Tod hinaus weitergeführt werden können. In meinem Falle war das nicht so, sie hörten einfach auf. Ich hatte nichts dazu beigetragen. Sie hatten sich einfach aufgelöst. Deshalb tue ich mich schwer, zu glauben, dass sie rein psychologischer Natur waren. Wie gesagt, vieles, was in der Psychiatrie oder Psychologie als psychische Phänomene bezeichnet wird, sind keine psychologischen sondern dämonische Phänomene. Das ist die Täuschung, unter der unser gesamtes Gesundheitssystem steht. Hast du dich jemals gefragt, wie es ein kann, dass die heutige moderne Medizin soweit „fortgeschritten" ist wie nie, während es gleichzeitig weltweit so viele chronisch Erkrankte gibt wie nie zuvor?

Jesus Christus war kein Therapeut. Er ist der Sohn Gottes. Er war Gott im Menschen. Therapie setzt immer einen Zeitraum voraus. Jesus hat alle - die körperlich und die psychisch Kranken - an Ort und Stelle sofort geheilt. Selbst die Verrücktesten oder Wahnsinnigsten hat er ohne Zeitverzögerung an Ort und Stelle „psychisch" geheilt, indem er einfach ihre Dämonen austrieb. Er hat keine Tabletten und auch keine Therapien verschrieben, nicht ein einziges Mal.

Das Einzige, was Jesus verschrieben hatte, war die Aufforderung, nicht mehr zu sündigen! In Johannes 5,14 sagt Jesus zum geheilten Mann: *„Siehe, du bist gesund geworden; sündige hinfort nicht mehr, damit dir nicht etwas Schlimmeres widerfährt!"* Das sollte uns zu denken geben und unser gesamtes „Gesundheitssystem" in Frage stellen.

Wenn meine über mehrere Jahrzehnte inneren Streitgespräche mit meinem irdischen Vater rein psychologischer Natur waren, warum haben sie sich dann von einer Sekunde zur nächsten aufgelöst?

Neun Monate vor seinem Tod teilte mein Vater mir telefonisch mit, dass ich das Haus erben solle, weil er meine Mutter ausgezahlt hätte. Dass er sich um alles gekümmert hätte. Zu diesem Zeitpunkt lebten meine Eltern bereits seit mehreren Jahren getrennt, stritten sich aber nach wie vor. Nach seinem Tod stellte sich heraus, dass er kein Testament notariell hinterlegt hatte. Es war nirgends aufzufinden, angeblich auch nicht dort, wo er seine im Laufe der Jahre geänderten Testamente aufbewahrte. Das löste eine dämonische Kettenreaktion aus. Meine arme Mutter wurde durch den Tod meines Vaters psychotisch und erklärte mich noch an seinem Todestag zu ihrem Feind Nr. 1. Dadurch wurde der Streit, den meine Eltern ein Leben lang miteinander führten, auf mich und meine Mutter übertragen. Die Folgen waren zerstörerisch. Ihr Geisteszustand war so schlimm, dass eine sachliche Kommunikation über mehrere Jahre unmöglich war.

Heute vermute ich, dass sich die familiären Dämonen meines Vaters auf meine Mutter übertragen hatten. Das wäre auch eine Erklärung dafür, warum meine Mutter so psychotisch wurde. Und es würde mich nicht wundern, wenn das mit ein Grund für das plötzliche Verschwinden meiner inneren Streitgespräche war. All das zeigt auf, was auf spiritueller Ebene vor sich geht. Es ist erschreckend! Es wird höchste Zeit, die Menschheit spirituell aufzuklären. Es wird höchste Zeit für Jesus Christus!

Unter dem Schutz des Allmächtigen
John Ramirez verdiente als Hexenmeister und als satanischer Hohepriester und Voodoo-Priester sein Geld u.a. mit Auftrags-Verwünschungen. Er verfluchte regelmäßig Personen professionell mit Zaubersprüchen. In der Regel war dann auch den verfluchten Personen etwas zugestoßen. Irgendwann erhielt er den Auftrag, eine Gruppe Evangelisten, die in der Bronx evangelisierten, zu verfluchen. Er suchte sie auf, hörte ihnen zu und tat so, als sei er ein Interessierter. Währenddessen schoss er feurige Pfeile (Zaubersprüche und Verwünschungen) auf die Gruppe der Evangelisten. John war spirituell so gut trainiert, dass er sehen konnte, ob die Pfeile seine Opfer trafen. Bei den Evangelisten war das nicht der Fall. Seine Pfeile prallten an einer unsichtbaren Mauer, die die Evangelisten umgab, ab. Er schoss mehrere Male auf die Christen und seine Pfeile prallten immer wieder ab. Das war das erste Mal, dass er einen Auftrag

nicht ausführen konnte, und er verwunderte sich über den übernatürlichen Schutz der evangelisierenden Christen.

Die Katze vorm Mauseloch

Ich beobachtete also 24/7 mein Denken und Fühlen wie eine Katze ein Mauseloch. Währenddessen studierte ich die Bibel und entsprechende Literatur. Ich *betete und fastete* regelmäßig. Ich weiß nicht mehr genau, woher ich die folgende handschriftliche Liste habe - ich besitze sie noch heute -, sie diente mir als Orientierung, was für Dämonen ich in mir haben könnte.

Liste möglicher Dämonen (Auswahl)
Dämon
- des Okkultismus, der Hexerei, Zauberei, Wahrsagerei
- der falschen Religion
- der Rebellion
- der Angst
- des Kummers, der Trauer
- der Einsamkeit, Depression, Ablehnung
- des Suizids oder Selbstmords
- des Todes
- der Selbstzerstörung, Zweifels
- des Grolls, Ärgers
- der Unversöhnlichkeit, Wut, Zorn, Mords
- der Enttäuschung, Elend
- des Unglaubens, Kompromiss, Vergesslichkeit, Wahnsinn
- der Lüge (gegen einen selbst und gegen andere)
- der Fälschung, Täuschung
- des Fluchens, Blasphemie
- des Klatsches, Kritik
- der Selbstbefriedigung, Perversion, Pornographie, Ehebruch, Unzucht

Und während ich fortschritt, entstand die nächste Liste, die ein „Work in Progress" war. Von beiden Listen habe ich circa ein Drittel durchgestrichen, heißt, die Problematiken waren dämonischer und nicht psychologischer Natur:

Meine persönliche Liste möglicher Dämonen in mir
Dämon
- der Esoterik und falschen Religion
- der Ablehnung
- der Selbstunsicherheit und des Zweifels
- der Verwirrung
- des Rausches und Drogen
- der Hetze, Eile, Druck
- der Perversion und Pornographie
- der Lüge (der mich anlügt)
- der Trauer
- des Schuldgefühls / Schuldzuweisung
- der Zucker- und Fettsucht
- des Vergessens
- der Enttäuschung
- des Yoga
- der Ohnmacht
- des Fluchens
- der Wut / Aggression / Feindseligkeit / Groll
- der Kritik / Selbstkritik, Selbstgesprächs
- der Sehschwäche
- der Lüge

Komm raus in Jesu Namen

REMINDER
Die folgenden Erläuterungen, Tipps und Anwendungen richten
sich ausschließlich an Gläubige. Nicht-Gläubige sind herzlich
eingeladen, es zu lesen, ich rate aber dringend davon ab, es zu
praktizieren. Für Gläubige und Nicht-Gläubige gilt gleichermaßen: Alle in diesem Unterkapitel beschriebenen Zusammenhänge ersetzen weder eine Psychotherapie noch einen Arztbe-
such im Falle einer seelischen oder körperlichen Krankheit.

Ich ärgere mich heute, dass ich kein Tagebuch geführt habe
und einige meiner Austreibungen nicht mit der Handykamera
festhielt, es wäre so leicht gewesen. Ich war einfach nicht auf

die Idee gekommen. Wie gerne hätte ich mit der Kamera Erinnerungen an meine Befreiungen festgehalten.

Ohne intime Beziehung zu Jesus keine Macht

„Einige Juden, die von Ort zu Ort zogen und böse Geister austrieben, versuchten ebenfalls, den Namen von Jesus, dem Herrn, für sich einzusetzen. Sie gebrauchten dabei die Formel: »Ich gebiete dir durch Jesus, den Paulus predigt: Fahre aus!« Sieben Söhne des Hohen Priesters Skevas gingen so vor. Doch als sie es bei einem Mann versuchten, der auch von einem bösen Geist besessen war, erwiderte der Geist: »Ich kenne Jesus und ich kenne Paulus. Aber wer seid ihr?« Und der Besessene stürzte sich auf sie und attackierte sie mit solcher Heftigkeit, dass sie nackt und verletzt aus dem Haus flohen." (Apostelgeschichte 19,13-16)

Was ist hier passiert? Die sieben Söhne des Skevas benutzen doch Jesu Namen. Das scheint aber nicht zu funktionieren. Die sieben Söhne des Skevas haben nämlich *keine Beziehung* zu Jesus. Deswegen mangelt es ihren Worten an Kraft und Autorität. Die sieben Söhne verlassen sich auf das „Wie". Sie verlassen sich nicht auf Jesus, und befassen sich nicht mit dem Wort Gottes über geistige Kriegsführung. Als Ergebnis davon erhalten sie heftige Prügel.

Was ist nun der Schlüssel zum Erfolg in der geistigen Kriegsführung? Erstens, wir verlassen uns auf Gottes Stärke, nicht auf unsere eigene. Zweitens, wir operieren in Jesu' Namen, nicht in unserem eigenen. Drittens, wir schützen uns selbst mit der Waffenrüstung Gottes. Viertens, wir kämpfen mit dem Schwert des Geistes - dem Wort Gottes. Letztens erinnern wir uns daran, dass während wir geistigen Krieg gegen Satan und seine Dämonen führen, nicht jede Sünde oder jedes Problem ein Dämon ist, der zurückgewiesen oder ausgetrieben werden muss. Mehr dazu später.

Was bedeutet Intimität mit Jesus? Intimität ist ein Zustand der Verbundenheit, des Vertrauens und der Offenheit zwischen zwei Personen. Jesus ist eine Person, genauso wie Gott und der

Heilige Geist Personen sind. Jesus ist unser Erlöser im Auftrag Gottes und Gottes Heiliger Geist unser Beistand. An Jesus zu glauben, ist allesentscheidend und rettend. Eine vertrauensvolle, offene und verbundene Beziehung mit ihm zu führen, geht über den rettenden Glauben hinaus. Je tiefer wir mit ihm verbunden sind, je mehr wir ihm vertrauen, desto höher unsere Autorität in Christus. Diese Autorität spüren die Dämonen; sie können sie nicht ignorieren.

Die Rolle des Heiligen Geistes

Eine enge Zusammenarbeit mit dem Heiligen Geist war der Schlüssel zu meinen nachhaltigen und effizienten Selbstbefreiungen. Ohne den Heiligen Geist hätte ich das nicht geschafft. Ohne ihn wäre ich hoffnungslos verloren geblieben. Der Heilige Geist führt in die Wahrheit (Johannes 16,13), gibt Kraft und Stärke (Epheser 3,16), ist uns zugesagt und darf erbittet werden (Lukas 11,13), macht mutig (2. Timotheus 1,7), überführt (Johannes 16,18), verändert den Charakter (Galater 5,22) und vieles mehr.

Da ich annähernd dreißig Jahre spirituell getäuscht worden war, hatte ich zügig den Dreh raus und verstanden, worum es geht. Mir war die Rolle des Heiligen Geistes schnell bewusst. Ich hatte meine totale Abhängigkeit von ihm erkannt. „*Denn getrennt von mir könnt ihr nichts tun* (Johannes 15,5)". Diese Abhängigkeit hatte ich in Anspruch genommen und den Heiligen Geist gebeten, mir alle Dämonen in mir zu offenbaren, damit ich endlich frei werde. Und genau das hat er getan. Ich gab mich seiner Führung hin, ich lieferte mich ihm aus, und er führte mich auf so fantastische Weise, dass ich es nicht in Worte fassen kann. „*Der Herr aber ist der Geist; wo aber der Geist des Herrn ist, ist Freiheit* (2.Korinther 3,17)."

Abschwörung – Bestandteil der Buße

Jesus' ersten Worte im Markusevangelium sind: „*Die Zeit ist erfüllt, und das Reich Gottes ist nahe gekommen.* **Tut Buße** *und glaubt an das Evangelium!*"

„Tut Buße" ist ein Gebot Christi! Ohne Buße, keine Rettung! Davon bin ich zutiefst überzeugt. Es war die Buße und die einhergehende aufrichtige Reue, die meine wahre Transformation einleiteten. Es war die Erkenntnis, dass ich aufgrund des Sündenfalls von Natur aus ein Sünder war. Es war die Erkenntnis, dass ich Dreck am Stecken hatte, obwohl ich mich generell für einen guten Menschen hielt. Das ist Teil der gigantischen Täuschung: Wir halten uns für gut, obwohl wir in Gottes Augen in Bezug auf seine Heiligkeit schlecht sind. „Buße tun" bedeutet „umzukehren"; aufzuhören zu glauben, dass man sich selbst retten kann. Wir können uns nicht selbst retten. Das ist unmöglich. Wir können uns unsere Rettung auch nicht verdienen oder erkaufen. Es ist einzig und allein Gottes Gnade, die uns rettet. Und es liegt an uns, sein Gnadengeschenk des Opferlamms Jesus Christus durch unseren Glauben anzunehmen. Am besten tust du Buße, bevor du dein Lebens-Übergabe-Gebet sprichst (siehe „Weiterführendes"). Spätestens jedoch, nachdem du es gesprochen hast. Hauptsache du tust es.

Ich glaube nicht an „Einmal gerettet, immer gerettet", sondern an die regelmäßige Buße. Ich bin mir nicht mehr sicher, aber ich meine, die folgende Abschwörung ist von einem Massen-Befreiungsdienst des US-Pastors Vladimir Savchuk. Sprich sie mit Willenskraft laut aus. Damit zeigst du der unsichtbaren und sichtbaren Welt deine Entschiedenheit. Du zeigst Gott, dass es dir ernst ist. Während du das tust, können Dämonen dich bereits verlassen und anhaftende Dämonen loslassen. Für Dämonen sind diese Worte unerträglich. Und denk daran: Wenn dich etwas dazu antreibt, besonders aktiv auszuatmen, ähnlich wie ein übertriebenes Gähnen, dann können das bereits Dämonen sein. Also, atme aus.

ABSCHWÖRUNG

Ich verwerfe jede Form von Zauberei, Hexerei, Wahrsagerei, alle bekannten und unbekannten okkulten Verstrickungen - in Jesu Namen.

Ich schwöre ab von aller Lust, Perversion, Unmoral, Unreinheit, Ehebruch, Unzucht, Pornographie und allen sexuellen Sünden - in Jesu Namen.

Ich entsage jeder Verbindung - bekannt oder unbekannt -, die ich zur Freimaurerloge oder zu einem Geheimbund habe. Ich breche jeden Fluch, jede Krankheit und jeden Dämon, der durch das Böse der Freimaurerei entstanden ist - in Jesu Namen. Diese böse Macht ist gebrochen und kann mich und meine Familie nicht mehr angreifen.

Ich distanziere mich von jedem falschen Versprechen, Eid und Antrag in Verbindung mit allen Arten von Okkultismus, ich entbinde mich jetzt durch die Kraft des Namens Jesu.

Ich löse mich von jeder gottlosen dämonischen Seelenbindung und unmoralischen Beziehung. Ich tue Buße und bitte um Vergebung für jede sexuelle Sünde in meiner Vergangenheit oder in meiner Gegenwart.

Ich breche alle Generationsflüche - gesprochen oder unausgesprochen - auf beiden Seiten meiner Familie, die zehn Generationen zurückreichen - in Jesu Namen.

Ich verzichte auf allen Hass, alle Wut, allen Groll, alle Rache, alle Vergeltung, alle Unversöhnlichkeit und alle Bitterkeit - im Namen Jesu.

Ich verzichte auf jede Abhängigkeit von Drogen und Alkohol. Ich tue Buße für jede - legale oder illegale - Substanz, der ich erlaubt habe, mich zu binden. Ich weise den Geist der Sucht zurück und rufe ihn auf, sich zu entfernen - in Jesu Namen.

Ich sage mich los von Stolz, Härte, Arroganz, Eitelkeit, Ego, Ungehorsam und Rebellion - in Jesu Namen.

Ich verzichte auf allen Neid, alle Eifersucht - im Namen Jesu.

Ich verzichte auf alle Angst, Unglaube, Phobie - im Namen Jesu.

Ich verzichte auf alle gottlosen Gedankenmuster und verwerfe jede Vorstellung, die nicht im Gehorsam gegenüber Jesus Christus ist.

Ich schwöre ab und befreie mich unverzüglich von jedem bösen Erbe, das ich von meinem Vater und meiner Mutter erhalten habe.

Du musst es wollen

Das ist die wichtigste Arbeitsgrundlage: Du musst es wollen. Du musst ein brennendes Interesse haben, keine Dämonen mehr in dir zu haben. Wenn du das nicht hast, wie sollen sie dann rauskommen?

Psychische Befreiung vs. dämonische Befreiung
Was ist der Unterschied zwischen einer psychischen und einer dämonischen Befreiung? Die Antwort ist einfach:

> Eine psychologische Befreiung ist psychisch und/oder mental, während eine dämonische immer den Körper mit einbezieht.

Eine psychische Befreiung ist in der Regel ein rein mentaler Aha-Effekt. Du kommst zu einer Erkenntnis über dich selbst, und diese Erkenntnis löst eine Befreiung in deinem Denken und deiner Wahrnehmung aus. Dabei ist es egal, ob dein Denken in die aktuelle, vergangene oder zukünftige Zeit gerichtet ist. Die Befreiung ist rein psychisch, rein mental oder seelisch. Dein Körper ist nicht direkt betroffen. Natürlich hat die psychische Befreiung auch einen Effekt auf deinen Körper, er steht aber nicht im Vordergrund. Eine psychische Befreiung kann auch von „hysterischen" Anfällen begleitet werden. Diese Anfälle werden gerne mit Dämonen verwechselt.

DÄMONISCHE MANIFESTATION
Wenn Dämonen *widerwillig* aus dir ausfahren, ist das ungefähr so, als ob ein feinstofflicher Teil von dir, der nicht DU bist, sich von deiner Fleischlichkeit löst. Du spürst richtig, wie der böse Geist mit deiner Materie „verwoben" ist und sich löst und durch das Portal, durch das er eingefahren ist, wieder ausfährt. In vielen Fällen ist das der Mund - Dämonen werden oft eingeatmet. Andere Tore sind Augen, Ohren, Nase und Hände und Beine. Bei einer dämonischen Befreiung ist dein Körper direkt beteiligt. Entweder zitterst oder zuckst du - und du weißt, es ist nicht dein Zittern oder Zucken -, oder du lachst auf eine seltsame, dir nicht zugehörige bösartige Weise oder du redest irgendeinen Blödsinn, der nicht von dir kommt. Oder du musst heftig husten, manchmal begleitet von einem Würgen. Befreiungen können auch zum Erbrechen führen, man „bricht Dämonen aus" - das ist aber nicht die Regel. Oder eine bizarre Mi-

schung aus langatmigem, dumpfem und diffusem Stöhnen, Grunzen und Krächzen kommt aus dir heraus und du weißt, das bist nicht du. Du kannst auch das Bedürfnis haben, irgendein Kauderwelsch zu reden, deine Stimme hört sich währenddessen verändert an, und du weißt, es ist nicht deine natürliche Stimmenfrequenz. Frauen neigen zum Kreischen, Männer neigen zu heftigen Bewegungen - beides ist aber keine Regel. Zu diesen Bewegungen gehört auch eine skurrile Mischung aus sich winden, verbiegen und verdrehen, und du merkst, das bist nicht du, der sich windet, verbiegt und verdreht. Es kann auch sein, dass du etwas von dir abschütteln musst, etwas das nicht du bist. Es kann auch eine Mischung aus allem sein. Egal, was es ist, lass es zu! Du darfst dich nicht schämen. Die Scham kommt von den Dämonen! Lass es zu! Die Manifestation von Dämonen ist anfänglich immer und grundsätzlich verstörend. Das muss so sein. Währenddessen merkst du aber, wie gut es dir tut. Du merkst, dass etwas Böses dich verlässt. Nach der Befreiung fühlst du dich wie nach einem sportlichen Training für mehrere Minuten ausgepowert. Du fühlst dich körperlich leichter, als hättest du an Gewicht verloren. Du spürst richtig, wie etwas deinen Körper verlassen hat, dass es raus ist.

Dämonen-Gruppen

Dämonen sind in der Regel in Gruppen anwesend, dennoch gilt: Ausnahmen bestätigen die Regel. In der christlichen Dämonologie spricht man von einem Türsteher. Der Türsteher repräsentiert den ersten Dämon, der in jemanden eingefahren ist und dafür sorgt, dass weitere einfahren können. Sie kommen also in Gruppen wie Straßengangs; in der Gruppe fühlen sie sich stark. Es ist dasselbe Prinzip. Alleine sind sie feige und ängstlich. Ich hatte eine Gruppe bzw. mehrere oder viele Dämonen in mir und das mein gesamtes Leben! Es waren weit über zwölf Dämonen. Zwölf hatte ich selbst ausgetrieben bzw. ich habe körperlich miterlebt, wie sie aus mir ausfuhren. Und die anderen sind von selbst gegangen.

Dass Dämonen in der Regel in Gruppen kommen, wurde mir vollends bewusst, während ich Frank Hammonds Klassiker „Pigs in the Parlor" las. Das war erst vor einem halben Jahr.

Mir wurde bewusst, dass es bei mir genauso war. Allerdings wusste ich das zu jener Zeit nicht. Ich hatte ja keinen Geistlichen, keine Gemeinde oder Kirche, die mich dabei unterstützten und aufklärten - weit und breit gab es keine Ansprechpartner. Und dass ich nicht zu einem Schamanen gegangen bin, versteht sich von selbst. Ich verließ mich ausschließlich auf die Führung des Heiligen Geistes, auf Gottes Wort und die entsprechende Literatur.

Dereks Klassiker „Sie werden Dämonen austreiben" war mein Hauptreferenzwerk. Es half mir dabei, den entsprechenden Mut und die Hartnäckigkeit zu entwickeln. Heute bin ich froh, dass ich nicht wusste, dass sie in Gruppen anwesend sind, weil die sieben Monate der Austreibungen mein Vertrauen in die Zusammenarbeit mit dem Heiligen Geist gestärkt haben und weil ich in der Geisterunterscheidung trainiert wurde. Es war ein Intensiv-Crashkurs, den Gott mir anbefohlen hatte.

Nicht, dass du mich falsch verstehst: Dass Dämonen in Gruppen anwesend sein können, steht in der Bibel (Markus 5 und Lukas 8,26 ff.) und wurde in Dereks Klassiker nicht ausgelassen. Allerdings war mir nicht bewusst, dass das häufig der Fall sein kann.

Selbstbefreiung vs. Befreiung mithilfe eines Geistlichen
Bei einer Selbstbefreiung bist du ganz alleine, es ist kein weiterer Mensch zugegen. Der Prozess oder die Vorgehensweise ist aber in beiden Fällen derselbe. Wenn ich mir eine Fremdsprache selbst aneigne, dann bleibe ich der Schüler und übernehme zusätzlich die Rolle des Lehrers. Das gleiche Prinzip gilt auch bei der Selbstbefreiung. Ich bleibe der Dämonisierte und übernehme die Rolle des Geistlichen. Nirgends im Wort Gottes steht geschrieben, dass wir das nicht tun können oder sollen. Zumindest habe ich nichts gefunden. Es sind auch nicht der Geistliche und Ich-als-Geistlicher, die Dämonen austreiben, sondern die Anwesenheit Jesu Christi bzw. seines Heiligen Geistes während der Austreibung, was das Ausfahren der Dämonen bewirkt. Der Geistliche oder Exorzist ist lediglich ein Kanal, durch den die Kraft Jesu Christi wirkt. Der Geistliche

oder ich oder du, wir haben lediglich die *Vollmacht* Jesu Christi erhalten, Dämonen *in seinem Namen* auszutreiben. Deshalb ist die Austreibung in erster Linie auch nicht von unserer Willenskraft abhängig, sondern vielmehr von der Inanspruchnahme unserer Autorität und Vollmacht.

Willenskraft vs. Autorität

Es ist wie bei einer Führungskraft mit der Berechtigung, selbstständig Mitarbeiter einzustellen und zu entlassen. Wenn die Führungskraft einen Mitarbeiter entlässt, muss sie sich dabei nicht anstrengen, sondern sie entlässt ihn einfach, weil sie die Vollmacht und Autorität dazu hat. Dass der Mitarbeiter darüber bockig, stur, aggressiv oder verärgert werden kann, ändert nichts an der Entlassung. Der Mitarbeiter muss gehen. Genauso verhält es sich bei einer Austreibung: Der Dämon oder die Dämonen *müssen* gehen, egal wie sie sich verhalten. Sollte der Mitarbeiter Stress machen, wird die Geschäftsführung oder das Sicherheitspersonal eingeschaltet. Genauso wenden wir uns auch im Falle einer hartnäckigen Austreibung an unseren „Chef". Wir wenden uns an den Heiligen Geist bzw. Jesus, uns zur Hilfe zu kommen. Die Wahrheit ist, die Dämonen wissen, dass sie gehen müssen. Sie wissen, dass ihre Zeit in unserem Körper abgelaufen ist. Wenn sie aber merken, dass deine Autorität wankt, weil du das Ausmaß deiner Vollmacht noch nicht ganz verstanden hast, dann spielen sie Spielchen. Je mehr wir also in unserer Vollmacht ruhen, desto stärker ist unsere Autorität und desto mehr wird der Wille der Dämonen gebrochen. Es ist unsere Autorität, die den Teufel und seine Dämonen in die Schranken weist. Und der spirituelle Grund dafür ist der Sieg Jesu über den Teufel vor 2.000 Jahren am Kreuz.

Denk immer daran: Wir haben es mit einem besiegten Feind zu tun. Der Teufel und seine Dämonen *wissen* das! Und diesen Sieg können wir nur durch unseren Glauben, unsere Vollmacht und unsere Autorität in Jesus Christus in Anspruch nehmen. Es gibt keine andere Möglichkeit. Alles beginnt und endet mit Jesus Christus.

Die Ansprache der Dämonen

Ich habe es mehrfach betont: Die Essenz der Bibel ist Kommunikation. Davor macht auch das Austreiben der Dämonen keinen Halt. Durch unser gesprochenes Wort befehlen wir den Dämonen, rauszukommen. Wir kommunizieren also mit ihnen. Allerdings führen wir kein Gespräch, auch wenn sich erfahrene Befreiungs-Geistliche in manchen Fällen auf ein kurzes Verhörgespräch einlassen, um den Namen des Dämons zu erfahren. Grundsätzlich gilt aber: Wir lassen uns auf keine Diskussionen mit den Dämonen ein. Wir schmeißen sie raus, ähnlich wie das Sicherheitspersonal einer Großdiskothek unerwünschte Gäste einfach rausschmeißt. Wir gebieten oder befehlen ihnen, rauszukommen. Unsere spirituellen Muskeln sind die uns verliehene Vollmacht und somit Autorität.

Es ist von ausschlaggebender Bedeutung, dass wir zwischen dem Dämonisierten und seinen Dämonen unterscheiden. Während der Austreibung sprechen wir zwar in Richtung des Dämonisierten, wir schauen ihm sogar in die Augen, wir reden mit hoher Autorität und sehr bestimmend, und dennoch reden wir nicht mit dem Dämonisierten selbst, sondern zu den Dämonen in ihm. Das ist sehr wichtig. Darüber muss der Dämonisierte aufgeklärt werden! Er darf unsere Autorität und Bestimmtheit nicht persönlich nehmen. Das ist insbesondere dann wichtig, wenn wir es mit Dämonen der Wut, Aggression oder des Jähzorns zu tun haben. Denken wir also immer daran: Dämonen sind Personen. Allerdings böse Personen ohne Körper in einem menschlichen Körper. Somit reden wir auch mit ihnen so, als würden wir zu einem Menschen sprechen.

Keine Angst vor der Manifestation!

Wenn der Dämon dann reagiert, sich also manifestiert (siehe „Dämonische Manifestation", Seite 213), kann das beängstigend oder erschreckend auf den Dämonisierten wirken, weil er plötzlich und zum ersten Mal mit Haut und Haare spürt, dass tatsächlich eine Präsenz in ihm ist. Hier ist es hilfreich, sich daran zu erinnern, dass Dämonen feige und ängstlich sind und hartnäckig zu bleiben. Relativ schnell spürt man dann, dass diese Manifestation eine Art Verdichtung des psychologischen, seelischen oder charakterlichen Problems ist, wohinter man Dämonen vermutet hat. Es ist so, als ob sich das Problem - beispielsweise der Jähzorn - von der Psyche loslöst und sich gleichzeitig körperlich bemerkbar macht. Das heißt, der Dämonisierte spürt innerlich, wie sich etwas loslöst, das er zuvor für einen festen Charakter- oder Persönlichkeitsanteil hielt! Wenn er das zulässt und dem Prozess *vertraut* und einfach weitermacht, dann ist es auch egal, wie sich der Dämon manifestiert - sei es durch Schreien, Lachen, Husten, Zittern oder Erbrechen, weil der Betroffene einfach nur merkt, wie gut es ihm tut, wie befreiend es ist.

Hinter der Befürchtung des Betroffenen, dass er sich lächerlich machen oder zu viel von sich preisgeben könnte, können auch Dämonen stehen, beispielsweise der Dämon der kranken Scham oder der Dämon der kranken Selbstkontrolle. Es kann auch eine rein psychische Angst - beispielsweise vor Kontrollverlust - sein. Was immer es auch ist, wir lassen uns dadurch nicht aufhalten.

Beten, Fasten und Demut

In der Zeit des Übergangs müssen wir erst recht viel beten und das Wort Gottes lesen. Und das Fasten sollte auf keinen Fall unterschätzt und ausgelassen werden. Jesus setzt das Fasten als selbstverständlich voraus. In der Zeit des Übergangs hatte ich über mehrere Monate regelmäßig einmal wöchentlich gefastet.

„Wenn ihr fastet, so tut es nicht öffentlich wie die Heuchler, die blass und nachlässig gekleidet herumgehen, damit die Leute sie für ihr Fasten bewundern. (...) Wenn du fastest, dann kämme deine Haare und wasche dir das Gesicht. Dann wird niemand auf den Gedanken kommen, dass du fastest, außer deinem Vater, der weiß, was du in aller Stille tust. Und dein Vater, der alle Geheimnisse kennt, wird dich dafür belohnen.“
Matthäus 6,16-18

Fasten ist ein Gebot Jesu. Eben weil es Jesus als selbstverständlich betrachtet. Fasten ist nicht nur körperlich gesund, sondern es schärft unseren Geist, unsere Spiritualität, insbesondere wenn wir es gezielt für Gott tun, um ihm zu beweisen, dass wir uns von unserem Körper nichts diktieren lassen. Denken wir immer daran: Unser Körper ist nach unserer Bekehrung bereits der Tempel des Heiligen Geistes. Es geht hier um den Kampf zwischen Geist und Fleisch (Körper).

„Was aus dem Fleisch geboren ist, ist Fleisch, und was aus dem Geist geboren ist, ist Geist." Johannes 3,6

„Denn das Fleisch begehrt gegen den Geist auf, der Geist aber gegen das Fleisch; denn diese sind einander entgegengesetzt, damit ihr nicht das tut, was ihr wollt." Galater 5,17

„Die aber, die im Fleisch sind, können Gott nicht gefallen." Römer 8,8

Darüber hinaus hassen Dämonen das Fasten. Warum? Eingefahrene Dämonen beeinflussen unser Fleisch, indem sie uns zur Sünde verführen. Haben sie uns einmal verführt, sei es Drogenkonsum oder Pornokonsum oder was auch immer, wird die Sucht nach diesen „Substanzen" körperlich, eben weil unser Denken unser Fühlen und unser Fühlen unseren Körper beeinflusst. Beim Fasten tun wir das genaue Gegenteil. Unser Körper „schreit" nach Nahrung, genauso wie uns Dämonen „anschreien", zu sündigen. Indem wir aber unseren Körper „austrocknen" lassen, lernen wir, uns nichts von unserem Körper diktieren lassen. Einige Pro-Befreiungsdienst-Christen gehen soweit und behaupten, dass das Fasten Dämonen veranlasst, auszufahren.

Beim Fasten geht es auch um Demut. Demut ist der Schlüssel zu allem, was wir tun. Sie ist das Gegenteil von Stolz. Und Stolz ist etwas, unter dem wir alle leiden. Der Stolz ist meines Erachtens die Ursünde, die Sünde aller Sünden, und war der treibende Motor hinter dem Sündenfall. Demut bedeutet die Anerkennung von Gottes Größe. Ich falle regelmäßig auf mein Angesicht, wenn ich Gott anbete und ihn lobpreise, weil ich mit Geist, Seele und Leib verstanden habe, dass ich ein Nichts ohne Gott=Jesus=Heiliger Geist bin. Weil ich verstanden habe, was Gott in Jesus am Kreuz für einen Preis bezahlt hat, um mich aus den Fängen des Teufels loszukaufen.

Unser Wille und Gottes Wille

Wir übergeben Gott oder Jesus nicht nur unser Leben, sondern und insbesondere auch unseren Willen! Es geht darum, unseren Willen von Gott brechen zu lassen. Denn unser Wille, als wir noch der alte Mensch waren, wurde durch Satans Geist geformt. Wir gehören aber nicht mehr zu Satans Reich, somit müssen wir auch unseren Willen neu ausrichten. Und das können wir nicht von selbst. Es geht nur, indem wir unseren alten Willen vom Heiligen Geist zerstören lassen und uns zu einhundert Prozent Gottes Willen unterwerfen. Das ist wahre Umkehr bzw. wahre Buße. Nicht unser sondern Sein Wille geschehe. Der Weg nach oben führt zunächst nach unten. Zuerst kommt die Hingabe, die völlige Unterwerfung, die totale Selbstaufgabe. Wahre Transformation geschieht nur durch wahre Buße!

> Unser Gebet lautet somit: „Himmlischer Vater, ich lege meinen Willen in Deine Hände. Im Namen Deines Sohnes Jesus Christus bitte ich Dich, meinen alten Willen zu zerstören und Deinen Willen in mir zu errichten. Offenbare mir alles, was über Bord geworfen werden muss, damit ich in Deinem Willen wandeln und leben kann. Synchronisiere Deinen Willen mit meinem. Erneuere mein Denken von Grund auf. Ich danke Dir. Ich liebe dich."

Nach so einem Gebet, insofern es authentisch, ehrlich und ernstgemeint ausgesprochen wird, übernimmt der Allmächtige und führt den transformierenden Reinigungsprozess individuell und auf deine ureigene persönliche Situation angepasst durch. Denn nur ER kennt dein Herz und weiß die entsprechende „Therapie". Und dieser Prozess beinhaltet deine unbedingte Bereitschaft, dich deinen Leichen im Keller zu stellen. Wer nicht vollständig geheilt werden will, kann auch nicht vollständig geheilt werden.

Deshalb sagt Jesus in Matthäus 7,13-14: *„Ihr könnt das Reich Gottes nur durch das enge Tor betreten. Die Straße zur Hölle ist breit und ihre Tür steht für die vielen weit offen, die sich für den bequemen Weg entscheiden. Das Tor zum Leben dagegen ist eng und der Weg dorthin ist schmal, deshalb finden ihn nur wenige."*

„Und wer nicht sein Kreuz auf sich nimmt und mir nachfolgt, der ist meiner nicht wert." Matthäus 10,38

Gleichzeitig sagt Jesus in Matthäus 11,28 ff: *„Kommt alle her zu mir, die ihr müde seid und schwere Lasten tragt, ich will euch Ruhe schenken. Nehmt mein Joch auf euch. Ich will euch lehren, denn ich bin demütig und freundlich, und* **eure Seele wird bei mir zur Ruhe kommen.** *Denn mein Joch passt euch genau, und die Last, die ich euch auflege, ist leicht."*

Wahre seelische Ruhe kann nur durch Jesus Christus erreicht werden. Er ist das, was wir alle (unbewusst) suchen. Er ist die Antwort. Nur er kann unsere Verletzungen nachhaltig heilen. Seine transformierende Kraft in uns kann aber nicht aktiviert werden, solange wir glauben, dass wir uns selbst retten können. Der Weg nach oben führt nach unten. Das ist der springende Punkt: Wir können uns nicht selbst retten. Es ist unmöglich!

Solange wir uns nur auf Menschen oder auf unseren eigenen Willen verlassen, anstatt zuerst auf Gott, kann unsere Seele nicht zur Ruhe kommen. Die Esoterik, die Persönlichkeitsentwicklung, die Psychologie, die moderne Spiritualität und der ganze andere Firlefanz, den uns das System, in dem wir leben, anbietet, reden uns ein, wir könnten uns selbst retten. Wir sind und bleiben aber nur Geschöpfe, und nur unser Schöpfer kann uns auch wieder vollkommen herstellen. Nur er kann unsere Seele und Psyche nachhaltig und ganzheitlich heilen, denn nur er kennt unser Herz. Er ist der Herr, unser Arzt. Es ist so einfach, sobald wir einmal die Täuschung durchschaut und verstanden haben. Und wenn Gott oder Jesus dann wieder auf dem Podest stehen, wo sie seit eh und je hingehören, dann können wir auch durchaus auf die Therapien, die uns das System anbietet, zurückgreifen, insofern wir Gott in unseren Entscheidungsprozess mit einbeziehen. Er ist der Vater und nur er weiß, was seinen Kindern wirklich gut tut. Er führt uns. Niemand sonst! Denken wir immer daran: Es beleidigt Gott, wenn wir auf Menschen hoffen.

All das oben Genannte war meine Grundeinstellung, während ich mich im Befreiungsprozess befand. Zusätzlich hatte ich regelmäßig laut proklamiert, was ich heute noch tue. Die Proklamationskarten von Derek Prince sind dabei sehr hilfreich, die man im Online-Shop von „Internationaler Bibellehrdienst" bestellen kann. Die bewusste Proklamation des Wort Gottes ist eine übernatürliche, schützende Kraft und eine Waffe gegen den Feind, während unser Wille im göttlichen Transformationsprozess neu ausgerichtet wird.

SELBTBEFREIUNG

In einem Zeitraum von circa sieben Monaten (Juli 2022 bis ca. Februar 2023) habe ich zwölf Dämonen bewusst aus mir ausgetrieben. Im Folgenden beschränke ich mich auf drei Befreiungen, die ich noch ziemlich genau abgespeichert habe, während die anderen in meiner Erinnerung leicht verschwommen sind. Die sieben Monate, in denen ich die Dämonen austrieb, waren ein Niemandsland. Ich fühlte mich nach meiner Errettung für knapp ein Jahr abwesend, wenngleich ich anwesend war. Es war wie ein Trip auf Drogen, obwohl ich clean war.

Selbstverständlich kann ich die einzelnen Befreiungen nicht mehr hundertprozentig rekonstruieren, wann zum Beispiel ich was wie genau zu den Dämonen gesagt habe. Das ist unmöglich und auch nicht erforderlich. Wichtig ist der generelle Rahmen, innerhalb dessen man sich bewegt. Der Rest geschieht unter der Führung Jesu oder des Heiligen Geistes, das heißt, der Ablauf und die eingesetzten Worte ergeben sich intuitiv. Jeder Dämon reagiert anders, genauso wie jeder Mensch seine ureigene Charakteristik hat.

In den Momenten, in denen sich die Dämonen manifestieren und du gleichzeitig in der Rolle des Exorzisten steckst, löst sich dein Zeitgefühl auf. Das muss so sein. Grundsätzlich ist es möglich, den Prozess zu unterbrechen; das heißt, du selbst bestimmst, wie es weitergeht. Das ist auch logisch, weil die Dämonen ja schon die ganze Zeit in dir anwesend waren. Es sind fremde Personen und nicht du selbst. Deshalb bestimmst auch DU den Prozessablauf und die Intensität der Manifestation. Das heißt, DU HAST DIE KONTROLLE! Die Dämonen müssen sich deinen Befehlen, die du ihnen im Namen Jesu gebietest, beugen. Und das Tolle ist, sie tun es. Sie mögen trotzig, bockig und widerwillig reagieren, deshalb bleibst du hartnäckig. HARTNÄCKIGKEIT ist der Schlüssel. Du hörst nicht eher auf, bis sie raus sind, auch wenn es die ganze Nacht dauern sollte. In meinem Fall dauerten die Befreiungen zwischen zwanzig Minuten und zwei Stunden.

Praxisbeispiel 1/3
Befreiung vom bösen Geist des Grolls und der Feindseligkeit

An jenem Tag hatte ich zum ersten Mal Dämonen in mir dabei erwischt, wie sie mein Denken manipulieren. Wie gesagt, beobachtete ich zu dieser Zeit meine Gedanken, Gefühle und inneren Regungen wie eine Katze ein Mauseloch. Damals hatte ich Probleme mit meiner pubertierenden Tochter und war deswegen des Öfteren gereizt, weil ich mich von ihrem Verhalten verletzt fühlte. Ich war wie so oft alleine bei mir zuhause und ganz und gar in die Geschichte eines berührenden christlichen Films versunken, als sich plötzlich, wie aus heiterem Himmel, Gedanken an meine Tochter aufdrängten und mich nicht mehr losließen. Ich war in die Geschichte des Films so sehr versunken, dass ich nicht an meine Tochter denken, sondern nur den Film sehen wollte. Aber die Gedanken an sie drängten sich immer weiter auf. Es war eine Mischung aus Groll, Feindseligkeit und innerem Streitgespräch. Da ich meine Tochter immer und grundsätzlich liebe, ergaben sie zu jenem Zeitpunkt in dieser Intensität keinen Sinn, während ich mich weiterhin auf den Film zu konzentrieren versuchte. Ich versuchte, sie auszublenden.

Auf einmal wurde mir zum ersten Mal in meinem Leben, ich war bereits 53 Jahre alt, bewusst: Das sind nicht meine Gedanken! Eine Gänsehaut überzog meinen Körper. Ich erstarrte, pausierte das Video und beobachtete meine Gedanken und lauschte, ähnlich wie man lauscht, nachdem man ein Geräusch in seiner Wohnung gehört hat. Die feindschaftlichen Gedanken gegen meine Tochter hatten sich spurlos aufgelöst. Dann schaute ich den Film weiter. Gleichzeitig spaltete ich meine Aufmerksamkeit. Einerseits sah ich den Film, andererseits beobachtete ich mit höchster Wachsamkeit mein Innenleben. Kurze Zeit später war ich wieder im Film versunken.

Und zack, da waren sie wieder! Diese sich aufdrängenden destruktiven Gedanken. Diesmal waren sie noch aufdringlicher als zuvor, und ich spürte die Gegenwart dessen in mir, von dem sie ausgingen. Bingo! Wie von der Tarantel gestochen, pausierte ich den Film, sprang auf und sagte währenddessen: „Jetzt habe ich euch. Jetzt habe ich euch erwischt."

Ich stellte mich aufrecht ins Zimmer. Mein Atem wurde schwerer. Ich verspürte an verschiedenen Stellen meines Körpers ein zartes Zucken. Während ich aufsprang, wiederholte ich Sätze wie: „Jetzt habe ich euch. Das war's. Jetzt schmeiß ich euch raus." Dann sammelte ich mich und war erstaunlich gefasst.

Als Nächstes tat ich das, was bei jeder Befreiung stets getan werden muss: Glaubensbekenntnis, Sündenbekenntnis und die Erhebung Jesu! Der Weg nach oben führt nach unten. Je mehr wir Gott=Jesus=Heiliger Geist erheben und je kleiner wir werden, desto manifester wird seine Gegenwart. Dämonen hassen das. Sie können es nicht ertragen. Die Gegenwart Jesu jagt Dämonen Angst ein. Sie fangen zu Zittern an.

Mit ähnlichen Worten adressierte ich die Dämonen: „Ich glaube, dass Jesus Christus der Sohn Gottes ist. Ich glaube, dass

Jesus am Kreuz für meine Sünden gestorben und am dritten Tag von den Toten auferstanden ist. Ich bin gerettet und erlöst in Jesus Christus. Ich glaube, dass Jesus am Kreuz den Satan besiegt hat. Ich habe von Jesus die Vollmacht erhalten, euch Dämonen auszutreiben. Ich bekenne meine sündhafte Natur, dass ich ein Sünder bin, ein Nichts ohne Jesus. Ich erhebe den Allmächtigen. Ich lobpreise Jesu Allmacht und Größe. Gott ist der Schöpfer aller Schöpfungen, der Herr der Heerscharen, das Alpha und das Omega, der Gott der Götter, der Allgegenwärtige. Jesus ist mein Gott, mein König und mein Meister."

Während ich die Worte aussprach, spürte ich das Unbehagen der Dämonen in mir. Hier und da ein leichtes Zucken und Zittern. Da ich nicht wusste, mit welchem Dämon ich es genau zu tun hatte, bat ich den Heiligen Geist, mir seinen Namen zu offenbaren. Ich meine, es wäre entweder der Dämon des Grolls, der Feindseligkeit oder der Aggression gewesen. Es können auch alle drei gewesen sein, da sie in enger Beziehung zueinander stehen. Der Einfachheit halber bleibe ich bei Groll.

Sofort danach sprach ich die entscheidenden Worte: „Du böser Dämon des Grolls, im Namen Jesu Christi gebiete ich dir, komm raus!"

Ich wiederholte mehrere Male Sätze wie: „Deine Zeit ist abgelaufen. Du musst gehen. Komm raus in Jesu Namen!" Oder: „Ich operiere in der Autorität Jesu. Ich herrsche über euch. Ich gebiete dir, komm raus in Jesu Namen!" Hin und wieder schrie ich ihn an. Währenddessen manifestierte er sich.

Bei fast all meinen Befreiungen manifestierten sich die Dämonen auf ähnliche Weise: Eine skurrile Mischung aus mich winden, verbiegen und verdrehen. Das Bedürfnis, mich auszuschütteln. Langatmiges, dumpfes und diffuses Stöhnen, Ächzen und Grunzen inkl. würgender Husten. Oft riss ich meinen Mund und Augen maximal weit auf; in der Regel war das der Punkt, an dem der Dämon aus dem Mund oder Augen ausfuhr oder kurz davor war, auszufahren. So auch an jenem Tag.

Während der Manifestation blieb ich hartnäckig am Ball und wiederholte immer wieder intuitiv den Satz: „Komm raus in Jesu Namen" oder die Worte: „Jesus Christus". Natürlich pausierte ich auch und achtete darauf, wie er reagiert. Das war streckenweise herausfordernd, weil ich ja mitten im Widerwillen des Dämonen und im Austreibungsprozess selbst steckte. Meine Aufmerksamkeit war dreifach „gespalten". Einerseits erlebte ich die Manifestation, andererseits musste ich darauf achten, dass ich nicht das Gleichgewicht verliere, weil ich das Gefühl hatte, stehen bleiben zu müssen, und wieder andererseits bedrohte ich den Dämon auszufahren.

Alle Austreibungen sind ein Ringen, falls die Dämonen nicht umgehend gehen. Auch an jenem Tag, an dem ich meine erste Austreibung hatte. Ich wusste ja nicht, wie mir geschah, was genau auf mich zukommen würde. Ich verließ mich einzig und allein auf Jesus! Manchmal machte es den Anschein, also ob sich der Dämon zurückgezogen hätte. Das war aber nur Taktik. Wenn ich dann auch so ruhig wurde wie er, wurde er nervös. Es war ein bizarres Ringen und der Schlüssel war meine Hartnäckigkeit.

Dann fasste ich mir ein Herz und erinnerte mich an meine Autorität und Vollmacht in Christus und sagte noch einmal - diesmal ruhiger und gelassener - aber bestimmend und bedrohend: „Ich befehle dir im Namen Jesu, komm vollständig raus, JETZT!"
Das hatte gesessen. Die Manifestation intensivierte sich. Ich riss meinen Mund und Augen auf - unter normalen Umständen hätte es geschmerzt -, ich warf meinen Kopf nach hinten, meine Arme schüttelten heftig zur Seite und nach oben, und ich windete und verdrehte mich am Nacken und Schultern. Gleichzeitig gab ich ein Grunzen und Krächzen von mir, das man auch als ein dämonisches, würgendes Stöhnen beschreiben könnte. Und so war es auch. Dieses Grunzen war die Luft, die aus meinem Hals nach außen drang, ähnlich wie beim Erbrechen, nur dass anstatt Mageninhalt Luft rauskam. Diese Luft war massiver oder materieller als der normale Atem. Es war der Dämon, der aus mir rauskam. Währenddessen schrie ich

immer wieder mit gedämpfter Stimme: „Raus, raus, raus mit dir! Komm raus, verlass mich! Im Namen des Herrn Jesus Christus, RAUS!!!“, etc.

Nach ungefähr fünfzig Minuten Ringen spürte ich kein Verlangen mehr, mich zu winden, zu drehen, zu krächzen und meinen Mund und Augen aufzureißen. Der Drang löste sich vollständig auf, und ich stand schwer atmend in meinem Zimmer. Ich fühlte mich wie nach einer sportlichen Betätigung. Mir war leicht schwindelig.

> Dann tat ich das, was nach jeder Befreiung getan werden muss: Danksagung und Lobpreis. Ich streckte meine Arme Richtung Himmel und sprach mit Tränen in den Augen: „Vater ich danke dir! Gelobt sei dein Sohn, der Herr Jesus Christus. Danke für die Befreiung. Danke, danke, danke...!“

Ich ging intuitiv zur Balkontür, öffnete sie (symbolisch) und befahl laut: „Raus hier, du böser Dämon, verschwinde von hier und gehe an den Ort, den Jesus für dich vorgesehen hat, und KOMME NIE WIEDER!“ Danach schloss ich die Tür und setzte mich erschöpft hin. Ich spürte klar und deutlich, dass mich etwas verlassen hatte. Ein paar Minuten später war ich wieder voll da. Das war meine erste Befreiung. Ich fühlte mich leichter, ich fühlte mich befreiter.

Seitdem haben sich mein genereller Groll, meine generelle Aggression und meine generelle Feindseligkeit aufgelöst. Mein ganzes Leben war ich auf unbewusster Ebene feindschaftlich gegenüber meinen Mitmenschen, insbesondere denen gegenüber, die erfolgreicher waren, Autorität besaßen und mir rhetorisch überlegen waren oder etwas besser konnten als ich. Die Psychologie, die Persönlichkeitsentwicklung und die Esoterik konnten mich davon nicht befreien. Nur der wahre Jesus kann das!
Intuitiv benannte ich diese inneren destruktiven Vorgänge „Mindfuck“. Ja, ich weiß, das ist kein christlicher Ausdruck. Und dennoch brachte er es damals auf den Punkt. Die Dämo-

nen waren jetzt weg, aber die Verhaltensmuster noch da. Also benutzte ich den Begriff „Mindfuck" als Erinnerung und Ermahnung, falls ich in Situationen kommen sollte, in denen ich feindselig reagiere. Und genauso war es dann auch. Ich kann mich noch sehr gut daran erinnern. Das war in einer kubanischen Bar und da war dieser Kubaner mit einem aufgeblasenen Ego. Meine Gedanken ihm gegenüber wurden feindselig, obwohl er mir nichts getan hatte. Und ich sagte zu mir: „Christian, kein Mindfuck mehr!" Sofort waren meine feindschaftlichen Gedanken verschwunden, und es kam im Laufe des Abends zu einem kurzen, gelassenen Gespräch mit dem Kubaner. Die Ermahnung: „Christian, kein Mindfuck mehr", hatte das Verhaltensmuster einstürzen lassen. Von da an war ich vollständig geheilt von meiner Aggression, Groll und Feindseligkeit. Halleluja!

Aber, es waren noch weitere Dämonen in mir, die gehen mussten. Und jetzt hatte ich endlich meine erste Erfahrung gemacht. Jetzt wusste ich: Dämonen sind real! Das war mein Durchbruch. Jetzt ging die Jagd auf Dämonen richtig los. Mir wurde bewusst, dass Dämonen zwar (lebens)gefährlich sind, andererseits aber nichts mehr ausrichten können, wenn sie in der Autorität Christi konfrontiert werden. Ich war Feuer und Flamme.

Und ganz nebenbei, ohne dass ich etwas hinzutat, bröckelte meine generelle Unsicherheit, die mich mein ganzes Leben in Knechtschaft gehalten hatte, und mein neues Selbstbewusstsein als neuer Mensch in Christus wurde errichtet. Mit jeder weiteren Befreiung wurde ich selbstbewusster. Das ist die transformierende Kraft Jesu Christi! Die wahre transformierende Kraft, die dir keine Psychologie, keine Persönlichkeitsentwicklung, kein esoterisches Weltbild und keine andere Spiritualität geben kann.

Praxisbeispiel 2/3
Befreiung vom bösen Geist der Verwirrtheit
Wenn ich mein Grundproblem des alten Menschen mit einem
einzigen Wort zusammenfassen müsste, dann wäre es „Verwirrung" oder „Verwirrtheit". Das war mein psychologischer
Grundzustand oder das wesentliche Merkmal meiner Persönlichkeit zeit meines Lebens. Ich rede hier nicht von der schizo-
phrenen Verwirrtheit, sondern von einem Zustand der generel-
len Verwirrung ohne bedrohliches Ausmaß. Und diese Verwirrtheit war der Auslöser für meine generelle Unsicherheit.

Ich war unsicher, weil ich verwirrt war. Ein Symptom der geistigen Verwirrung war meine nicht diagnostizierte Wortfindungsstörung. Dieser böse Geist der Verwirrtheit kam in mich
durch die schlimmen Streitereien, die meine beiden Portale
Augen und Ohren in meinem Elternhaus während meiner
Kindheit und Jugend und darüber hinaus mitbekommen hatten.
Es war der Kontakt zur Pornographie in meiner Kindheit und
darüber hinaus, sowie der Drogenmissbrauch, insbesondere das
Hardcore-Kiffen in meiner Jugend.

Den bösen Geist der Verwirrung hatte ich bewusst, vorbereitet
und gezielt ausgetrieben.

> Während meiner Befreiungen wurde ich mit zwei Arten der
> Befreiung konfrontiert: Die unvorbereitete und die vorbereitete
> Befreiung.

Praxisbeispiel Nummer Eins war weitgehend unvorbereitet.
Und im Praxisbeispiel Nummer Drei war sie völlig unvorbereitet und führte mich in eine unangenehme Situation. Die Befreiung vom bösen Geist der Verwirrung wurde von mir vorbereitet wie der Großteil meiner Befreiungen. Wie muss man sich
das vorstellen?

Während meiner siebenmonatigen Befreiungsphase bin ich
durch die Führung des Heiligen Geistes und mein logisches
Denken auf mögliche Dämonen in mir aufmerksam geworden.

Immer, wenn ich das Gefühl hatte, dass ein bestimmter Dämon, dessen Namen ich benennen konnte, in mir sein könnte, habe ich ihn angesprochen: „Bist du der Dämon der Verwirrung?" Er antwortete durch das verräterische Zucken und Zittern, das nicht mein Zucken und Zittern war. Das Zucken und Zittern ist ein Anzeichen dafür, dass der Dämon überrascht wurde. Er hat nicht damit gerechnet. Das versetzt ihn so sehr in Angst, dass er zittern muss, so wie wir Menschen auch bei Angst zum Zittern neigen.

Bingo! Jetzt habe ich dich. Sofort sagte ich zu mir in Gedanken: „Ich bin abgezockter, hinterhältiger, heimtückischer und gnadenloser als du! Ich werde dich im Namen des Herrn mit Haut und Haaren rausreißen. Ich werde dich überraschen und zu Tode erschrecken. Deine Zeit ist abgelaufen." Mir war sofort klar, dass es sich hier um einen sehr bösen Geist, der mich mein ganzes Leben begleitet hatte, handelte, und dass er stur sein würde und seine Manifestation weitaus heftiger sein könnte, als die der anderen Dämonen zuvor. Deshalb stand fest, dass die Austreibung vorbereitet werden musste. Dieser Vorbereitungsprozess fand ausschließlich in Gedanken statt.

Als Erstes tat ich so, als hätte ich ihn vergessen. Ich ließ die Tage vorbeiziehen, kümmerte mich um anderes und hatte ihn dabei stets im Auge. Ich vermute, Dämonen neigen auch wie wir Menschen zur Vergesslichkeit. Also nutzte ich diese Schwäche aus. Gleichzeitig bat ich den Heiligen Geist um das Wann, Wo und Wie. Ich übergab die Angelegenheit Gott, ließ komplett los und vertraute darauf, dass er mir den richtigen Zeitpunkt und Ort offenbaren würde. Und genauso ist es gekommen.

Der Heilige Geist führte mich in Berlins größten Park, in den Berliner Tiergarten. Ganz genau, ich hatte den Dämon der Verwirrtheit im öffentlichen Park und mitten am helllichten Tag ausgetrieben. Hahaha, damit hatte er nicht gerechnet, der dreckige Dämon. Diese widerliche, feige, miese Kreatur. Wie ich Dämonen hasse! Der Plan des Heiligen Geistes war genial.

Ein großer weiträumiger Park, mitten in der Woche, mit kaum anwesenden Menschen.

Die riesige Rasenfläche, auf der das Global Stone Project ansässig ist, wurde zum Ort der Austreibung. Im Umkreis von hundert Metern keine Menschenseele. Die Menschen, die ich sehen konnte, waren zu weit entfernt. Da ich nicht zum Schreien sondern zum Grunzen neige, war das der perfekte Ort. Eventuelle heftige Bewegungen spielten eine sekundäre Rolle, weil in Berlin genug Verrückte rumlaufen. Dann war ich halt ver-rückt; was ich ja auch im gewissen Sinne war. Ich hatte einfach nichts zu verlieren, es war mir egal. Es ging um alles. Es ging um meine Freiheit! Ich hatte wirklich nichts zu verlieren, deshalb setzte ich alles auf eine Karte.

Ich holte tief Luft und begann mit dem Prozedere: Glaubensbekenntnis, Sündenbekenntnis und die Erhebung Jesu. Da ich den Dämon bereits kannte bzw. erwischt hatte, sprach ich ihn gleich an. „Du böser Dämon der Verwirrung, KOMM RAUS im Namen Jesu!!!" Keine Reaktion, nichts. Ich machte beharrlich weiter, wiederholte sogar das Glaubensbekenntnis und die Erhebung Jesu, was grundsätzlich in Ordnung ist. Wir können Jesus nicht hoch genug erheben. Keine Reaktion. Dann rief ich den Herrn an, mir zur Hilfe zu kommen, und ich erhielt die Eingebung, an meine Autorität und Vollmacht zu denken. Ich positionierte mich innerlich neu und sagte ruhig und gelassen: „Hör mir genau zu, du dreckiger Dämon der Verwirrtheit. Ich weiß ganz genau, dass du da bist. Ich spüre dich nämlich (Anm. Was nicht stimmte). Deine Zeit ist abgelaufen. Ich besitze Jesu Vollmacht. Du wirst gehen, so oder so. Und wenn ich mehrere Tage hier im Park bleibe. Mir ist das egal. Ich verlasse den Park erst wieder, wenn du raus bist. (Anm. Das meinte ich ernst)." Ich legte eine kurze taktische Pause ein und fuhr dann mit ruhiger, bedrohlicher Stimme fort: „Dämon der Verwirrung, KOMM raus, im Namen Jesu Christi. Ich gebiete dir, rauszukommen. JETZT!" Nichts geschah.

Ich wartete mehrere Sekunden ab. Keine Regung, nichts. Dann sagte ich noch einmal mit ruhiger Stimme: „Komm raus:"

Nach weiteren gefühlten fünfzehn Sekunden reagierte er plötzlich mit einem zarten Zucken. Das heißt, er reagierte nicht unmittelbar auf meine Worte, sondern zeitverzögert, während ich nämlich eine kurze Zeit lang nichts gesagt hatte. Zuerst hielt ich das für Sturheit, heute weiß ich, es war der Schock, unter dem er stand. Er hatte überhaupt nicht damit gerechnet, dass ich ihn im öffentlichen Park konfrontiere.

Dämonen sind Personen mit einer Persönlichkeit. Sie sind in der Lage zu denken, zu reagieren und zu planen. Denk immer daran, wenn du dich mit ihnen konfrontiert siehst. Wenn wir mit einem Mitmenschen argumentieren oder wenn wir von einem Mitmenschen überraschend mit einer Sache konfrontiert werden, neigen wir dazu, uns zu sammeln, zu überlegen, wie wir reagieren sollen. Oder wenn wir eine schlechte Nachricht erhalten, können wir kurzfristig sprachlos sein. Genauso verhält es sich mit Dämonen. Sie sind hinterhältige, böse, stolze Personen ohne Körper mit einer eigenen Persönlichkeit. Hinterhältigkeit, Boshaftigkeit und Stolz basieren immer auf Denkprozessen. Wenn also ein Dämon nicht reagieren sollte, nachdem du ihn erwischt hast, heißt das nicht, dass er dich nicht gehört hat. Sie hören uns immer, selbst wenn wir flüstern. Sie selbst flüstern uns doch Gedanken ein. Lass dich nicht verunsichern, sondern bleibe hartnäckig am Ball! Wenn er trotzig sein sollte und Zeit braucht, dann gib ihm kurz Zeit - aber nur kurz. Du bestimmst den Verlauf. Du führst den Kampf!

Von da an begann das heftigste Ringen, das ich je erlebt habe. Und ich kann es auch nicht in Worte fassen. Die Befreiung dauerte von da an eine gute Stunde und war ein regelrechter Ringkampf. Das Hauptportal, über das der Dämon oder die Dämonen ausfuhren, waren meine Augen!
Die anderen Portale waren mein Mund und meine Ohren. Ich spürte richtig, wie sich der oder die Dämonen in der Kehle und hinter den Augen manifestierten, sodass ich sie mit meinen grunzenden Worten und gleichzeitig mit einem Pressen zum Ausgang beförderte. Ich presste intuitiv von Innen gegen meine

Augen und Ohren, während ich ihnen immer wieder im Namen Jesu befahl, auszufahren.

Während des Ringens hatte ich den Eindruck, dass das nicht nur ein Dämon, sondern mehrere waren. Also sprach ich sie im Plural an: „Ich befehle euch, rauszukommen, in Jesu Namen! Raus mit euch. RAUS!" Der oder die Dämonen wehrten sich mit Händen und Füßen. Meine Gesichtszüge müssen völlig entgleist gewesen sein, meine Mimik entstellt, meine körperliche Motorik zombiehaft. Ich presste intuitiv gegen meine Augen, als ob ich einen Luftballon aufblasen würde. Ich machte mir sogar kurzfristig Sorgen um meinen Zustand und um den meiner Augen, weil ich sie nicht schließen konnte und sie im Laufe der Austreibung trocken wurden, sodass ich mitten im Kampf Jesus um Hilfe bat. Ich erhielt die Eingebung, dass alles in Ordnung sei. Also blieb ich hartnäckig.

Dann auf einmal spürte ich den Durchbruch. Es strömte regelrecht aus meinen Augen heraus. Das war unheimlich und gleichzeitig fühlte es sich richtig an. Ich tat alles, um dem nicht im Wege zu stehen. Ich ließ es fließen und vermied es, meine Augen zu schließen. Währenddessen grunzte ich nur noch. Dieses zum Teil würgende Grunzen war das Schreien der Dämonen. Es waren dunkle, raue, kehlige Laute, die nicht meine waren. Ich weiß nicht, wie lange das gedauert hatte. Meine Blickrichtung war fünfundvierzig Grad nach unten auf den Rasen gerichtet. Ich war auch bereit, mich zu übergeben, weil ich immer wieder husten musste. Ich ließ es einfach fließen, währenddessen wiederholte ich grunzend in regelmäßigen Abständen den Namen „Jesus Christus". Vergangene Szenen mit dem Rücken zu mir gewandt verließen mich und lösten sich auf. Szenen der Pornographie, der Streitereien, der Horrorfilme, der Drogenexzesse, und sämtliche Schweinereien, die ich jemals gemacht oder visualisiert hatte, flossen in Strömen aus meinen Augen... bis es aufhörte. Da wusste ich, es ist vorbei.

Die kurzfristigen Sorgen oder Ängste, dass man aus dem Prozess der Manifestation nicht mehr rauskommen könnte, kommen von den Dämonen selbst; es sind ihre Ängste und nicht deine! Es ist wie bei einer Geburt; sie stecken im Austreibungskanal fest. Du machst aber weiter, bis sie raus sind. Die Logik kann sich nicht vorstellen, dass etwas aus den Augen herauskommen kann. Und dennoch sind unsere Augen Portale, über die Dämonen einfahren können. Alles Sündhafte, das wir sehen, sei es Pornographie oder traumatisierende Szenen, sehen wir mit unseren Augen. In meinem Fall kamen Dämonen auch über meine Augen wieder raus, und ich war darauf nicht vorbereitet gewesen. Der Schlüssel ist, alles zuzulassen und sich keine Angst einjagen zu lassen. Es kann nichts passieren. Sollte man während der Manifestationen das Gefühl haben, sein Gleichgewicht zu verlieren, dann setzt oder legt man sich auf den Boden und macht weiter. So einfach ist das.

Ich war fix und fertig. Es hatte zu Nieseln begonnen und der Rasen war nass, sonst hätte ich mich hingelegt. Ich schleppte mich zum nächsten Baum und lehnte mich an. Ich benötigte mehrere Minuten, bis ich wieder einigermaßen im Hier und Jetzt war. Währenddessen wusste ich, dass sich etwas ganz Großes zugetragen hatte. Erschöpft dankte und lobpreiste ich den Herrn Jesus Christus. Nach weiteren mehreren Minuten machte ich mich auf dem Weg nach Hause...

Von da an sah ich die Welt mit neuen Augen! Zum ersten Mal in meinem Leben nahm ich eine Klarheit und Aufmerksamkeit wahr wie nie zuvor. Mein Geist war vom Geist der Verwirrung befreit. Seither habe ich ein neues Lebensgefühl und einen positiv veränderten Mindset. Mit anderen Worten: Mein Geist ist frei. Und dennoch blieben weitere Dämonen übrig, die gehen mussten.

Praxisbeispiel 3/3
Befreiung vom bösen Geist der Vergesslichkeit
Es gibt zwei Arten des „Vergessens" oder der „Vergesslichkeit": Das gesunde, normale Vergessen und das kranke und/oder dämonische Vergessen. Unser von Gott verliehene Geist ist so ausgestattet, dass wir vergessen. Würde alles, was wir erleben, immer im Bewusstsein gegenwärtig sein, dann wäre unser Geist vollkommen überfordert. Damit könnten wir nicht leben. Vergessen ist eine natürliche Eigenschaft unseres Geistes. Kannst du dich noch daran erinnern, was genau du vorgestern um 12:30 Uhr getan hast? Wahrscheinlich schwer. Aber kannst du dich noch daran erinnern, was genau du heute vor sieben Monaten getan hast? Wohl eher nicht. Das ist das normale Vergessen.

Das kranke und/oder dämonische Vergessen ist das Vergessen von Dingen, die man normalerweise nicht vergessen sollte. Beispielsweise der Blackout während Prüfungen. Damit hatte ich oft zu tun. Ich hatte mich auf Klausuren vorbereitet und während der Klausuren konnte ich mich nicht mehr an das Erlernte erinnern. Ich sage nicht, dass das dämonisch ist, aber normal ist es nicht. In den meisten Fällen ist es die Prüfungsangst. Und hinter Angst steht in den meisten Fällen unser Widersacher, der Teufel.

Krankhafte Vergesslichkeit ist ein typisches Symptom traumatisierter Menschen. Nicht aufgearbeitete traumatische Lebensereignisse werden ins Unterbewusstsein verschoben. Das geschieht in der Regel durch den Abwehrmechanismus „Verdrängung". Verdrängung ist eine Form aufgezwungenen Vergessens.

Und aufgezwungenes Vergessen war ein Hauptproblem in meiner Herkunftsfamilie. Das geht schon mit den verdrängten und nicht aufgearbeiteten Traumata meiner Eltern los. Darüber hinaus waren meine armen Eltern Kriegskinder. Mein Vater wurde 1939 in den Krieg hineingeboren und meine Mutter 1946 in die Zerstörung. Bis heute ist es nicht erlaubt, bestimmte Fragen zum zweiten Weltkrieg zu stellen. Auch das ist eine Form des aufgezwungenen Vergessens, hier ein kollektives Vergessen. Die Streitereien zuhause und die Symptome meiner Mutter wurden unter den Teppich gekehrt. Das „Unter den Teppich kehren" ist aufgezwungenes Vergessen. Als Kind und Jugendlicher flüchtete ich regelmäßig in meine Fantasiewelt und verbrachte Zeit in ihr. Das Flüchten in eine Fantasiewelt ist eine Form des Vergessens der Realität. Irgendwann vermengte sich meine Fantasiewelt mit meiner Realität, sodass ich als Jugendlicher zeitweise nicht mehr in der Lage war, zwischen Fantasie und Realität zu unterscheiden.

Vergesslichkeit war ein wesentlicher Bestandteil, wenn nicht sogar der Hauptbestandteil meines Erlebens und Hauptgrund dafür, dass ich mich so gut wie an gar nichts mehr aus meinen ersten sieben Lebensjahren erinnern konnte. Meine (leichte) Wortfindungsstörung war ein krankhaftes, hier ein dämonisches Vergessen. Meine starke Konzentrationsschwäche hatte mit Vergessen zu tun; ich vergaß, was ich gerade gehört hatte. Mein Vergessen war eine Gedächtnisstörung, und unser Gedächtnis ist Teil unseres Geistes.

Darüber hinaus war ich in der Kunst des Vergessens ein Meister, insbesondere wenn es um die Auseinandersetzungen mit meiner Mutter ging. Ihre Streitereien mit mir waren streckenweise so heftig, so verletzend, dass ich sie einfach vergaß. Während meiner esoterischen Zeit schrieb ich das sogar meiner Fähigkeit, zu vergeben, zu. Ich verwechselte Vergessen mit Vergebung und umgekehrt. Des Weiteren waren meine Drogenexzesse eine künstliche Form des Vergessens. Ich flüchtete in meine Drogenwelt. Ich flüchtete in den Alkohol. All das und noch viel mehr machten meine Persönlichkeit und mein Erleben aus. Unnormales Vergessen war eine Hauptcharakteristik meines Seins. Und genau das hatte ich mein ganzes Leben lang vergessen!

Jetzt könnte man vermuten, das hätte an dem bösen Geist der Verwirrtheit gelegen. Das tat es auch. Die Frage ist nur: Wer war zuerst da, der böse Geist der Verwirrtheit oder der böse

Geist der Vergesslichkeit? Die Antwort darauf führte mich in eine sehr unangenehme Situation.

Wie gesagt, konnte ich mit der Hilfe des Heiligen Geistes und mit meinem logischen Denken die Dämonen in mir überführen. An jenem Tag war ich auf dem Rückweg von einem Café nach Hause. Ich war zu Fuß unterwegs, mitten im Zentrum Berlins. Die Straßen waren voll, Menschen überall. Ich hatte noch einen Fußweg von circa fünfzehn Minuten vor mir. Ich war in Gedanken versunken. Nach meiner Befreiung vom bösen Geist der Verwirrtheit war mein logisches Denken so klar wie nie zuvor. Deshalb hatte ich das Gefühl, dass noch irgendetwas in mir präsent war, das nicht in mir präsent sein sollte. Ich konnte es weder benennen noch erahnen. Zu jener Zeit beschäftigte ich mich mit dem Türsteher.

Der Türsteher ist der erste unreine Geist, der in einen Menschen einfährt und die geistige Tür für weitere Dämonen öffnet. Unreine Geister können nicht einfach so in einen Menschen einfahren. Sie müssen das legale Recht dazu haben. Das Hauptrecht ist die Sünde. Sündiges Verhalten gibt Dämonen das Recht, in einen Menschen einzufahren, weil Sünder nicht unter Gottes Schutz stehen. Nicht aufgearbeitete Traumata oder Verletzungen, führen in der Regel zu Verletzungen anderer durch den Traumatisierten. Dadurch wird das Gebot der Nächstenliebe verletzt, was eine Sünde ist. Die Aufgabe des Türstehers bzw. aller Dämonen besteht darin, uns Menschen zu einem sündigen Verhalten zu verleiten. Es sind nicht die Dämonen, die unsere Sünden begehen. Sie verführen uns nur zur Sünde. Das ist ihre Hauptaufgabe. Der Türsteher ist der Anführer einer Dämonengruppe im Menschen.

Die Frage, die mich damals beschäftigte, war: Habe ich noch den Türsteher in mir? Ich war also im geschäftigen Zentrum Berlins auf dem Fußweg nach Hause. Ich weiß nicht mehr, wie, aber auf einmal kam mir das Thema Vergessen oder Vergesslichkeit in den Sinn, und ich fragte mich innerlich, ob das ein Dämon sein könnte. Das war das erste Mal, dass ich auf diese

Möglichkeit gestoßen bin. Das heißt, ich hatte zuvor noch nicht einmal darüber gelesen oder davon gehört, dass es einen Dämon der Vergesslichkeit geben könnte. Das war überhaupt nicht in meinem Bewusstsein.

Und als ich dann diese mögliche Frage „Ist meine Vergesslichkeit ein Dämon?" aussprach, verlor ich im selben Moment die Kontrolle über meinen Körper. Von einer Sekunde zur anderen manifestierte sich der Dämon der Vergesslichkeit! Er muss geschockt gewesen sein, dass ich ihn letztendlich entdeckt hatte. Wir waren beide geschockt! Ich fing unkontrolliert zu zucken und zittern an. Auch dieses sich winden, verdrehen und verbiegen ergriff Besitz von mir, während ich draußen unter den Menschen war.

Intuitiv rief ich Jesus an und bat ihn, mir dabei zu helfen, mich zu kontrollieren. Ich wusste, ich muss so schnell wie möglich nach Hause, um den Dämon auszutreiben. Die zehn Minuten bis nach Hause waren ein Kampf, und ich fühlte mich wie in einer anderen Dimension, während ich durch meine Realität ging. Ich fühlte mich wie ein Parkinsonkranker, der seinen Körper nicht mehr unter Kontrolle hatte. Dank der Hilfe durch Jesus konnte ich die Manifestation einigermaßen dämpfen. Gleichzeitig aber wollte ich sie aufrechterhalten, um direkt in die Befreiung gehen zu können.

Als ich Zuhause angekommen war, und ich wohne im vierten Stock ohne Aufzug, kam ich zuckend und zitternd in meine Wohnung und begann unverzüglich mit der Befreiung. Der Prozess, die Manifestationen, etc. waren ähnlich wie die bereits beschriebenen. Danach war ich von der Vergesslichkeit befreit. Und ich bin mir heute sicher, dass der Dämon der Vergesslichkeit der Türsteher war.

Vor der Befreiung vs. nach der Befreiung
Diese hartnäckige, negative Kraft in meinem Denken, die mich zeit meines Lebens immer wieder aus der Bahn geworfen hatte - obwohl ich mich noch so sehr angestrengt hatte, einen positiven und von Erfolg gekrönten Mindset zu etablieren -, diese

sich hartnäckig aufdrängenden destruktiven Gedanken und die resultierende mentale Selbst-Sabotage, inklusive sämtliche festgefahrenen destruktiven Gedankenmuster sowie die dazugehörigen zersetzenden Emotionen bis hin zu Suizidgedanken, all das waren NICHT MEINE Gedanken und haben sich vollständig aufgelöst. Sie sind nicht mehr zugegen. Ich kann mich noch nicht einmal mehr daran erinnern, wie ich mich mit ihnen gefühlt hatte. Halleluja!

Alle zermürbenden inneren Stimmen haben sich vollkommen aufgelöst. Mein Denken ist frei. Ich habe mich noch nie so frei gefühlt wie seit meinen Befreiungen. Die ständig wechselnden körperlichen Anspannungen, inklusive leichter Verkrampfungen, haben sich vollständig aufgelöst. Ich bin körperlich noch nie so frei gewesen. Heute weiß ich, es war die Gegenwart der Dämonen in mir, die diese körperlichen Anspannungen bis hin zu meinem regelmäßigen Knacken der Finger und des Halswirbels verursachten. All das ist Geschichte. Ganz selten, wenn ich unter Druck stehe, kommt es mal vor, dass ich meine Finger knacke; früher knackte ich sie mehrere Male täglich. Darüber hinaus habe ich festgestellt, dass sich mein Hitze- und Kälteempfinden verändert hat. Beispielsweise setzt mir die schwüle Sommerhitze nicht mehr so zu wie früher. Früher empfand ich sie als erdrückend und ermüdend; seit der Dämonenaustreibung hat sich das aufgelöst. Die innere Getriebenheit, die mich mein ganzes Leben lang begleitet hatte, hat sich vollständig aufgelöst. Meine generelle Unsicherheit und Verwirrung ist Schnee von gestern. Seit meinen Befreiungen bin ich das erste Mal in meinem Leben schlagfertig und sicher in der Kommunikation mit anderen. Die leichten aber andauernden Ängste sind nicht mehr zugegen. Meine generelle Reizbarkeit und Unbeherrschtheit sowie meine Tendenz zu explodieren haben sich maßgeblich geändert; allerdings nicht vollständig aufgelöst. Das hat etwas mit den Gedankenfestungen zu tun, worauf ich im nächsten Kapitel näher eingehe. Meine Worte habe ich weitestgehend unter Kontrolle, jedoch noch nicht vollständig, was ebenfalls an den Gedankenfestungen liegt. Das unverhältnismäßig häufige Biertrinken ist Schnee von gestern. Ich war ein ganzes Jahr komplett alkoholfrei; aktuell trinke ich höchstens einmal die Woche gemäßigt Bier. Das will ich beizeiten komplett einstellen. Die regelmäßigen abartigen, entstellten Alpträume, die mich zeit meines Lebens tyrannisiert hatten, haben sich aufgelöst. Hin und wieder werde ich im Traum dämonisch angegriffen, worauf ich im nächsten Kapitel eingehe. Hin und wieder kiffen tue ich seit Herbst 2022 gar nicht mehr. Ich habe zulange zu viel gekifft, deshalb weiß ich, dass das Zugekifftsein dämonische Portale öffnen kann. Das kann man nicht wegrationalisieren oder wegdiskutieren. Ein vernebelter Geist ist und bleibt eine Angriffsfläche für spirituelle Attacken aus der dämonischen Welt.

Ich bin seit zwei Jahren das erste Mal in meinem Leben wirklich frei - im Kopf und im Körper. Eine übermächtige Riesenlast ist von meinen Schultern gefallen. Meine Befreiungen sind jetzt schon zwei Jahre her, und ich kann es immer noch nicht fassen, was der Herr an und in mir getan hat. Regelmäßig falle ich auf meine Knie und lobpreise ihn dafür. Halleluja! Gelobt sei der Herr Jesus Christus.

Jesus will uns alle befreien. Auch dich! Der erste und entscheidende Schritt ist deine Bekehrung, deine Annahme des Herrn Jesus Christus als deinen einzigen Erlöser und Erretter. Dieser Schritt sollte unumkehrbar sein. Alle Brücken hinter dir werden in die Luft gesprengt. Es gibt keinen Weg zurück. Es sollte eine glasklare und bewusste Entscheidung sein, die größte und wichtigste deines Lebens. Die Entscheidung für dein ewiges Leben! Das machst du mit dem Lebens-Übergabe-Gebet, das du im Kapitel „Weiterführendes" findest. Dann bist du auf der sicheren Seite, egal, ob du noch Dämonen in dir haben solltest oder nicht. Dann hast du dir einen Platz im Himmel reserviert.

5. Geistliche Kampfführung

> **REMINDER**
> Die folgenden Erläuterungen, Tipps und Anwendungen richten sich ausschließlich an Gläubige. Nicht-Gläubige sind herzlich eingeladen, es zu lesen, ich rate aber dringend davon ab, es zu praktizieren. Für Gläubige und Nicht-Gläubige gilt gleichermaßen: Alle in diesem Kapitel beschriebenen Zusammenhänge ersetzen weder eine Psychotherapie noch einen Arztbesuch im Falle einer seelischen oder körperlichen Krankheit.

Dieses Kapitel könnte auch „spirituelle Kriegsführung" heißen und ist so umfangreich, dass man ein ganzes Buch schreiben könnte. Deshalb beschränke ich mich auf das Wesentliche, das mir in den letzten zweieinhalb Jahren offenbart wurde, und fasse es gebündelt zusammen, sodass du einen Eindruck davon bekommst, wie es weitergeht, nachdem du Gläubiger geworden bist.

Täuschung weg, Täuscher da

Sobald wir uns für Jesus entschieden haben, sofort nachdem wir das Lebens-Übergabe-Gebet (siehe Kapitel „Weiterführendes") gesprochen und Buße getan haben, sind wir aktive Krieger im Krieg zwischen Jesus und der Finsternis. Jesus hat uns durch sein kostbares Blut aus der Finsternis losgekauft; jetzt gehören wir durch unseren Glauben ihm und haben das ewige Leben zugesichert bekommen. Und selbstverständlich wollen wir unseren Mitmenschen dieses Privileg nicht vorenthalten. Der Leib Christi hat viele Glieder, sodass jeder einen Platz einnehmen kann. Wir müssen keine großen Prediger oder große Evangelisten werden, aber die Frohe Botschaft sollten wir schon verkünden und sei es nur im Familienkreis.

Seit meiner Errettung konnten durch mein aktives Handeln bereits fünf Seelen direkt und indirekt gerettet werden, dazu gehören Thomas (der Verfasser des Vorwortes und des Anhanges), meine Ex-Freundin und unsere fünfzehnjährige Tochter, die sich letzten Heiligabend aus freien Stücken für Jesus entschieden hat. Halleluja. Glaub mir, das war nicht einfach.

„Aber bei Gott sind alle Dinge möglich." Matthäus 19,26

Der Prüfstein des spirituellen Krieges

Sobald du gerettet und erlöst bist, erzähle mal deiner Umwelt vom wahren Jesus der Bibel. Erzähle ihr vom Sündenfall, von Himmel und Hölle oder von der gigantischen Täuschung, unter der sie steht, oder von den Dämonen. Du wirst erstaunt sein, auf was für einen augenscheinlichen Widerstand du stößt. Achte einfach nur auf die Reaktion deiner Umwelt, auf ihre Gesichter und ihr Verhalten, während du ihr vom wahren Jesus der Bibel berichtest. Und achte auf dich selbst. Du wirst feststellen, dass es so etwas wie eine unsichtbare Wand zwischen dir und deiner Umwelt gibt, an der deine Worte, dein Zeugnis, dein Glaube abzuprallen scheinen. Diese unsichtbare Wand ist die Täuschung, unter der deine Umwelt steht, unter der auch du gestanden hast. Diese unsichtbare Wand besteht aus den Glaubenssätzen und Überzeugungen der Menschen und der Propaganda Satans, die überall anwesend ist. Jetzt wird dir bewusst, dass du zwar noch in der Welt aber nicht mehr von der Welt bist. Jetzt verstehst du die Worte Jesu in Johannes 15,18 ff:

„Wenn die Welt euch hasst, dann denkt daran, dass sie mich schon gehasst hat, ehe sie euch gehasst hat. Die Welt würde euch lieben, wenn ihr zu ihr gehören würdet, aber das tut ihr nicht. Ich habe euch erwählt, aus der Welt herauszutreten; deshalb hasst sie euch."

Willkommen im geistlichen Kampf, im spirituellen Krieg! Diese Welt, in der wir alle leben, ist nach deiner Bekehrung nicht mehr dein Zuhause. Der Himmel ist jetzt dein Zuhause. Du bist jetzt ein Botschafter des Himmels. Dein wahres Zuhause ist der Himmel, das Reich Gottes. Du bist gerettet und hast ewiges Leben zugesichert bekommen. Deshalb kannst du auch nichts mehr verlieren. Du kannst nur noch gewinnen. Und jede neue Seele, die durch dein Handeln als Botschafter Jesu hier auf Erden gerettet wird, löst einen Freudenschrei im Himmel aus. Jesus sagt dazu in Lukas 15,7: *„Genauso ist im Himmel die Freude über einen verlorenen Sünder, der zu Gott zurück-kehrt, größer als über neunundneunzig andere, die gerecht sind und gar nicht erst vom Weg abirrten."*

Sobald du gerettet bist und die Täuschung zerbröselt ist und du die Wahrheit erkannt hast, wirst du feststellen, dass der Täu-scher nach wie vor da ist. Sein Zweck ist es jetzt, dir Steine in den Weg zu legen, dich zu verwirren, dich zurück zur Sünde zu verleiten und vor allen Dingen, dich daran zu hindern, zu evan-gelisieren. Dafür benutzt er u.a. seine Agenten. Die Täuschung, unter der du gestanden hast, ist zwar weg, aber der Täuscher und seine Dämonenarmee sind nach wie vor da. Es ist wichtig, dass du das verstehst.

Du bist nicht mehr deine ängstlichen Gedanken

„Gott hat uns nicht einen Geist der Ängstlichkeit gegeben, sondern den Geist der Kraft, der Liebe und der Besonnenheit", schreibt Paulus in 2.Timotheus 1,7. Mit „Geist" ist „Haltung" oder „Einstellung" gemeint. Wir haben jetzt Rückendeckung vom Allmächtigen. Und selbst *„wenn neben dir auch Tausende sterben, wenn um dich herum Zehntausende fallen, kann dir doch nichts geschehen (Psalm 91)."*

> Die Angst, für deinen Glauben einzustehen bzw. dein Zeugnis zu verkünden oder zu evangelisieren oder für jemanden zu beten, kommt niemals von Gott oder von Jesus. Dahinter ste-hen immer der besiegte Teufel und seine unreinen Geister. Diese Angst kommt nicht von dir selbst! Das zu verstehen, ist befreiend.

Nur weil du jetzt gerettet bist und im besten Falle keine Dämo-nen mehr in dir hast, heißt das nicht, dass du nicht mehr von Außen von Dämonen angegriffen wirst. Im Gegenteil. Der Satan ist jetzt richtig sauer, weil er mit dir eine Seele verloren hat, und er wird versuchen, es dir heimzuzahlen. Wenn du aber vorbereitet bist, dann reagierst du auf die kommenden geistigen Angriffe anders, als wenn du fälschlicherweise glauben würdest, es seien deine eigenen negativen Gedanken oder destruktiven Gefühle, die dich aus heiterem Himmel zu überfallen scheinen.

Deine Position im spirituellen Kampf stärken *(nach John Ramirez)*
Sprich die folgenden Worte laut und deutlich, sodass die unsichtbare Welt dich hört und du dich hörst:

1. Ich bekenne im Namen Jesu, dass ich ein Kind Gottes bin. Ich erkläre und beschließe, dass ich durch den Heiligen Geist wiedergeboren wurde. Ich weiß, dass es wahr ist, dass Jesus Christus für mich zum Fluch wurde.
2. Ich bin die Gerechtigkeit Gottes durch Christus Jesus. Durch Jesus Christus und das vollendete Werk des Kreuzes bin ich Bürger des Königreiches Gottes.
3. Ich bin der Kopf und nicht der Schwanz (Deuteronomium 28:13). Ich bin oben und nicht unten. Ich kann alles durch Christus Jesus tun, der mir die Kraft gibt (Philipper 4,13).
4. Größer ist der, der in mir lebt, als der, der in der Welt lebt (1. Johannes 4,4). Mein Körper ist der Tempel des Heiligen Geistes (1 Korinther 6:19).
5. Ich bin mit allen geistlichen Segnungen in Christus Jesus gesegnet.
6. Bevor ich im Mutterleib geformt wurde, hatte Gott bereits einen Plan für mich. Ich bin kein Fehler (Psalm 139:13-16).
7. Ich erinnere mich daran, dass das vollendete Werk des Kreuzes Jesu Christi Satan zerstört hat und er ein besiegter Feind ist.

Das sind die Pfeile in unserem Köcher, getaucht in das Blut von Jesus, bereit, in das Lager des Feindes zu schießen, um es zu zerstören.

Keine Bekehrung ohne spirituelle Angriffe
Der Prüfstein, dass du wahre Buße getan hast und wirklich bekehrt wurdest, sind die darauf folgenden spirituellen Angriffe. Wenn Gläubige niemals geistig angefochten oder angegriffen werden, wenn alles so ist wie früher, dann stimmt etwas nicht. Der Teufel bekommt ganz genau mit, ob du eine Gefahr

für ihn darstellt oder nicht. Woran erkennt er das? Daran, ob du das Königreich Gottes hier auf Erden vergrößern willst. Mit anderen Worten: ob es dir wichtig ist, anderen vom wahren Jesus der Bibel zu erzählen. Immerhin geht es um Leben und Tod.

Der Teufel bekommt genau mit, ob du wirklich vom Heiligen Geist transformiert werden willst und Jesus immer ähnlicher werden und seinen Geboten folgen willst. Wenn du ein lauwarmer Christ bist, der an „Einmal gerettet, immer gerettet" glaubt, aber nicht deine Hausaufgaben machst, dann stellst du für ihn auch keine Gefahr dar, er wird dich wahrscheinlich in Ruhe lassen.

Denk immer an Jesus Worte: „*Nicht alle Menschen, die sich fromm gebärden, glauben an Gott. Auch wenn sie ‚Herr' zu mir sagen, heißt das noch lange nicht, dass sie ins Himmelreich kommen. Entscheidend ist, ob sie meinem Vater im Himmel gehorchen. Am Tag des Gerichts werden viele zu mir kommen und sagen: ‚Herr, Herr, wir haben in deinem Namen prophezeit und in deinem Namen Dämonen ausgetrieben und viele Wunder vollbracht.' Doch ich werde ihnen antworten: ‚Ich habe euch nie gekannt. Fort mit euch. Ihr lebt nicht nach Gottes Gebot.'*"

Was sind deine Hausaufgaben?
1. Lies regelmäßig, am besten täglich, die Bibel - Gottes Wort; selbst wenn es nur ein Absatz ist.
2. Arbeite täglich daran, Jesus immer ähnlicher zu werden.
3. Bete regelmäßig, lobpreise regelmäßig und bedanke dich regelmäßig bei Gott=Jesus für deine Rettung.
4. Proklamiere Gottes Wort.
5. Praktiziere Nächstenliebe und Barmherzigkeit.
6. Verkünde das Evangelium, auch wenn es „nur" in deiner Familie ist.
7. Gib den Zehnten deines Einkommens, mindestens jedoch das, was du mit freudigem Herzen geben kannst, an eine bibeltreue Gemeinde oder an eine christliche

Hilfsorganisation deines Vertrauens. Prüfe zuvor, wo das Geld hinfließt. Das gilt besonders für reiche Christen oder christliche Unternehmer, die kaum oder keine Zeit haben, zu evangelisieren. Auf die Reichen und Wohlhabenden hat Gott ein besonderes Auge geworfen (Lukas 16,19-31).

8. Tue umgehend Buße, sobald du dich bei einer Sünde erwischt.

Wenn du also spirituell angegriffen wirst, sei es in Gedanken, in Gefühlen, in Träumen oder durch Agenten, dann ist das ein Grund zur Freude. Dann weißt du nämlich, dass du auf der richtigen Seite stehst und alles richtig machst.

Gedankenfestungen / Gedankengebäude
Wahres Christsein beinhaltet den *unaufhörlichen Prozess der christlichen Charakterbildung* durch den Heiligen Geist. Wir wollen Christus immer ähnlicher werden. Wir lassen los und Gott zu. Das ist wahre Nachfolge und wahres Loslassen. Das hat nichts mit dem Loslassen in der Esoterik, der modernen Spiritualität, der Psychologie oder der Persönlichkeitsentwicklung zu tun. Deren Loslassen ist kein wahres Loslassen. Wie willst du etwas nachhaltig loslassen, wenn es in deinem Gehirn als neuronales Netzwerk verankert ist? Wie soll das gehen? Die meisten Menschen sind auf irgendeine Art und Weise traumatisiert - die einen mehr, die anderen weniger. Und viele der Traumatisierten suchen Zuflucht in der Esoterik oder dem anderen Firlefanz, anstatt bei dem, der ihren Seelen wirklich Ruhe geben kann.

Das Austreiben der Dämonen ist eine wichtige aber nur einmalige Angelegenheit. Was kommt danach? Ganz einfach: Wir bleiben mit unseren alten Glaubenssätzen, vorherrschenden Denkmuster und Persönlichkeitsdefiziten sowie unseren in der Vergangenheit antrainierten Verhaltensmuster zurück. Wir bleiben mit dem zurück, was das Reich der Finsternis in unserem alten Denken angerichtet bzw. installiert hat. Und je traumatisierter wir sind oder waren oder je sündhafter unser Leben war, desto mehr brauchen wir die Hilfe des Heiligen Geistes und das Wort Gottes, die Bibel.

Das Austreiben der Dämonen oder die Erkenntnis, dass wir von Dämonen auf mentaler und emotionaler Ebene angegriffen werden, stellt die Beseitigung des größten Hindernisses dar, das uns an unserer Charakterbildung hindert. Ist dieses Hindernis einmal aus dem Weg geräumt bzw. erkannt worden, dann kann der Heilige Geist mehr oder weniger frei fließen und die Heilung in unserem Geist von Innen nach Außen tätigen, was die Heilung unserer Psyche mit beinhaltet.

Dann kann der Heilige Geist zu unserem wahren Coach und Therapeuten werden. Als Coach unterstützt er uns dabei, Christus immer ähnlicher zu werden = Charakterbildung. Als Therapeut heilt er unsere Traumata, Wunden und Verletzungen. Und im Wort Gottes zu lesen, ist bereits therapeutisch.

Damit du mich richtig verstehst: Selbstverständlich können, sollen oder müssen wir Therapien annehmen, die uns das System, in dem wir leben, anbietet. Für Gläubige steht aber Gott an erster Stelle. Er ist unser Arzt und Heiler. Mit ihm zusammen, in liebevoller Kommunikation und Zweisamkeit, treffen wir alle Entscheidungen in unserem gläubigen Leben. Er bzw. sein Heiliger Geist führt uns - falls notwendig - zur richtigen Therapie. Wir treffen keine Entscheidungen mehr ohne ihn.

Unsere alten negativen Glaubenssätze, vorherrschenden gottlosen Denkmuster und Persönlichkeitsdefizite, sowie unsere in der Vergangenheit antrainierten destruktiven Verhaltensmuster sind das, was die Bibel Gedankengebäude oder -festungen nennt. Und auf unsere Gedankenfestungen, die wie unüberwindbare Festungen erscheinen können, haben es der Teufel und seine Dämonenarmee in der geistlichen Kampfführung abgesehen, weil sie uns durch sie zu unserem alten sündhaftem Verhalten verführen können.

Und diese Gedankenfestungen können wir als Gläubige mithilfe des Heiligen Geistes erfolgreich bekämpfen. In 2.Korinther 10,3-5 schreibt Paulus:

> *„Denn obwohl wir im Fleisch wandeln, kämpfen wir nicht nach dem Fleisch; denn die Waffen unseres Kampfes sind nicht fleischlich, sondern mächtig in Gott zur Zerstörung von Festungen; so zerstören wir überspitzte Gedankengebäude und jede Höhe, die sich gegen die Erkenntnis Gottes erhebt, und nehmen jeden Gedanken gefangen in den Gehorsam Christi."*

Diese Übersetzung ist aus der Elberfelder Bibel, in der die Wörtlichkeit der Übersetzung Vorrang vor sprachlicher Schönheit hat. Ich möchte ihr die Übersetzung der Neues Leben Bibel gegenüberstellen, damit die Tragweite des Inhalts sichtbar wird:

„Wir sind zwar Menschen, doch wir kämpfen nicht mit menschlichen Mitteln. Wir setzen die mächtigen Waffen Gottes und keine weltlichen Waffen ein, um menschliche Gedankengebäude zu zerstören. Mit diesen Waffen zerschlagen wir alle hochtrabenden Argumente, die die Menschen davon abhalten, Gott zu erkennen. Mit diesen Waffen bezwingen wir ihre widerstrebenden Gedanken und lehren sie, Christus zu gehorchen."

Auch wenn sich Paulus hier in erster Linie auf die Argumentation im Dialog mit anderen Menschen bezieht, so ist das Prinzip hinter seiner Aussage auch im Dialog mit uns selbst gültig. Oder etwa nicht?

Verstehst du, worauf ich hinaus will? Die für mich entscheidenden Worte in den beiden Übersetzungen sind „zerstören" und „zerschlagen". Sie implizieren proaktives Handeln oder proaktives Kämpfen. Hier geht es nicht mehr um Selbstverteidigung, sondern um Kampf. Es geht um geistliche Kampfführung!

Jesus kam in unsere gefallene Welt hinab, um die Werke des Teufels zu zerstören. Und wie das geht, hat er uns vorgelebt. Er heilte Menschen, indem er die Krankheit zerstörte. Er offenbarte die Dämonen, indem er ihre Unsichtbarkeit zerstörte. Er trieb Dämonen aus, und hat dadurch psychische und körperliche Krankheiten zerstört. Er besiegte die Pharisäer argumentativ, indem er ihre Gedankengebäude, ihren religiösen Geist, zerstörte. Er lief auf dem Wasser und zerstörte damit die physikalischen Gesetze. Er zerstörte seinen Körper bzw. ließ ihn zerstören und sein Blut fließen, damit durch unseren Glauben an sein vergossenes Blut unsere sündige, böse Natur zerstört bzw. reingewaschen werden würde. Er ist von den Toten auferstanden und hat somit den Tod zerstört und den Satan besiegt.

Zwei weitere Ausdrücke, die hervorstechen, sind „gefangen nehmen" und „bezwingen". Gedanken gefangen zu nehmen oder zu bezwingen, ist ebenfalls proaktiver, siegreicher Kampf. Es wird nicht verhandelt. Es gibt kein Entkommen. Erst gefangen nehmen, dann zerstören oder zerschlagen. Du wirst zugeben müssen, das ist eine krasse Wortwahl.

Wir können keine Dämonen zerstören, und wir sollen auch keine Menschen zerstören bzw. töten, weil Gott das ewige Leben ist. Wenn ich die Bibel richtig verstehe, können Engel nicht sterben oder getötet werden. Und Satan und seine Dämonen sind gefallene Engel. Jesus kam nicht in seine Schöpfung hinab, um den Teufel zu töten, sondern um den Teufel zu besiegen und seine Werke zu zerstören. Es geht um die Werke bzw. um die Auswirkungen bzw. um die Ergebnisse seines bösen Handelns. Und zu seinen bösen Werken gehören auch unsere alten destruktiven Gedankengebäude, die übriggeblieben sind. Und diese Gedankengebäude sind letztendlich nur „Erscheinungen" in unserem Kopf.

Deshalb gilt in der geistlichen Kampfführung: Wir lassen uns von den Erscheinungen nicht täuschen. In allen Lebensbereichen gilt: Es gibt nur eine Wahrheit, der Rest ist Täuschung!

Nun ergibt sich die Frage: Womit nehmen wir die Gedankengebäude gefangen und womit zerstören wir sie? Es gibt nur eine Antwort: Mit unseren Worten! Alles ist letztendlich Kopfsache, weil Gott Geist ist. Und was finden wir in unserem Geiste? Unsere Gedanken. Und was sind Worte? Ausgesprochene Gedanken.

Wenn wir mit einem Atheisten argumentieren, dann argumentieren wir mit unseren Worten seine Täuschung weg. Wir zerstören seine Täuschung, nicht den Atheisten. Wenn uns ein Hexenmeister mit seinen Worten verflucht, dann zerstören wir seinen Fluch mit unseren Worten. Und wenn wir uns dabei erwischen, wie uns alte Gedankengebäude im Wege stehen, beispielsweise der Jähzorn - der Jähzorn ist das Ergebnis falschen Denkens -, dann nehmen wir den Jähzorn gefangen und zerstören ihn im Namen Jesu.

Deshalb heißt auch das Schwert unserer Waffenrüstung Gottes (Epheser 6,11 ff) das Schwert des Geistes. Und das Schwert des Geistes ist Gottes Wort. Mit Gottes Wort, der Wahrheit, zerschlagen wir die Lüge und die Angriffe und Anfechtungen des Feindes.

Man kann es drehen und wenden, wie man will, wir können uns mit Hände und Füße wehren, wir kommen am Ende nicht drumherum, uns einzugestehen, dass unsere Worte mächtig sind. Und Jesus Christus ist das fleischgewordene Wort. Alles ist und bleibt Kommunikation. Denn die Schöpfung ist Gottes Ausdruck und sein Wunsch, mit uns - seinen Schöpfungen - zu kommunizieren. Deshalb ist das Gebet so mächtig. Das, was wir in Gedanken oder ausgesprochen beten, setzt das Gesprochene in Bewegung. Unsere Worte kehren nicht leer zu uns zurück.

Jakobus sagt in Jakobus 3,10: *„Aus demselben Mund geht Segen und Fluch hervor."* Und Jesus sagt in Matthäus 12,37: *„Denn nach deinen Worten wirst du gerechtfertigt, und nach deinen Worten wirst du verurteilt werden!"*

Da wir Dämonen nur durch unsere Worte im Namen Jesu austreiben können, verhält sich das mit unseren destruktiven Gedankengebäuden nicht anders. Wir zerstören sie mit unseren Worten. Einmal angenommen, Jesus hat dich gerettet, und du entdeckst dann Jähzorn in deinem Verhalten. Dann muss der Jähzorn gehen. Du könntest also Ähnliches sagen wie:

„Jähzorn. Du bist in mir nicht mehr willkommen. Ich bin ein neuer Mensch. Deshalb musst du gehen. Du bist das Ergebnis meines früheren Lebens. Mein früheres Leben wurde mit Christus gekreuzigt, damit die Sünde in meinem Leben ihre Macht verliert. Du hast keine Macht mehr über mich. Ich lasse mich von dir nicht täuschen. Du hast kein Existenzrecht. Ich nehme dich gefangen und zerstöre dich ein für allemal im Namen Jesu. Amen."

Wenn du diese Worte mit Entschiedenheit und Bestimmtheit aussprichst, müssen sie zweifellos Wirkung zeigen. Du kannst alternativ auch Gott bitten, den Jähzorn in dir zu zerschlagen, indem du beispielsweise betest:

„Himmlischer Vater, dein Heiliger Geist hat mir meinen Jähzorn offenbart. Das ist eine alte Sache. Ich will ihn nicht mehr haben. Ich bitte dich im Namen deines Sohnes Jesus Christus, den Jähzorn in mir auszurotten. Ich schaffe das nicht alleine. Vater, ich danke dir, dass du meine Bitte erfüllst. Ich weiß, dass du mich immer erhörst. Ich liebe dich. Amen."

Gott um Weisheit bitten
Sobald du verstanden hast, dass der Teufel und seine Dämonenarmee deine Gedanken nicht lesen können - das kann nur Gott - wird dir bewusst, wie vorsichtig du mit deinen ausgesprochenen Worten umgehen musst, eben weil der Teufel und seine Dämonen zuhören. Dir wird auf einmal bewusst, wie viel Mist und Unsinn du in deinem Leben geredet hast und wie der Feind die ganze Zeit aufmerksam zugehört hat, um dein Gesagtes gegen dich zu verwenden.

Diese Erkenntnis kann anfänglich irritierend, ja sogar schockierend sein. Weil dir bewusst wird, dass du in Wahrheit deine Zunge nicht unter Kontrolle hast (siehe Jakobus 3). Dir wird auf einmal bewusst, wie leichtfertig und unüberlegt du deine Worte wählst. Dir wird bewusst, dass du damit die ganze Zeit dem Teufel in die Arme spielst. Und das ist das Gegenteil von Weisheit! Und das Gegenteil von Weisheit ist Torheit.

> Wir benötigen nichts mehr als Weisheit. Ohne Weisheit sind wir verloren. Es ist unsere Torheit, die der Gerissenheit des Teufels auf den Leim geht.

Das zu erkennen, ist ein wesentlicher Baustein in unserer Charakterbildung und in unserem geistlichen Kampf. Plappernde Menschen sind in der Regel nicht weise. Und ich habe geplappert wie ein Wasserfall.

Umso glücklicher bin ich heute, dass ich im weisesten Buch der Welt lesen darf - in der Bibel, Gottes Wort. In der Bibel zu lesen, insbesondere im Buch „Sprüche", fördert die Weisheit. Gottes Wort ist Weisheit. Aber es geht noch weiter. Im Jakobusbrief lesen wir:

> *„Wenn es aber jemand unter euch an Weisheit mangelt, so erbitte er sie von Gott, der allen gern und ohne Vorwurf gibt, so wird sie ihm gegeben werden."* Jakobus 1,5

Ich bitte Gott regelmäßig um Weisheit, und er gibt sie mir. Und er wird sie auch dir geben, wenn es dir wirklich wichtig und ernst ist. Zur Weisheit gehört auch Vertrauen. In Gottes Wort ist Vertrauen das A und O. Es ist die Basis der Kommunikation, um die sich die ganze Bibel dreht. Es gibt zwei Arten von Vertrauen. Die eine ist Gottvertrauen und die andere ist Gottes Vertrauen in uns. Letztere wurde durch den Sündenfall gebrochen. Eva und Adam haben Gottes Vertrauen missbraucht. Sie haben das einzige Gebot Gottes, das im Garten Eden herrschte, nicht von der Frucht vom Baum von der Erkenntnis von Gut und Böse zu essen, gebrochen. Das muss man sich mal vorstellen. Im Anfang gab es NUR EIN GEBOT!

Und dieses eine Gebot haben Eva und Adam durch die Gerissenheit des Teufels gebrochen. Somit haben sie den ganzen Schlamassel verursacht, unter dem wir alle heute leiden. Wir leben in einer gefallenen Welt, was niemand bestreiten kann, der sich unsere Welt mit offenen Augen anschaut.

Urteilsvermögen und Charakterbildung

In der spirituellen Kriegsführung spielt unser Urteilsvermögen, das die Geisterunterscheidung miteinbezieht, eine wesentliche Rolle, um vor den Angriffen des Teufels und seiner Dämonen gewappnet zu sein. Dieses Urteilsvermögen kommt nicht von jetzt auf gleich. Es ist ein Prozess. Sei darauf vorbereitet, dass du hier und da Fehler machst, dass du hier und da fällst, dass du hier und da deiner Torheit auf den Leim gehst. Verurteile dich deswegen nicht. Sondern betrachte es einfach als das, was es ist, ein Lernprozess. Und diesen Lernprozess nennt man christliche Charakterbildung. Und die Charakterbildung hört nicht auf. Sie endet erst mit unserem Tod.

Während dieses Prozesses lernst du, Gott mehr und mehr zu vertrauen, und Gott sieht, dass er dir mehr und mehr vertrauen kann. Letzteres ist entscheidend. Und je bewusster dir wird, dass Gott und Jesus nicht irgendein Prinzip oder Gesetz oder Bewusstsein sind, so wie es der esoterische Firlefanz lehrt, sondern Personen, genauso wie du eine Person bist, und je mehr du begreifst, dass Jesus dich so liebt wie du bist, aber die Sünde hasst, desto mehr lässt du dich in diesen Prozess hineinfallen und lernst loszulassen und Gott zuzulassen. Denn es sind nicht wir selbst, die den geistlichen Kampf führen, sondern Gott=Jesus=Heiliger Geist in uns und durch uns. Davor hat das Reich der Finsternis große Angst, dass du der Führung Gottes uneingeschränkt vertraust. Und das tust du, indem du glaubst. Deshalb sagt Jesus in Markus 9,23: *„Alle Dinge sind möglich dem, der da glaubt."*

Gott ist Geist und nicht Emotion

Menschen die noch jung im Glauben sind, können anfänglich ein Problem damit haben, zu unterscheiden, welche Stimmen im Kopf von Gott und welche von Dämonen kommen. Die jungen Gläubigen fühlen sich dann gerne verwirrt bzw. irritiert. Diese Verwirrung kann abschreckend sein, ist aber in Wahrheit notwendig, um aus der eigentlichen Verwirrung herauszukommen, unter der wir die ganze Zeit im Reich Satans gestanden haben.

Die größte Verwirrung, die wir haben können, ist der Glaube, wir hätten die Kontrolle bzw. zu glauben, unser Kontrollzwang sei überlebenswichtig. Genau das Gegenteil ist im Reich Gottes der Fall.

Wir müssen anfänglich bereit sein, unsere Kontrolle aufzugeben, und das beinhaltet auch die Bereitschaft und den Mut, die mentale Kontrolle in unserem Verstand aufzugeben. Dann bist du halt über einen gewissen Zeitraum verwirrt oder unsicher. Na und? Lass es einfach zu. Das ist das, was ich mit Niemandsland meine. Wir haben das Gefühl, dass wir unseren eigenen Gedanken nicht mehr trauen können. Wir haben das Gefühl, dass wir unseren Verstand verlieren. Und genau das ist der Punkt. Darum geht es. In der Bibel lesen wir dazu:

*„Vertraue auf den HERRN von ganzem Herzen und **verlass dich nicht auf deinen Verstand**; erkenne Ihn auf allen deinen Wegen, so wird er deine Pfade ebnen."* Sprüche 3,5-6

Die Empfindung, unseren Verstand zu verlieren, ist beim Erlernen von Gottvertrauen offensichtlich notwendig. Wenn wir unserem Verstand mehr als Gott vertrauen, dann erheben wir unseren Verstand zum Götzen und brechen automatisch die ersten beiden Gebote und stehen nicht mehr unter Gottes vollumfänglichen Schutz. Gleichzeitig haben wir Gott eifersüchtig gemacht. Mit anderen Worten: Wir haben ihn verletzt. Weil wir ihm nicht vertrauen. Und deshalb kann er auch uns nicht vertrauen.

Wichtig an dieser Bibelstelle ist die Unterscheidung zwischen „Verstand" und „Gott". Wir sollen ja dem HERRN vertrauen und uns nicht auf unseren Verstand verlassen. Gott scheint also losgelöst von unserem Verstand zu operieren. Und das ist der springende Punkt: Wir können anfänglich Gottes Stimme nicht mit unserem Verstand ausfindig machen. Mit anderen Worten: Wenn du Gottes Stimme nur mit und durch deinen Verstand ausfindig machen möchtest, bist du auf dem Holzweg, weil Gott außerhalb unseres Verstandes ist.

Unser Verstand ist die Fähigkeit zu verstehen, Begriffe zu bilden, Schlüsse zu ziehen, zu urteilen und zu denken. All das ist eng mit unseren Emotionen verbunden. Unsere Emotionen sind die Reaktionen unseres Körpers auf unsere Gedanken. Unser Verstand ist das, was Satan und seine Dämonenarmee angreifen. Sie manipulieren unser Denken und somit unserer Emotionen. Gott ist von all dem losgelöst.

WICHTIG! Gott ist Geist und nicht Emotion! Gottes Botschaften können aber zu einer Emotion werden, nachdem wir sie mit dem Verstand verarbeitet haben. In vielen modernen Kirchen werden Emotionen und Heiliger Geist verwechselt. Es werden emotionale Lobpreislieder in einer popkulturartigen Atmosphäre gesungen, und die jungen Menschen steigern sich emotional in die Musik rein, und der Falsche Prophet auf der Kanzel verkauft diese Emotionen als die Gegenwart des Heiligen Geistes. Das kann gefährlich sein, weil es ein falsches Gottverständnis vermittelt.

Verstehen (den Sinn von etwas erfassen, etwas begreifen), Begriffe bilden, Schlüsse ziehen, urteilen und aktives Denken, all das macht unser Verstand und ist wichtig. Gott „sitzt" aber nicht in unserem Verstand, sondern außerhalb unseres Verstandes in unserem Geist. Somit kommuniziert Gott auch über Kanäle zu uns, die nicht direkt mit unserem Verstand in Verbindung stehen. Aus Sicht unseres Verstandes könnte man das eine passive geistige Tätigkeit nennen. Wir kommen aus dem

„Ich muss wissen, welche Stimme von Gott kommt" Modus raus.

Gott kommuniziert beispielsweise über Gedankenblitze, Einfälle, innere Bilder, Eingebungen, durch die Bibel, durch Situationen, durch andere Menschen, durch Träume und Visionen oder durch Engel. All das ist zunächst von Emotionen unabhängig. Erhalte ich beispielsweise eine Eingebung, dann ist die Eingebung an sich emotionslos. Sobald ich den Sinn der Eingebung erfasse, sie mit meinem Verstand verstehe, dann kann sie zu einer Emotion führen.

Hierbei ist der Unterschied zwischen *Emotion* und *Gefühl* wichtig. Eine Emotion hängt immer direkt mit unseren Gedanken zusammen. Ein Gefühl hingegen ist die körperliche Reaktion auf ein Grundbedürfnis, beispielsweise das Hungergefühl. Du hast Hunger und das ist zunächst nur ein Gefühl. Wenn du dann nichts zu essen bekommst, könntest du sauer werden, und das wäre dann die Emotion, weil deine Wut durch einen gedanklichen Prozess ausgelöst wird, während dein Hungergefühl nur das Hungergefühl bleibt. Wenn du dann sauer oder wütend geworden bist, dann hast du gleichzeitig ein Gefühl und eine Emotion.

> **Emotion** = Reaktion des Körpers auf die Gedanken (Satans)
> **Gefühl** = (göttlicher) Aufruf zur Befriedigung eines Grundbedürfnisses
> In der geistlichen Kampfführung hat der Feind es auf unsere Emotionen abgesehen, wohingegen Gott sich eher durch ein körperliches Gefühl bemerkbar macht, beispielsweise durch das berühmte Bauchgefühl.

Als Beispiel erhalte ich von Gott die Eingebung, zu einem Nachbarn zu gehen und mich nach seinem Befinden zu erkundigen, weil ich das unerklärliche Gefühl habe, dass es ihm nicht gut geht. Hinter diesem *Gefühl* steht das *Grundbedürfnis* Liebe, in diesem Falle Nächstenliebe. Und bis hierher hat der Feind davon nichts mitbekommen, weil er meine Gedanken nicht lesen kann. Dann aber rede ich mit meiner Partnerin darüber, aus was für Gründen auch immer, und das könnte dann der Feind hören. Und der Feind will natürlich nicht, dass ich Nächstenliebe praktiziere und schon gar nicht, dass ich Gott gehorsam bin, also bombardiert er mich mit ängstlichen Gedanken, die dann zur Emotion Angst führen können. Wenn ich dann der Angst nachgebe und dem Gefühl nicht Folge leiste, hat der Teufel gewonnen. Und ich habe verloren, denn *„Gott hat uns nicht einen Geist der Ängstlichkeit gegeben, sondern den Geist der Kraft, der Liebe und der Besonnenheit.“*

Matthäus 6,6 - Stilles Gebet

„Wenn du aber betest, so geh in deine Kammer, und wenn du deine Tür geschlossen hast, bete zu deinem Vater, der im Verborgenen ist! Und dein Vater, der im Verborgenen sieht, wird dir vergelten.“

Diese Bibelstelle ist mir bereits seit vielen Jahren geläufig, als ich aber zum wahren Jesus gefunden hatte, hat sie mir der Heilige Geist in einer tieferen Bedeutung offenbart und ist mir seitdem in der geistlichen Kampfführung zugutegekommen.

Beten ist Kommunikation mit Gott. Ein Gebet kann eine Fürbitte sein oder einfach nur ein Gespräch, eine Unterhaltung mit Gott. Matthäus 6,6 ist eigentlich selbsterklärend. Was der Heilige Geist mir darüber hinaus offenbart hat, ist das sogenannte Stille Gebet. Stilles Beten bedeutet, nur in Gedanken zu beten bzw. mit Gott nur in Gedanken zu sprechen.

„Kammer“ kann hier auch für meinen Geist stehen. „Die geschlossene Tür“ kann für „den Mund halten“ stehen. „Im Verborgenen“ kann wieder für meinen Geist stehen, in den die Menschen oder die Dämonen nicht reinhören können. Mit anderen Worten:

> Wenn du mit Gott sprechen willst, so zieh dich in deinen Geist zurück, und wenn du deinen Mund geschlossen hältst, dann sprich zu deinem Vater, der mit deinem Geist verbunden ist! Und dein Vater, der deine Gedanken hört, wird dir antworten.

Bäm! Diese Offenbarung hatte gesessen und mich einen riesigen Schritt in der geistlichen Kampfführung nach vorne gebracht. Auch ich hatte anfänglich Schwierigkeiten, zu unterscheiden, was von Gott und was von Satan und seinen Dämonen kommt. Als ich also beispielsweise eine Idee oder Eingebung hatte, oder als mir ein Mensch über den Weg lief und ich mir nicht sicher war, ob er von Gott kommt oder ein Agent ist, habe ich gelernt, Gott in Gedanken zu fragen. „Vater, kommt diese Idee von dir?" Oder: „Jesus, kommt dieser Mensch von dir?" Oder: „Vater, ist die Eingebung von dir?"

Mit dieser Technik der spirituellen Kampfführung nehmen wir dem Feind den Wind aus den Segeln! Denn die Frage, die wir im Geiste an Gott richten, kann der Feind nicht hören. Es muss ihn wahnsinnig machen, wenn wir diese Technik praktizieren. Und ganz nebenbei lernen wir, weniger zu plappern und häufiger unseren Mund zu halten. Reden ist Silber, Schweigen ist Gold - in diesem Bereich zumindest.

Selbstverständlich beherrschen wir diese Technik nicht auf Anhieb. Da wir aber keine Eile mehr haben, weil wir eh nie aufhören zu lernen, weil die Charakterbildung ein fortlaufender Prozess ist, können wir uns auch Zeit lassen und nach jedem Fehler neu beginnen. Anfänglich hat es eine längere Zeit gedauert, bis ich eine klare Rückmeldung erhalten hatte. Mittlerweile geht es weitaus schneller; oft innerhalb von 48 Stunden, manchmal sofort.

Sie darf uns aber nicht dazu verleiten, nur noch still zu beten. Im Gegenteil. Sie ist ein Werkzeug, das wir zusätzlich zum ausgesprochenen Gebet anwenden können. Je sicherer wir dann werden, desto mutiger werden wir, desto mehr Autorität gebrauchen wir, desto „ausgepowerter" wird der Feind. Und trotzdem gilt: Wir wachen und beten täglich!

Vieles von dem, was ich bis hierher beschrieben habe, gehört in den Bereich der emotionalen Intelligenz. Allerdings geht diese christliche emotionale Intelligenz weit über die geläufige psychologische emotionale Intelligenz hinaus, weil sie unseren unsichtbaren Feind mit berücksichtigt. Die Esoterik, die moderne Spiritualität, die Psychologie, die Psychiatrie, die Psychotherapie, die Persönlichkeitsentwicklung und östliche Lehren wie Meditation, Achtsamkeitsübungen und Yoga lassen den Feind aus und können deshalb niemals zum gewünschten Ziel führen, zum Seelenfrieden, weil der Feind weiterhin hinterhältig Schaden in uns anrichten kann. Gott sei Dank durfte ich das in meinem Leben noch lernen. Gelobt sei der Herr Jesus Christus!

Das „mühsame" Bibellesen

In der Bibel zu lesen, ist unsere tägliche Hausaufgabe Nummer Eins. Deshalb wird der Teufel alles daransetzen, das zu verhindern, weil er weiß, dass dein Glaube durch das Hören oder Lesen des Wortes wächst. Und weil er weiß, dass er im Wort Gottes demaskiert wird. Er hasst das Wort Gottes, aber er kennt sich gut darin aus (siehe die Versuchung Jesu in Matthäus 4,1-11).

Somit erleben viele Wiedergeborene anfänglich heftige Angriffe, während sie die Bibel erstmals lesen wollen. Diese Angriffe kommen aus der dämonischen Welt und dazu gehören maßgeblich:

1. **Plötzliche Müdigkeit**
   Du schlägst das Buch der Bücher auf, willst darin lesen und wirst von einer plötzlichen Müdigkeit überfallen. Du schlägst die Bibel wieder zu und die Müdigkeit verschwindet. Dann liest du deinen Krimi und bist hellwach.
2. **Plötzliche Konzentrationsschwäche**
   Du liest in der Bibel und plötzlich kommen dir tausend

Gedanken in den Kopf, die vorher nicht da waren. Du wirst damit bombardiert. Du schlägst die Bibel zu und die Gedanken hören wieder auf. Danach liest du deinen Krimi und kannst dich voll darauf konzentrieren.

3. **Plötzliche Sehschwäche**
   Du liest in der Bibel und die Worte verschwimmen vor deinen Augen. Du schließt die Bibel und öffnest deinen Krimi und siehst die Worte klar und deutlich.

4. **Plötzliche Anrufe oder Besuche**
   Endlich hast du Zeit gefunden, in der Bibel zu lesen, und ein Freund, der sich zwei Jahre nicht gemeldet hat, ruft dich an oder ein Nachbar steht vor der Tür oder dein Kind bekommt Bauchweh und schreit vor Schmerzen, etc.

5. **Prokrastination**
   Du nimmst dir vor, in der Bibel zu lesen, findest aber immer wieder Gründe, es aufzuschieben. Diese Gründe kommen nicht von dir!

Sei also vorbereitet, wenn du im weisesten Buch der Welt lesen willst. Das, was ich in den fünf Punkten beschrieben habe, passiert sehr vielen. Es muss aber nicht passieren. Es *kann* passieren. Sprich zuvor ein Gebet oder nutze die Gebetstechnik im Abschnitt „Gedankenfestungen / Gedankengebäude".

Vergangene Schuldgefühle
Durch unseren Glauben an das vergossene Blut Jesu und seine Auferstehung und durch unsere Buße sind uns alle unsere vergangenen Sünden vergeben worden. Das heißt, alles, was wir in der Vergangenheit verbockt haben, absolut alles, hat Gott VERGESSEN! Gibt es neben dem Versprechen auf ein ewiges Leben mit Gott ein größeres Geschenk, eine größere Gnade als die Sündenvergebung durch Jesus Christus? Sei ehrlich.

Die psychotherapeutischen Praxen sind voll mit Menschen, die unter Schuldgefühlen leiden. Ob deren Schuldgefühle begründet sind oder nicht, spielt keine Rolle. Schuldgefühle können die Seele eines Menschen auffressen. Glaub mir, ich weiß, wovon ich rede. Deshalb sind Schuldgefühle eine beliebte Waffe des Feindes, um dich daran zu hindern, frei in Christus zu leben und die Gute Nachricht zu verkünden.

Wenn du wirklich Buße getan hast und deine Vergehen auf dem „Buße-Altar" Gottes gelegt hast, wenn du deine vergangenen Sünden wirklich bereut hast und auch allen Menschen, die dir jemals Böses angetan haben, vergeben hast, dann sind dir deine Sünden vergeben. Gott hat sie dann für immer und ewig VERGESSEN! Das Blut Jesu hat uns reingewaschen. Punkt.

Nichts und niemand hat das Recht, dich mit deinen vergangenen Sünden zu erpressen, nachdem du sie auf dem „Buße-Altar" Gottes geopfert hast. Falls du einem Menschen Unrecht angetan hast, dann bist du aufgefordert, dich bei ihm zu entschuldigen. Sollte das nicht möglich sein, dann hast du dich ja bereits bei Gott oder Jesus entschuldigt. Wenn der Mensch, bei dem du dich entschuldigt hast, dich weiterhin mit deinem alten Vergehen erpresst, dann ist das eine Sache zwischen ihm und Gott. Matthäus 11,25 gebietet uns, jedem zu vergeben, gegen den wir etwas haben. Ohne Vergebung keine Vergebung!

Wenn der Feind dich also in Gedanken oder durch seine Agenten mit deinen vergangenen Vergehen, die Gott bereits vergessen hat, angreift, dann musst du den Feind daran erinnern, was das vergossene Blut Jesu für dich getan hat. Du proklamierst laut und deutlich: „Durch das Blut Jesu bin ich aus der Hand des Teufels befreit. Durch das Blut Jesu sind mir alle meine Sünden vergeben. Durch das Blut Jesu werde ich ständig von aller Sünde gereinigt. Das Blut Jesu tritt beständig vor Gott im Himmel für mich ein." Solche Proklamationen und noch mehr erhältst du im Online-Shop von „Internationaler Bibellehrdienst".

- **Entschuldigen** = Ende der Schuld!
- **Schuldgefühle** kommen immer nur vom Teufel!
- **Schlechtes Gewissen** kommt von Gott, um uns auf eine Schuld aufmerksam zu machen, die gebüßt werden muss.

Träume - Angriffsfläche des Feindes

Über das Thema „Träume" könnte ich locker ein ganzes Buch schreiben. Seit circa 2002 befasse ich mich bewusst mit Träumen. 2008 absolvierte ich eine einjährige Ausbildung zum professionellen Traumtherapeuten. Auch in meiner aktuellen Tätigkeit als Schlafcoach spielen Träume nach wie vor eine Rolle.

Seit meiner Errettung in 2022 gehe ich mit Träumen anders um als zuvor. Ich habe mich von der Traumdeutung nach Freud und Jung weitestgehend verabschiedet, wenngleich ich sie nicht verbannt habe. Ich war noch nie ein Freund der klassischen Traumdeutung, weil sie den Traum auf sie Symbole beschränkt. Ich bevorzuge die Traumarbeit, in welcher der Träumer selbst auf die Bedeutung seines Traumes kommt.

Für mich steht außer Frage, dass unsere Träume ein Beweis für die Existenz der spirituellen Welt um uns herum sind. Sie beweisen die parallel anwesende, unsichtbare Realität. Und selbstverständlich können uns in dieser Realität Dämonen angreifen. Wenn wir schlafen, ist unser Bewusstsein ausgeschaltet und unser Geist leer. Deshalb ist es wichtig, vorm Schlafengehen Gottes Schutz zu erbeten.

Succubus und Incubus

„Ein Succubus ist ein weiblicher, besonders schöner und lüsterner Dämon (...), der sich einen Mann sucht, um mit ihm geschlechtlich zu verkehren. (...) Es handelt sich beim Succubus um einen weiblichen Dämon mit Interesse an Sex mit schlafenden Männern und ist das Gegenstück zum Incubus (Wikipedia)."

Ich bin mir sehr sicher, dass ich seit meiner Bekehrung mindestens dreimal von einem Succubus heimgesucht wurde. Ich wurde in den Träumen regelrecht vergewaltigt, mindestens jedoch nach allen Regeln der Kunst sexuell verführt. In einem Traum hatte der Succubus eine lange, schlangenförmige Zunge. Nun kannst du dir sicherlich vorstellen, was da abgegangen ist. Während der Vergewaltigung empfand ich es als angenehm und äußerst sinnlich. Ich konnte nicht widerstehen. Es ging eine betörende Kraft von dem Dämon aus. Es war so, als hätte er alle erogenen Zonen meines Körpers gleichzeitig berührt. Ich hatte keine Chance. Es war so, als ob er meinen ganzen Körper gleichzeitig in seinen Händen hielt. Als ich dann wach wurde, drehte sich mir der Magen um. Ich war geschockt. So einen Traum auf sinnlicher Ebene hatte ich noch nie gehabt, wenngleich ich zuvor unzählige Alpträume hatte, die ich heute Gott sei Dank nicht mehr habe. Was war der Unterschied?

In normalen Alpträumen oder Träumen sind die Traumfiguren Personen ohne die Energie der Gegenwärtigkeit. Wenn du an einen geliebten Menschen denkst, dann siehst du ihn in deinem Geiste ohne seine reale Anwesenheit. Wenn dieser Mensch aber real bei dir zuhause ist, so siehst du ihn nicht nur, sondern du spürst gleichzeitig seine anwesende Energie. Wenn du in der Küche bist, während dieser Mensch im Wohnzimmer sitzt, dann spürst du seine anwesende Energie in deiner Wohnung. So ungefähr ist es mit besuchenden Dämonen in unseren Träumen. Du spürst die anwesende Energie dieser Person ohne Körper. Das ist anfänglich spooky. Aber auch hier gilt: Hab keine Angst.

Ich bin mir sehr sicher, dass es Traumdämonen gibt, die zwischen Succubus und Incubus angesiedelt sind. Das würde all die sexuellen Varianten erklären, von normaler heterosexueller Energie über pornographische, homosexuelle bis hin zur pädokriminellen sexuellen Energie.

In einem darauffolgenden Traum spürte ich, wie der Dämon am Fußende unter meine Bettdecke kroch und sich langsam nach oben tastete. Ich spürte einen Windzug an meinem Kopf, ähnlich wie der Luftzug einer einfahrenden U-Bahn. Da ich zu diesem Zeitpunkt auf die nächtlichen Besuche vorbereitet war, wurde ich schnell wach und tadelte und vertrieb den Dämon. Wie habe ich das gemacht?

Jesus Christus - Der Name über allen Namen
„Darum hat Gott ihn auch über alle Maßen erhöht und ihm einen Namen verliehen, der über allen Namen ist, damit in dem Namen Jesus sich alle Knie derer beugen, die im Himmel und auf Erden und unter der Erde sind." Philipper 2,9-10

Der Name „Jesus", „Jesus Christus" oder „Jeschua" ist pure „Magie" bzw. die wahre übernatürliche Kraft und Macht. Nichts kann diesem Namen widerstehen. Es war der Name über allen Namen, der die Dämonen zwang, aus mir auszufahren. Seit Jahren gebrauche ich den Namen über allen Namen immer wieder, wenn ich mich in einer brenzligen oder überfordernden Situation befinde. Dann wiederhole ich in Gedanken „Jesus Christus" immer und immer wieder und die Bedrohung zerbröselt vor meinen Augen. Seitdem ich gerettet bin, ist die Kraft, die von seinem Namen ausgeht, noch mächtiger als zuvor.

„Jesus Christus" ständig in Gedanken oder als gesprochene Worte zu wiederholen, ist für mich das stärkste aller Gebete. In diesen beiden Worten ist alles, absolut alles, enthalten, was der übernatürliche Schutz Gottes bewirkt. Sie sind für mich der ultimative Schutz. Und selbstverständlich gebrauche ich den Namen über allen Namen auch, um die unerwünschten nächtlichen Besucher zu bedrohen und zu vertreiben.

Ich spreche dann ungefähr folgende Worte: „Jesus Christus ist der Name, der über allen Namen ist, damit sich alle Knie beugen. Ich lobe und preise den Herrn Jesus Christus, den Sohn Gottes, meinen Erlöser und Erretter."

In der Regel reicht das aus und der Dämon flieht. Du kannst auch einfach nur nach Jesus Christus rufen, so wie ein kleines Kind seine Eltern ruft, nachdem es aus einem Alptraum erwacht ist. Christus wird reagieren, denn er selbst sagt in Matthäus 28,20: *„Und ich versichere euch: Ich bin immer bei euch bis ans Ende der Zeit."*

Falls du dein Bett mit jemand teilst, dann rufe Jesus Christus in Gedanken an oder flüstere seinen Namen. Oder stehe auf und bete in einem anderen Zimmer.

Das alles gilt auch bei der **Schlafparalyse**. Viele in der geistlichen Kampfführung geschulte Christen sind sich einig, dass Schlafparalysen von Dämonen ausgelöst werden können. Ich stimme dem zu, insbesondere nachdem der Schläfer gesündigt hat, sei es exzessiver Substanzmissbrauch, Verstrickung im Okkultismus oder sexuelle Perversion.

Im Namen oder in den Worten „Jesus Christus" steckt die wahre übernatürliche Kraft und Macht, die das Universum lenkt und zusammenhält. Denn Christus ist das fleischgewordene Wort. Und das Wort ist Gott. Alle Knie müssen sich beugen. Und wer sich nicht beugen will, flieht, weil er den Namen oder die Worte nicht ertragen kann. Das gilt für Gottlose und Dämonen gleichermaßen. Jesus Christus ist unser liebender Erlöser und die beiden Worte „Jesus Christus" die ultimative Waffe im Kampf gegen die Finsternis.

Je weiter wir in unserer Charakterbildung voranschreiten, umso seltener werden auch diese Träume, bis sie ganz verschwinden. Denn unsere nächtlichen Träume sind ein Kanal, durch den der Allmächtige kommunizieren will und kann (siehe Seite 53). Je gehorsamer wir unsere täglichen Hausaufgaben machen, je achtsamer wir mit unseren Worten umgehen, je tiefer und aufrichtiger wir unseren Schöpfer lieben, je mehr sein Wort unseren Geist, unsere Seele und unseren Leib erfüllt und je demütiger wir werden und uns von dieser Welt lossagen, je bereiter wir also sind, den engen, schmalen Weg zu gehen, desto seltener werden wir angegriffen, weil die Finsternis merkt, dass bei uns nichts mehr zu holen ist, und umso freier wird unsere Traumwelt. Und dennoch gilt bis ans Ende unserer Tage hier auf Erden: *„Seid nüchtern und wacht; denn euer Widersacher, der Teufel, geht umher wie ein brüllender Löwe und sucht, wen er verschlinge."*

Der Feind hat es auf deine Lieben abgesehen
Wenn der Feind merkt, dass er an dich so gut wie gar nicht mehr rankommt, dann kann er und in vielen Fällen wird er deine Lieben angreifen, eben weil er weiß, wie wichtig dir deine Lieben sind. Und somit kriegt er dich dann auf indirekte Weise, weil er weiß, dass deine Lieben dein Schwachpunkt sind. Und die Waffen, die er einsetzen wird, sind gnadenlos, denn *„der Dieb kommt nur, um zu stehlen, zu töten und zu verderben."*

In der spirituellen Kriegsführung betest du grundsätzlich immer auch für den Schutz deiner Lieben, insbesondere dann, wenn sie noch nicht gerettet oder jung im Glauben sind.

Komm niemals auf die Idee, in der geistlichen Kampfführung nachlässig oder überheblich zu werden, insbesondere nicht nachdem du deine ersten Erfolge gefeiert hast. Komm niemals auf die Idee, zu glauben, du seist es, der die Erfolge herbeigeführt hat. So denken die Diener der Finsternis, die Hexen, Zauberer und Magier, aber nicht ein Knecht oder eine Magd des allmächtigen HERRN. Lass dir die Warnung Salomos in Sprüche 16,18 eine abschreckende Devise sein: *„Stolz kommt vor dem Verderben, und Hochmut vor dem Fall."*

Du bist ein neuer Mensch in Christus
Dein ALTES ICH ist mit deiner Bekehrung GESTORBEN. Du bist ein neuer Mensch mit einem neuen Leben! Und als neuer Mensch hat sich der alte Mensch nicht mehr in deine neuen Aufgaben einzumischen.

Albert Einsteins Aussage „Probleme kann man niemals mit derselben Denkweise lösen, durch die sie entstanden sind", gilt für Gottlose genauso wie für wiedergeborene Gläubige. Für uns Gläubige bezieht sie sich allerdings nur auf die Gedankengebäude. Durch Gottes unendliche Gnade wissen wir darüber hinaus, dass es neben den Gedankengebäuden auch den unsichtbaren Feind gibt, der unsere Gedanken von Innen oder von Außen attackieren kann, und mit Jesus Christus haben wir eine göttliche Waffe zur Hand, durch die wir eine Rundumschutz-Versicherung haben, die uns eine Position in unserem neuen Leben verleiht, die ihresgleichen sucht.

Alle Weisheiten, die jemals verkündet wurden, sind nur Halbweisheiten, solange sie nicht auf dem Wort des Schöpfers aller Schöpfungen gründen. Was die Gottlosen für Weisheit halten, ist in Gottes Augen Unsinn. Das Gleiche gilt auch umgekehrt. In der Bibel lesen wir: *„Menschen, die Gott nicht kennen, können den Geist Gottes nicht verstehen. In ihren Ohren klingt alles unsinnig, denn nur die, die der Geist leitet, verstehen, was der Geist meint* (1.Korinther 2,14).“

Und wenn du gläubig geworden bist, fängt dieser Geist - der Heilige Geist - in dir zu wirken an. Du bist auf die andere Seite des Kreuzes gekommen, und wenn du von hier aus mit den Menschen auf der gegenüberliegenden Seite sprichst, dann erkennst du die unsichtbare Wand, von der ich gesprochen habe. Jetzt hast du aber die „Waffen" zur Hand, die es dir ermöglichen, diese Wand zu durchbrechen. Geduld, Liebe und Gottvertrauen ist der Schlüssel. Allerdings musst du darauf vorbereitet sein, dass manche Seelen hoffnungslos verloren sind. Das ist der Lauf der Dinge. Aber sei dir gewiss: Jeder Same, den du pflanzt, ist nicht umsonst gepflanzt. Das Ziel ist, Menschen rüber zu holen, du bist jetzt ein Menschenfischer. Mindestens jedoch ist dein Ziel, ihnen die Frohe Botschaft zu verkünden, den Samen zu pflanzen. Und wo Gott kann, tut er den Rest. Mehr können wir nicht tun. Zwangsbekehrungen sind ein No-Go!

Die wahrscheinlich beste Methode, Menschen zu fischen, ist, wenn sie Zeugen deines transformierenden Wandels in Christus werden oder einfach nur wahrnehmen, dass du nicht mehr derselbe Mensch bist.

"Das bedeutet aber, wer mit Christus lebt, wird ein neuer Mensch. Er ist nicht mehr derselbe, denn sein altes Leben ist vorbei. Ein neues Leben hat begonnen! Dieses neue Leben kommt allein von Gott, der uns durch das, was Christus getan hat, zu sich zurückgeholt hat." 2. Korinther 5,17-18

"Nun ist aber Christus als Erster von den Toten auferstanden. So wie der Tod durch einen Menschen - Adam - in die Welt kam, hat nun durch einen anderen Menschen - Christus - die Auferstehung von den Toten begonnen. Die Menschen sterben, weil alle mit Adam verwandt sind. Ebenso werden durch Christus alle lebendig gemacht und neues Leben empfangen."
1. Korinther 15,20-22

"Unser früheres Leben wurde mit Christus gekreuzigt, damit die Sünde in unserem Leben ihre Macht verliert. Nun sind wir keine Sklaven der Sünde mehr. Denn als wir mit Christus starben, wurden wir von der Macht der Sünde befreit. Und weil wir mit Christus gestorben sind, vertrauen wir darauf, dass wir auch mit ihm leben werden." Römer 6,6-8

Diese Worte stammen von Paulus. Und Paulus ist wahrscheinlich das einprägsamste Beispiel für das übernatürliche und transformierende Wirken Jesu im Menschen. Denn aus Saulus wurde Paulus. Saulus verfolgte und ermordete die Urchristen, bis Jesus' transformierende Kraft der Liebe Saulus auf übernatürliche Weise in die Knie zwang. Saulus war der alte Mensch und Paulus der neue. Diese einzig wahre transformierende und übernatürliche Kraft Jesu ist nach wie vor frei verfügbar. Du musst dich nur für sie entscheiden und sie im Glauben an das vollendete Werk Jesu am Kreuz annehmen.

Kampfführungsgebet für alle Zwecke
Folgendes Gebet ist sehr mächtig und nur für Gläubige! Es ist eine Zusammenstellung aus verschiedenen Quellen inkl. Bibel. Wende es an, wann immer du unter Beschuss stehst. Sei es dämonischer, psychologischer oder menschlicher Beschuss; oder wenn du ungerecht behandelt wirst, sei es durch Mobbing oder durch Angriffe von Rechtsanwälten. Du kannst es auch

ohne ersichtlichen Grund anwenden, um dich daran zu erinnern, wer du in Christus bist. Lies es laut und mit Nachdruck.
Achte und respektiere die Worte. Worte sind mächtig. Schon
während des Lesens wirst du die übernatürliche Kraft der Worte feststellen, wie sie deine Seele beruhigen und Veränder-
ungen in der Atmosphäre deiner Umgebung herbeiführen. Hexen,
Schwarzmagier und New Ager arbeiten mit Worten, eben weil
Worte mächtig sind und Ergebnisse zeitigen. Was sie aber in
Wirklichkeit tun, ist, sie missbrauchen Gottes Gesetze. Sie
missachten Gott oder hassen ihn sogar. Wenn also die Worte
Gottloser Wirkungen zeigen können, was für Wirkungen müs-
sen dann erst die Worte Gottesfürchtiger herbeirufen? Unsere
Worte sind die feurigen Pfeile, die wir siegreich ins Lager des
Feindes schießen.

!!!!!!!!!!!!!!!!!!!!!!!!!!!

„Im Anfang war das Wort, und das Wort war bei Gott, und das
Wort war Gott. (...) Und das Wort wurde Fleisch und wohnte
unter uns." *Johannes 1,1 ff*

Herr, ich danke Dir, dass ich aus der Herrschaft der Finsternis
in das Königreich Deiner Liebe versetzt worden bin. Danke,
dass ich durch das Blut Jesu erlöst wurde, Vergebung erfahren
habe und gereinigt, gerechtfertigt, geheiligt und befreit worden
bin von der Macht satans. Danke, dass Du mir Waffen gegeben
hast, mit denen ich durch die Kraft Deines Heiligen Geistes
fähig bin, Böses in meinem Leben zu überwinden und ich teil-
haben darf an dem Aufhalten und der Unterwerfung von satans
Reich.

Ich verpflichte mich, in Abhängigkeit von Deinem Geist und
Deiner Gnade, das Böse mit Gutem zu überwinden, indem ich
im Licht Deines Wortes lebe und Deiner Liebe, Deinem Geist
und Deiner Treue vertraue. Danke, dass Du mich zu Salz in
einer gefallenen, bösen Welt gemacht hast und dass Du durch
mich wirkst, sogar jetzt, um die Mächte der Finsternis aufzu-
halten und einer verlorenen Generation Heilung und Erlösung
zu bringen durch die Waffen, die Du mir anvertraut hast.

In Deinem Namen, Herr Jesus, reiße ich alle Hindernisse nieder, die Deine Wahrheit und Deinen Sieg in meinem Leben und im Leben derer, die mit mir verbunden sind, aufhalten wollen.

Ich glaube, dass Du durch das Blut, dass Du am Kreuz vergossen hast, satan bereits besiegt hast und den endgültigen Sieg für mich errungen hast - jetzt und in Ewigkeit.

Ich danke Dir für die Siege, die Du bringen wirst, weil Du treu bist, Du und Dein Wort!

Ich bekenne im Namen Jesu, dass ich ein Kind Gottes bin. Ich erkläre und beschließe, dass ich durch den Heiligen Geist wiedergeboren bin. Ich weiß, dass es wahr ist, dass Jesus Christus für mich zum Fluch wurde.

Ich bin die Gerechtigkeit Gottes durch Christus Jesus. Durch Jesus Christus und das vollendete Werk des Kreuzes bin ich Bürger des Königreiches Gottes.

Ich bin der Kopf und nicht der Schwanz. Ich bin oben und nicht unten.
Deuteronomium 28,13

Ich kann alles durch Christus Jesus tun, der mir die Kraft gibt.
Philipper 4,13

Größer ist der, der in mir lebt, als der, der in der Welt lebt
1.Johannes 4,4

Mein Körper ist der Tempel des Heiligen Geistes.
1.Korinther 6:19

Ich bin mit allen geistlichen Segnungen in Christus Jesus gesegnet.

Bevor ich im Mutterleib geformt wurde, hatte Gott bereits einen Plan für mich. Ich bin kein Fehler.
Psalm 139:13-16

Herr, Du hast mir die Macht gegeben, auf Schlangen und Skorpione zu treten, und über die ganze Kraft des Feindes, und nichts soll mir schaden.
Lukas 10:19

Keiner Waffe, die gegen mich geschmiedet ist, soll es gelingen; und jede Zunge, die vor Gericht gegen mich aufsteht, werde ich schuldig sprechen. Dies ist mein Erbteil als Knecht des Herrn und meine Gerechtigkeit kommt von Dir, Herr der Heerscharen. Wenn es Menschen gibt, die gegen mich gesprochen oder gebetet haben, oder die mir Schaden zufügen wollten oder mich abgelehnt haben, so vergebe ich ihnen und ich segne sie im Namen des Herrn.
Jesaja 54,17; Matthäus 5,44; Römer 12,14

Ich räche mich nicht selbst, sondern gebe Raum dem Zorn Gottes! Nicht mein, sondern Dein ist die Rache.
Römer 12,19

Wer mich angreift, wird meinetwegen fallen.
Jesaja 54,15

„Ihr hattet Böses mit mir vor, aber Gott hat es zum Guten gewendet." *Genesis 50,20*

Herr Jesus Christus, Du hast Deine und meine Feinde ein für alle Mal am Kreuz besiegt. Ich beuge mich vor Dir und stelle mich heute erneut unter Deine Herrschaft. Im Namen Jesu widerstehe ich dem Teufel: All seinem Druck, seinen Angriffen, seinen Täuschungen, allen Mitteln und Vertretern seines Reiches, die er gegen mich einzusetzen versucht. Ich weise ihn von mir und verweigere ihm jeden Zugang zu mir. Insbesondere weise ich folgende Dinge entschieden zurück: Schwäche, Schmerzen und jede Art von Hexerei.

Ich werde Segen empfangen vom HERRN und Gerechtigkeit von dem Gott meines Heils.
Psalm 24:5

Ich bekräftige, dass im Blut Jesu ewiges, nicht geschaffenes, unvermessenes Leben von Gott selbst ist. Ein Leben, welches existierte, bevor irgendetwas geschaffen wurde. Es steckt mehr Kraft in einem Tropfen des Blutes Jesu, als im ganzen Reich satans. Ich bekräftige, dass ich gemäß Epheser 4,30 versiegelt bin mit dem Heiligen Geist. Gemäß Psalm 91 stehe ich unter dem Schutz des Allerhöchsten. Wer mich angreift, wird meinetwegen fallen.

„Errette mich, HERR, von dem bösen Menschen; vor dem Gewalttätigen bewahre mich! Denn sie haben Böses im Herzen und schüren täglich Streit. Sie spitzen ihre Zunge wie eine Schlange, Otterngift ist unter ihren Lippen. Bewahre mich, HERR, vor den Händen des Gottlosen; behüte mich vor dem Gewalttätigen, der mich zu Fall bringen will! Die Hochmütigen legen mir heimlich Fallstricke und Schlingen; sie haben ein Netz ausgespannt neben dem Weg, sie haben mir Fallen gestellt. Ich aber sage zum HERRN: Du bist mein Gott; HERR, höre auf die Stimme meines Flehens! O HERR, mein Herr, du bist meine mächtige Rettung; du schützt mein Haupt am Tag der Schlacht! HERR, gewähre dem Gottlosen nicht, was er begehrt; lass seinen Anschlag nicht gelingen! Sie würden sich sonst überheben. Die Häupter derer, die mich umringen - das Unheil, von dem ihre Lippen reden, komme über sie selbst! Feuersglut falle auf sie! Ins Feuer stürze er sie, in tiefe Abgründe, dass sie nicht mehr aufstehen! Der Verleumder wird nicht bestehen im Land; den Gewalttätigen wird das Unglück verfolgen bis zu seinem Untergang! Ich weiß, dass der HERR die Sache des Elenden führen wird und den Armen Recht schaffen wird. Ja, die Gerechten werden deinen Namen preisen, und die Aufrichtigen werden wohnen vor deinem Angesicht!'"
Psalm 140

Nachwort

Ich leite das Nachwort mit den kompromisslosen Worten der wunderbaren Corrie ten Boom (1892-1983) ein:

„Auch Pastor v. Bibra legt den Finger auf diesen wunden Punkt in Lehre und Praxis der heutigen Kirchen und Gemeinschaften; in einem eigenen Abschnitt über das Austreiben der Dämonen kommt er darauf zu sprechen und schreibt u. a.: „Es ist der Herr selber, der seinen Jüngern die Vollmacht über alle Dämonen anvertraut (Luk. 9,1; Matth. 10,1), den Befehl 'Treibt die Dämonen aus!' erteilt (Matth. 10,8) und den Jüngern außerdem die bestimmte Zusicherung mit auf den Weg gegeben hat: 'In meinem Namen werden sie (die Vertrauenden) Dämonen austreiben (Mark. 16,17).'"
Wer sind wir, dass wir alle diese klaren Worte unseres Herrn einfach unter den Tisch fallen lassen, nur weil sie uns unbequem, ja eine Anklage gegen uns sind?! Wie viele Besessene laufen herum, wie viele vom Teufel in der übelsten Weise Gequälte fristen in Anstalten ihr elendes Dasein ohne Hilfe und ohne Hoffnung, nur weil die Gemeinde des Herrn ihren eigentlichen Auftrag an ihnen versäumt und ihre göttliche Vollmacht eingebüßt hat! Wie bleibt der Sieg unseres Herrn Jesus verborgen, die Kraft seines Namens unwirksam, sein starker Arm gelähmt und die Ausbreitung seiner Herrschaft gehemmt, nur weil die berufenen Boten des Evangeliums die Befehle ihres Herrn nicht ausführen und ihm durch ihren Unglauben im Wege stehen! Wir können und dürfen einfach nicht länger den Befehl des Herrn zur Dämonenaustreibung beiseiteschieben und stillschweigend ignorieren.
Das vollmächtige Handeln im Namen Jesu gegenüber den Dämonen ist keine nebensächliche oder untergeordnete Angelegenheit, sondern ein wesentlicher Bestandteil unseres Auftrages und unserer Vollmacht, wie es auch im Leben des Herrn etwas sehr Entscheidendes gewesen ist. Was wollen wir denn überhaupt in einer so dämonenerfüllten Zeit und Welt wie der unsrigen anfangen und ausrichten ohne diese Vollmacht?! Geschlagene Leute sind wir, bevor wir nur den Kampf beginnen! Es ist höchste Zeit, dass wir anfangen, uns darunter zu beugen,

dass wir diese Vollmacht so wenig besitzen, ja sie nicht einmal ernstlich gesucht und erfleht haben. Es warten viele darauf, von ihren Dämonen befreit zu werden. Wer aber soll sie denn befreien, wenn nicht die Boten Jesu? Die Zauberer vielleicht? Oft werden sie dazu geholt und bringen auch etwas zuwege, nur dass danach umso schlimmere Dämonen sich breitmachen. Wie soll die Befreiung geschehen, wenn nicht durch die Kraft des Namens Jesus? Der Herr jedenfalls hat dieses Austreiben der Dämonen für etwas so Wesentliches in seinem ganzen Wirken angesehen, dass er sagen konnte: ‚Wenn ich durch den Geist Gottes die Dämonen austreibe, so ist ja Gottes Herrschaft zu euch gelangt!' (Matth. 12,28). Am Weichen der Dämonen sollte also zu erkennen sein, dass Gottes Königsherrschaft hereingebrochen war. Wenn wir diese Wahrheit auf unsere heutige Lage beziehen, dann kann das nur bedeuten, dass der Herr uns sagen will: Wo ihr nichts auszurichten vermögt gegen die Dämonen, da bildet euch ja nicht ein, dass ihr das Reich Gottes baut, während doch die Herrschaft des Feindes noch ungebrochen in Geltung ist. Oh, dass wir es doch einsehen möchten, bevor es die Welt uns höhnisch bestätigt, wie wir uns lächerlich machen vor der sichtbaren und unsichtbaren Welt und wie wirkungslos unsere Verkündigung bleiben muss, wenn uns bei aller frommen Betriebsamkeit doch diese letzte Vollmacht fehlt. Vor allem aber dürfen wir den von Dämonen besessenen und gepeinigten Menschen nicht länger die Befreiung vorenthalten, die sie brauchen und die ja nur im Namen des Siegers Jesus und also einzig und allein durch dessen bevollmächtigte Boten geschehen kann." (Quelle: „Jesus ist Sieger")

Cessationismus vs. Continuationismus

Ein wirkliches Problem, vor dem wiedergeborene Christen, seien sie jung oder alt, stehen können, ist die Wahl der richtigen Gemeinde. Ich habe es bereits an anderer Stelle geschrieben: Der Leib Christi - die Kirche Jesu - ist gespalten. Es gibt viele verschiedene Denominationen oder Gruppierungen wie die Katholische Kirche, die Evangelische Kirche, die freien evangelischen Gemeinden, die Pfingstbewegung, das Luthertum, die Charismatische Bewegung, die Calvinisten, etc., sowie

Glaubensgemeinschaften wie die Zeugen Jehovas oder die Siebenten-Tags-Adventisten... Autsch! Was denn jetzt?

Diese Gruppierungen sind - vereinfacht dargestellt - irgendwo zwischen zwei „Enden" angesiedelt - dem Cessationismus und dem Continuationismus. Dem zugrunde liegen die im ersten Korintherbrief aufgezählten Geistesgaben, die ein Gläubiger vom Heiligen Geist verliehen bekommen kann; dazu zählen u.a. das Wort der Weisheit, der Glaube, die Gabe der Heilung (inkl. Befreiung), die Unterscheidung der Geister oder die Prophetie. Der Cessationismus beansprucht für sich, dass die meisten dieser Geistesgaben heute keine Gültigkeit mehr haben, und der Continuationismus beansprucht das Gegenteil. Zwischen diesen beiden Enden bewegen sich die oben aufgezählten Gruppierungen, wobei die charismatische Bewegung stark im Continuationismus verankert ist und - wenn ich richtig liege - die Calvinisten zum Cessationismus neigen.

Eine weitere wichtige Charakteristik, die zur Spaltung innerhalb des Leibes Christi führt, ist die *Bibeltreue*. Bibeltreu bedeutet vereinfacht gesagt, dass das Wort Gottes, die Bibel bzw. die Heilige Schrift, die höchste und letzte Autorität im Glauben und im Leben des Gläubigen ist, dass die Heilige Schrift des Alten und Neuen Testaments von Gott inspiriert und im Originaltext irrtumslos ist. Somit zählt *nur*, was in der Bibel steht! Die andere Seite hingegen passt das Wort Gottes ihrer *Ideologie* an. Sie nehmen die Bibel nicht wortwörtlich wie die bibeltreuen Christen, sondern argumentieren, dass die Prinzipien der Bibel nicht mehr in die heutige Zeit passen. Dazu gehören beispielsweise die katholische und die evangelische Kirche, die für gleichgeschlechtliche Ehen sind, obgleich das Wort Gottes Homosexualität als Sünde betrachtet (siehe u.a. 3.Mose 20,13).

Die Diskrepanz zwischen bibeltreu und nicht bibeltreu befördert ein weiteres Problem ans Tageslicht: die Macht der Fremdsuggestion. Fremdsuggestion ist die Mitteilung einer von starken Gefühlen begleiteten Vorstellung durch den „Befehl" einer fremden Person. Beispielsweise die Auslegung und Predigt einer Bibelstelle durch einen Pfarrer. Dem gegenüber steht die „Fremdsuggestion Gottes" bzw. das, was in der Bibel tatsächlich steht und nicht die Interpretation oder Auslegung des Geistlichen. Wie ein Pfarrer oder Pastor eine Bibelstelle auslegt, kann dem widersprechen, was tatsächlich in der Bibel steht.

Wir haben also den Cessationismus und den Continuationismus, wir haben bibeltreu und nicht bibeltreu, und wir haben die Suggestion des Geistlichen und die „Suggestion Gottes"! Wenn man all das in einen Topf tut und umrührt, dann haben wir einen Wirrwarr, der den heutigen Leib Christi charakterisiert. Und das ist alles andere als begrüßenswert.

Als mich der Heilige Geist zu der Gemeinde, in der ich getauft wurde, geführt hatte, sagte der Älteste der Gemeinde gleich zu Anfang etwas, das ich bis heute beherzige. Er sagte ungefähr: „Alles Gepredigte muss mit dem Wort Gottes übereinstimmen. Das Gepredigte muss anhand der Bibel beweisbar oder nachlesbar sein." Mit anderen Worten, diese Gemeinde ist eine bibeltreue Gemeinde.

Bibeltreue ist für mich das ausschlaggebende Kriterium für eine geeignete Gemeinde. Hat man eine bibeltreue Gemeinde gefunden, ergibt sich die nächste Frage: *Wie* bibeltreu ist die Gemeinde? 100%, 90% oder vielleicht nur 75%? Ich war sehr zufrieden mit meiner neuen Gemeinde, die Geschwister sind demütig, hilfsbereit und gastfreundlich, die Gottesdienste und Predigten erbauend. Und meine Glaubenswassertaufe war ein Traum.

Es gab allerdings ein Problem: Mein Zeugnis! Ich war Feuer und Flamme und habe begeistert von meiner Befreiung erzählt und von den Dämonen, etc. Das stieß allerdings unbewusst auf Widerstand, auf eine unsichtbare Wand! Einige Geschwister fühlten sich angegriffen oder beängstigt, andere baten mich, nicht darüber zu reden. Mit anderen Worten: Ich war in meiner Bewegungsfreiheit eingeschränkt. Ich fühlte mich in der Gemeinde nicht frei, der zu sein, der ich als neuer Mensch in Christus bin. Der Älteste, mit dem ich heute noch in Kontakt stehe, stand grundsätzlich hinter mir, bat mich aber, das Thema „Dämonen" eher zu meiden. Somit entschied ich mich, die Gemeinde vorerst zu verlassen. Aktuell bin ich noch gemeindelos, jedoch Teil einer kleinen Gebetsgruppe oder Hausgemeinde mit zwei Geschwistern, die aufgrund meines Zeugnisses zu Christus gefunden haben. Halleluja!

Emotionalität vs. Heiliger Geist
Es gibt noch ein weiteres Kriterium, das bei der Wahl einer geeigneten Gemeinde mit berücksichtigt werden sollte: Die Atmosphäre in der Gemeinde. Was ist beim Lobgesang und bei der Lobpreisung vordergründig? Die Emotion oder die Gegenwart Gottes (Heiliger Geist)? Auch hier gibt es Unterschiede. Ich habe Gemeinden kennengelernt, in denen der Heilige Geist komplett ausgelassen wird, als gäbe es ihn nicht. In anderen Gemeinden hingegen wird der Heilige Geist so sehr favorisiert, dass es zu emotionalen Exzessen kommen kann, beispielsweise in charismatischen Kreisen. Bei einigen modernen Kirchen erreichen die Lobgesänge und Anbetungen popkulturähnliche Atmosphären mit einer hochgradigen Emotionalität. Wenn in einer Gemeinde die Emotionalität vordergründig ist und die Anbetung wie ein Popkonzert, dann bin ich grundsätzlich vorsichtig.

Nicht, dass ich falsch verstanden werde. Selbstverständlich sind wahre Christen emotionale Menschen. Die Freude beispielsweise ist eine Frucht des Heiligen Geistes. Ebenfalls sind wahre Christen empathisch und mitfühlend und können traurig sein oder emotional berührt; das macht das Christsein aus. Jesus hatte Mitleid mit uns Menschen, er war emotional berührt. Emotionen stehen aber nicht im Vordergrund. Eine andere Frucht des Heiligen Geistes ist Selbstbeherrschung.

Ich hatte damals in den USA bei den Charismatikern Mega-Gottesdienste live miterlebt, die auf mich emotional bizarr wirkten. Es fühlte sich nicht authentisch an. Irgendetwas stimmte nicht. Es war zu emotional. Andererseits lesen wir in der Apostelgeschichte, dass, als die Apostel den Heiligen Geist empfingen, Außenstehende das Gefühl hatten, die Apostel seien betrunken gewesen. Das Wirken des Heiligen Geistes kann also auf Außenstehende als bizarr empfunden werden.

Mein persönliches Fazit ist, es gibt keine perfekte Gemeinde. In jeder Gemeinde gibt es „Vor- und Nachteile", mit denen wir lernen müssen, zu leben. Ich persönlich sehe mich im bibeltreuen Continuationismus, eben wegen meines Zeugnisses, bevorzuge aber eine gediegene Atmosphäre, lasse mich aber andererseits auf mögliche Emotionen ein, die durch die Gegenwart Gottes ausgelöst werden können.

Lass dich bei deiner Suche nach einer Gemeinde wie in allen anderen Lebensbereichen auch von Gott=Jesus=Heiliger Geist führen. Setze dich nicht unter Druck. Bitte Gott um Weisheit und Unterscheidungsvermögen, dann erhältst du sie auch. Es spricht nichts dagegen, vorerst ohne eine Gemeinde zu sein. Du bist Teil des Leibes Christi, ob du nun eine Gemeinde besuchst oder nicht. Mittelfristig sollte eine Gemeinde jedoch das Ziel sein. Teste verschiedene bibeltreue Gemeinden und treffe deine Entscheidung basierend auf deinem Gefühl und nicht aufgrund deiner Emotionen. Das ist mein Tipp. Letztendlich aber musst du es so machen, wie Gott dich führt. Gottvertrauen ist das A und O.

Abschließende Bemerkungen

Liebe Leserin und lieber Leser, mein Zeugnis ist weitaus länger geworden, als ich anfangs dachte. Ich möchte auf keinen Fall den Eindruck erwecken, man solle sich mehr auf den Teufel und seine Dämonenarmee konzentrieren, als auf unseren Erretter und Erlöser Jesus Christus. Ganz und gar nicht. Wenn wir allerdings den Feind nicht kennen, dann haben wir schlechte Karten.

Bis dato konnte ich das Evangelium mehreren Menschen schmackhaft machen, allein dadurch, dass ich ihnen von den Dämonen erzählte, sodass sie ihre aktuellen Probleme wenigstens in einem anderen Licht sehen konnten. Wieder andere haben dadurch zum Glauben gefunden und sind heute getauft.

Genauso gigantisch wie die Täuschung ist das Ausmaß der Wahrheiten in der Bibel. Alles, was ich dir in diesem Zeugnis mitgeteilt habe, sind nur meine Erkenntnisse und Erfahrungen der letzten drei Jahre. Sie kratzen nur an der Oberfläche.

Ich liebe meine Gotteskindschaft. Ich bin und bleibe ein demütiger Schüler Jesu Christi. Jesus liebt auch dich und will mit seiner transformierenden Kraft deine Seele heilen bzw. retten. Das kann er aber nicht, wenn du dich gegen ihn entscheidest. Wenn du ein Buch lesen möchtest, das deine Augen öffnet, dann lies die Bibel.

Meine bis dato drei wichtigsten Erkenntnisse:
1. Jesus kommt wieder; so steht es geschrieben. Diesmal als Richter der Welt.
2. Sämtliche *länger anhaltende,* hartnäckige, destruktive Gedanken und Gefühle über mich selbst und andere sind nicht von mir.
3. Wir können uns nicht selbst retten. Jeder Versuch ist zum Scheitern verurteilt. Nur der Schöpfer kann seine Schöpfungen ganzheitlich und nachhaltig retten, erlösen und befreien.

1984, im Alter von 16 Jahren, bekam ich von meinen Eltern zur Firmung meine erste Bibel geschenkt, eine katholische Bibel, die ich heute nicht mehr besitze, weil ich kein Katholik bin. In diese Bibel hatte mein Vater folgende Worte geschrieben: „Unserem lieben Sohn, gewidmet von seinen Eltern 7.11.1984 Lieber Christian, wenn Du einmal Probleme mit Dir, Deinen Mitmenschen oder der Welt haben solltest, so schlage einfach dieses Buch der Bücher auf und lies. Es wird Dich beruhigen und auch Dir seine Faszination nicht verbergen. Deine Papa und Mama"

Ich bin zu Tränen gerührt, während ich die Worte meines irdischen Vaters hier niederschreibe. Ich fühle gleichzeitig Trauer und Freude. Obwohl mein Vater kein wahrer Christ war, scheint er unbewusst gespürt zu haben, dass dieses Buch der Bücher mich eines Tages befreien wird. Mein Papa starb vor fünfzehn Jahren plötzlich und unerwartet. Soweit ich das einschätzen kann, hatte er Jesus nicht als seinen Retter und Erlöser angenommen. Aber hundertprozentig sicher kann ich mir nicht sein. Die Seite, auf der die Widmung steht, ist heute auf der letzten Seite meiner Bibel geklebt.

Direkt daneben ein Schwarzweißfoto meiner Mutter, als sie ein Kind war, nicht älter als acht Jahre. Auf dem Foto sehe ich ein liebes unschuldiges Mädchen, wunderschön in einem weißen Kleid gekleidet, mit weißen Kniestrümpfen, schicken dunklen Schühchen und einem weißen Haarkranz sowie einer Kreuzkette um ihren Hals.

Es macht mich wütend-traurig, miterlebt zu haben, was der Feind angerichtet hat. Und der Hauptgrund, warum er das tun konnte, war, dass wir den wahren Feind nicht kannten, weil er unsichtbar ist. Mein Zeugnis macht ihn sichtbar. Was du daraus machst, ist einzig und allein deine Entscheidung. Alles im Leben steht und fällt mit unseren Entscheidungen. Alles verstehen heißt alles verzeihen.

Ich habe festgestellt, dass die Demaskierung des Feindes ein hilfreiches Tool sein kann, um Seelen zu Jesus zu führen. Es kann ein gutes Mittel sein, die unsichtbare Wand zu durchbrechen. Wenn der unsichtbare Feind einmal sichtbar geworden ist, verliert die unsichtbare Wand an Substanz. Dann wird der unsichtbare Retter und Erlöser sichtbar.

Deutschland benötigt eine Erweckung und Befreiung. Auf unserem Land lastet ein Fluch. Schau es dir doch an. Geht es gottloser? Ich sehe Menschen, insbesondere junge, die keinen Halt haben. Ich sehe Menschen, die Befreiung benötigen und es nicht wissen. Die großen Kirchen liefern keine Lösung. Nicht umsonst fliehen die Menschen in Massen und suchen Zuflucht in der Esoterik, in der modernen Spiritualität, im Atheismus oder in der Wokeness-Bewegung.

Die so dringend benötigte Erweckung wird kommen, davon bin ich zutiefst überzeugt. Die Vorboten sind da. Jesus baut bereits seine Armee hier in Deutschland auf, im Untergrund. Und wenn es dann soweit ist, kommt die Armee aus dem Untergrund hervor und kämpft den guten Kampf des Glaubens. Und ich werde Teil dieser Erweckung sein. Ich bin vorbereitet. Mein Schwert des Geistes ist geschliffen. Überall auf der Welt interessieren sich immer mehr Menschen für den wahren Jesus der Bibel. Komm doch rüber und werde Teil der Armee Jesu!

Anhang
Trauma und das Babylon-System

Folgende Abhandlung ist von Thomas M., einem Bruder in Christus und Freund des Autors sowie Verfasser des Vorworts. Er beschäftigt sich mit dem Kampf „Licht gegen Finsternis" aus einem globalen Blickwinkel. Die hier präsentierte Darstellung ist das Ergebnis mehrjähriger Forschung unter Führung des Herrn.

„Dazu ist erschienen der Sohn Gottes, dass er die Werke des Teufels zerstöre." 1. Johannes 3,8

Bisher ging es um die Austreibung der Dämonen im individuellen Fall, auf individueller Ebene. Den Blick darauf vervollständigt eine Betrachtung der Umstände, unter denen Menschen Traumata erleben, unter denen sich Tore für Dämonen öffnen.

Kollektivtraumata werden vor allem durch Kriege und neuerdings internationale P(l)andemien erzeugt. Auch der 11. September kann als eine Art Kollektivtrauma gesehen werden. Jeder Interessierte, der etwas recherchiert, wird dazu kommen, die offizielle Geschichte des Tages zu hinterfragen. Jeder der noch etwas mehr recherchiert, wird dazu kommen, die okkulten Hintergründe, das Ritualhafte an dem Ereignis zu ahnen. Beeinflusst hat es jeden von uns, eine Angst fuhr in jeden von uns, der Moment war eine Starrheit und eine Ohnmacht.

Wenn der satan der Herrscher der Welt genannt wird, dann ist das durchaus wörtlich zu nehmen; seien es die Rituale und Einflussgebiete der Freimaurerei, der Geheimgesellschaften wie Skull and Bones oder der Illuminati - es geht immer um Beziehungen der Mächtigen und Reichen zu dämonischen Wesen, zu den Herrschern dieser Finsternis. Geld, Politik, Militär und Technologie sind in den Händen einer machtvollen Elite, deren Macht durch skrupellose Anwendung des Wissens, welches ihnen von Dämonen gegeben wird, gekennzeichnet ist.

Das Internet ist voll von Berichten über die Beziehung der Weltenlenker zur geistigen Welt. Als lesenswerte Buchquellen seien hier genannt:

- Dr. Michael Lake: „The Shinar Directive – Preparing the Way for the Son of Perdition"
- Tom and Nita Horn: „Forbidden Gates – How Genetics, Robotics, Artificial Intelligence, Synthetic Biology, Nanotechnology, and Human Enhancment herald the Dawn of Techno- Dimensional Spiritual Warfare"
- George H. Pember: „Earths Earliest Ages"
- Russ Dizdar: „The Black Awakening – Rise of the Satanic Super Soldiers and the Coming Chaos"

Es wird in diesem Abschnitt versucht, die Kontexte und die geschichtlichen Abläufe, in denen alle Menschen leben, zu beleuchten und in den biblischen Kontext zu setzen. Dabei soll deutlich werden, dass in der straff organisierten Hierarchie des satanischen Systems die Dämonen, von denen im Buch die Rede ist, oft Handlanger weit höherer Wesen sind. Diese Linie führt schlussendlich zum satan selbst. Es ist wichtig, zu verstehen, dass satan in einer irdischen, wahrnehmbaren Form auf die Erde kommen wird, als der sogenannte Antichrist (1.Johannes 2,18).

Die Zuspitzung der Ereignisse ist minutiös geplant, von satan. Und es ist zugelassen von Gott, weil Er uns alles, was wir brauchen, im Überfluss an die Hand gibt, um diese Zeit zu überstehen - wenn wir glauben. Gottes Geschichte ist der absolute Actionkracher: größer als „Matrix", „Herr der Ringe" und „Star Wars" zusammen - natürlich, Er hat ja die Welt und alles gemacht.

Das System aller Religionen, Kulte und Sekten, welche nicht von Gott sind, geht auf Babylon zurück. Alle Menschen- und Kinderopfer, alle Anbetung von Fruchtbarkeitsgöttern, Wettergöttern usw. geht auf satan und seine erste Herrschaft in Babylon zurück. Deswegen ist in der Bibel auch von der Hure Babylon die Rede (Offenbarung 17). Sie ist die Quelle aller Spiritualität gegen Gott und taucht auf der ganzen Welt in den verschiedensten Formen und Namen auf: Astarte, Venus, Shiva, Marduk, Odin, Thor, Wotan, Vishnu, die VooDoo Götter, die afrikanischen Götter, die Naturgötter Asiens, die Kunstreligionen des Buddhismus, des Hinduismus, usw.

Immer wieder tauchen gefallene Engel oder Dämonen als Wesen auf, die in den vorherrschenden Kulturen als machtvoll und gottgleich angesehen und angebetet werden. Diesen Wesen müssen dann Opfer gebracht werden, sie wollen angebetet werden. So wurde zum Beispiel in alten dämonischen Kulturen ein Kind für gutes Wetter geopfert, für gute Ernte, für Wohlstand also. Während wir über die Naivität erstaunt oder eher abgestoßen sind, realisieren wenige, dass auch die Praxis von Abtreibung nichts anderes in der modernen Zeit ist. Ein Kind wird geopfert, um keinen Verzicht an Wohlstand oder Lebensqualität erleiden zu müssen.

Die babylonischen Religionen haben es immer geschafft, die Menschen in den jeweiligen Epochen zu Blutopfern und Gewaltexzessen zu animieren. Die Legitimation des Opferbringens in den Gesellschaften, sowie das Erzeugen der Umstände zur Wiederkehr des Antichristen, ist der Gang der Dinge, den wir Geschichte nennen. In diesem Prozess entsteht Trauma. Er erzeugt Momente, in denen der Mensch innerlich erstarrt, voll Ohnmacht Türen für die in diesem Buch beschriebenen Wesen öffnet.

Seit Anbeginn der Zeit huldigen Menschen dem satan und seinen Heerscharen. Diese Huldigung ist immer von Perversion, Sodomie, Gewalt und schrecklichsten sexuellen Exzessen gekennzeichnet. Satans Jünger sind dabei sehr bedacht, nicht entdeckt zu werden, sie bewegen sich immer im Versteckten, im Okkulten eben. Besonders in den Königshäusern und Herrscherfamilien ist Satansanbetung gang und gäbe, daher kommt der Reichtum und die Macht. Um das zu belegen, soll auf eine Gruppe von ganz besonderen Menschen hingewiesen werden, die im Leib Christi eine hervorragende Arbeit geleistet haben und leisten. Enorm viel wurde durch ihre Arbeit zum Verständnis von Trauma, dämonischer Besessenheit und dem Plan satans, die Welt zu unterwerfen, beigetragen.

Ein Pastor namens Doug Riggs wurde in den neunziger Jahren auf Menschen aufmerksam, die aus Familien kamen, in denen generationsübergreifender, satanischer, ritueller Missbrauch stattfand und stattfindet. Diese Menschen wurden vom System der psychischen Versorgung nicht geheilt, es konnte ihnen nicht geholfen werden. Doug und seine Partner fanden heraus, dass in den Kreisen der Herrscher und Könige strukturiertes und rituelles Trauma genutzt wurde, um menschliche Bewusstseine zu spalten und von Dämonen beherrschen zu lassen. Die abgespaltenen Teile konnten programmiert werden und auf verschiedenste Aufgaben trainiert werden. Ein Großteil der Herrscher, Könige und mächtigen Familien hinter Politik und Wirtschaft sind auf diese Weise „behandelt". Hohe geistige, böse Wesen sind so in die Seelen von enorm einflussreichen Menschen gechannelt worden und werden es bis heute.

Es sind diese Leute, die dann im großen Schauspiel der Weltpolitik Kriege beginnen, politische Maßnahmen beschließen und Entscheidungen herbeiführen, die Milliarden von Menschen betreffen. Innerhalb dieser Entscheidungen bewegt sich der Einzelne, der dies als den Gang der Dinge erlebt, der sich plötzlich einer als normal empfundenen Zerstörung der Familie, Mobilmachung, Umsiedlung, Währungsreform, Impfung, Migration, Naturkatastrophe gegenüber sieht, darüber „wahnsinnig" wird.

Das Babylon-System steckt in den Mächtigen, und wir sind die Statisten in diesem Schauspiel, erfahren traumatische Ereignisse, innerhalb derer sich die Türen für Dämonen und böse Geister öffnen, die uns dann wiederum die nächsten Ereignisse mehr oder weniger willenlos mitmachen lassen.

In unserem geliebten Deutschland ist die Situation besonders heikel. Nachdem Ende des neunzehnten Jahrhunderts der Thron satans von Pergamon nach Berlin gebracht wurde, überschlugen sich hier die Ereignisse. Der erste Weltkrieg, das verhurte Berlin der zwanziger Jahre mit den Drogen-, Sex- und Geschlechtsverwirrungen, und dann der zweite Weltkrieg sind vom satan initiierte Entwicklungen. Vielen Menschen ist das Ausmaß der okkulten Verstrickungen von Adolf Hitler und seinen Schergen nicht bekannt. Sie channelten gefallene Engel, welche ihnen moderne Technologien eingaben, sowie den Wahnsinn der Herrenrasse zuflüsterten.

Das ist der Kontext, in dem wir uns in Deutschland bewegen. Der Mord an den Juden hat höchstwahrscheinlich einen Fluch von Gott zur Folge gehabt - das mörderische Blutvergießen sowieso. Dieser manifestiert sich in der internationalen Ächtung Deutschlands und dem Schuldkult, den jeder Deutsche kennt. Das Entsagen von aller Nazi-Ideologie, von allen Nazi-Ritualen, das Lossagen von allem, was unsere Ahnen gegen Gott getan haben, ist ein Teil von wirklicher Befreiung. Das gilt im Übrigen auch für die Bewohner der ehemaligen DDR; die sozialistischen und kommunistischen Rituale von Pionierschwüren und Schwüren auf Partei und Armee sind satanischen Ursprungs.

In dem Netzwerk von Doug Riggs gibt es Menschen, die sich auf Hilfe in diesem Kontext spezialisiert haben, so zum Beispiel Amanda Buys aus Südafrika, die auf ihrer Website Entsagungsgebete zu verschiedensten dieser Sünden kostenlos anbietet.

Ein Großteil dieser Erkenntnisse stammt direkt von den Überlebenden des rituellen satanischen Missbrauchs, mit denen Doug Riggs, Amanda Buys, Russ Dizdar und viele andere zusammengearbeitet haben. Sie beschreiben, was mit ihnen im Laufe der Jahre gemacht wurde, welche Könige und Herrscher besondere Rollen im Babylon-System haben und wie bestimmte Technologien gefunden und verbessert wurden. Eine zentrale Rolle in all dem spielte Dr. Josef Mengele, der in Auschwitz und anderen Lagern Wissen und Fähigkeiten aufbaute, welche zur Programmierung der Herrscherfamilien, sowie im bekannten MK-Ultra Programm genutzt werden.

Jedem Interessierten sind Doug Riggs und Amanda Buys Webseiten wärmstens an Herz gelegt.
https://www.dougriggs.org/
https://www.kanaanministries.org/

Zum Mitleid
Wenn man sich mit den Vorgängen unter den Herrschern und den unglaublichen Dynamiken beschäftigt, mit denen der satan sein Reich baut, dann wogt starkes Mitleid hoch. Diese Menschen sind seit frühester Kindheit schrecklichsten Traumata und Behandlungen ausgesetzt, um sie zu willfährigen Gefäßen für die satanische Agenda zu machen. So schlimm das alles ist, es ist weit weg. Es ist wichtig, diese Zusammenhänge zu verstehen und sich auf seinen Nächsten zu konzentrieren, auf die Menschen, die Gott im eigenen Leben sendet, sei es als Christ oder als Suchender. Als Christen sind wir Erntearbeiter, die Menschen von Jesus und der Erlösung berichten. Als Suchende werden Christen unseren Weg kreuzen, die uns zu Jesus bringen, wenn wir offen und aufmerksam sind.

„Darum bittet den Herrn der Ernte, dass er Arbeiter in seine Ernte aussende!" Matthäus 9,38

Weiterführendes

Lebens-Übergabe-Gebet

Das Übergabe-Gebet ist der erste und entscheidende Schritt hin zum Christsein. Damit bekundest du der unsichtbaren Welt deinen Glauben an Jesus Christus und erkennst ihn als deinen Erretter und Erlöser an. Zuerst das Übergabegebet, dann die Taufe.

„Herr Jesus Christus, ich glaube, dass Du der Sohn Gottes und der einzige Weg zum Vater bist. Ich glaube, dass Du am Kreuz für meine Sünden gestorben bist, dass Du begraben wurdest und am dritten Tag wieder von den Toten auferstanden bist.
Durch Deinen Tod am Kreuz hast Du es möglich gemacht, dass mir meine Sünden vergeben werden. Herr Jesus, Du kennst die Sünden, die jetzt auf meinem Herzen lasten. Du weißt, wo ich Deine Normen missachtet, und wo ich andere Autoritäten als Dein Wort akzeptiert habe. Herr, ich bekenne dies als Sünde, tue Buße darüber und bitte Dich um Gnade und Vergebung. Bitte reinige mein Herz mit Deinem kostbaren Blut. Ich bitte Dich, dass Du mir von heute an die Kraft gibst, gemäß Deines Wortes zu leben. Herr, ich weiß, dass ich dies nicht aus eigener Kraft kann, aber ich vertraue Dir, dass Du mir dazu die Gnade und Kraft gibst.
Auf dieser Grundlage, Herr Jesus, nehme ich jetzt Deine Vergebung an, und ich danke Dir und preise Dich dafür. Nimm mich so an, wie ich bin, und ändere mich so, wie du mich haben willst, nach Deinem Herzen und zu Deinen Ehren. Amen"

Jetzt bist du Gläubiger oder Gläubige. Willkommen im Leib Christi!

Bibel & Bücher
Die Bibel - Elberfelder
Die Elberfelder Bibel zählt zu den genauesten Übersetzungen und wirkt hier und da holzig. Die Wörtlichkeit der Übersetzung hat Vorrang.

Die Bibel - Neues Leben
Die Bibel - Hoffnung für alle
Bei beiden ist der Sprachstil an einer möglichst einfachen und überwiegend flüssigen Gegenwartssprache orientiert und lässt sich gut lesen.

Bücher von Derek Prince (Auswahl)
- „Segen oder Fluch? - Sie haben die Wahl"
- „Sie werden Dämonen austreiben"
- „Geistliche Kampfführung für die Endzeit"
- „Fundamente des christlichen Glaubens"
- „Die Waffe des Betens und Fastens"

Bücher von Jonathan Cahn (Auswahl)
- „Die Rückkehr der Götter"
- „Die Prophezeiung des Drachen"

Corrie ten Boom: „Jesus ist Sieger"
C.S. Lewis: „Pardon, ich bin Christ"
David Wilkerson: „Was Gott dir versprochen hat"
Dr. Rebecca Brown: „Rüste Dich zum Kampf"

Andachtsbücher (tägl. Andachten)
- Derek Prince: „Das Wort Gottes proklamieren"
- Paul David Tripp: „Jeden Morgen neue Gnade"
- Oswald Chambers: „Was ihn verherrlicht"
- Hughe E. Alexander: „Manna am Morgen"

Bücher Seelsorge
- Dr. Kurt E. Koch: „Christus oder Satan"
- Armin Mauerhofer: „Seelsorge auf biblischer Grundlage"

Englische Bücher
- Troy A. Brewer: „Redeeming your Timeline"
- Steve Cioccolanti: „The Divine Code - A Prophetic Encyclopedia of Numbers"
- Kynan Bridges: „Overcoming Familiar Spirits"
- John Ramirez: „Armed and Dangerous"
- Mike Signorelli: „From Chaos to Clarity"
- John Eckhardt: „Prayers that rout Demons & break Curses"
- Frank Hammond: „Pigs in the Parlor - The practical Guide to Deliverance"

YouTube-Kanäle & Links
Englische Kanäle (Auszug)
- „Mike Signorelli" / „Vlad Savchuk" / „Richard Lorenzo Jr." / „Isaiah Saldivar" / „The Supernatural Life - Daniel Adams" / „Troy Brewer" / „Good Fight Ministries" / „Steve Cicciolanti & Discover Ministries" / „John Ramirez"

Englische Links (Auszug - Automatische Untertitel einstellbar)
- Kino-Dokumentation - „Come out in Jesus name official movie trailer - In theaters March 13th"
- „Ex Astrologer TELLS ALL. From the Occult to Christ W/ Angela Ucci (EP 144)"
- „Michael & The Satanist: „The Devil Told Me To Do It" / John Ramirez"

Deutsche Kanäle
- „Internationaler Bibellehrdienst"
- Suche auf Youtube: „Von Yoga zu Jesus", „Von New Age zu Jesus", „Vom Okkulten zu Jesus", etc.

Deutsche Links
- „Was sind Dämonen, wie arbeiten sie, wie können wir sie erkennen, loswerden und uns schützen." - Vortag von Derek Prince
- „30 Grundsteine - Befreiung vom Fluch - Teil 1 (Teil11/30)"

- Spielfilm nach wahrer Begebenheit: „Der Fall Jesus"
- „König der Ehre / der Film / King of Glory / German"
- Buchvideo-Reihe des Kanals „BibleProject - Deutsch"
- Kanal „Glaubensgerechtigkeit" - Die gesamte Bibel als Hörbuch

Weitere deutsche Links
- kla.TV - Dokumentation: „Der Hölle entkommen John Ramirez Ex-Satanist"
- Netzwerk bibeltreuer Christen - Jakob Tscharntke e.V.
- „Befreiung von Bindungen und zwanghaftem Verhalten" – Diese knackige Zusammenfassung bringt die (Selbst-)Befreiung auf den Punkt, inkl. Liste möglicher Dämonen:
https://www.xn--jngerschaft-thb.net/assets/downloads/4_04_BEFREIUNG.pdf